NZZ **LIBRO**

Adrienne Fichter (Hrsg.)

Smartphone-Demokratie

#Fake News #Facebook #Bots #Populismus #Weibo #Civic Tech

NZZ Libro

Bibliografische Information der Deutschen Nationalbibliothek

Die Deutsche Nationalbibliothek verzeichnet diese Publikation
in der Deutschen Nationalbibliografie; detaillierte bibliografische Daten
sind im Internet über http://dnb.d-nb.de abrufbar.

© 2017 NZZ Libro, Neue Zürcher Zeitung AG, Zürich

Lektorat: Max Kellermüller, editorial-text.com, Kanada
Umschlag: GYSIN [Konzept + Gestaltung], Chur
Gestaltung, Satz: Gaby Michel, Hamburg
Druck, Einband: CPI books GmbH, Leck

Dieses Werk ist urheberrechtlich geschützt. Die dadurch begründeten Rechte, insbesondere die der Übersetzung, des Nachdrucks, des Vortrags, der Entnahme von Abbildungen und Tabellen, der Funksendung, der Mikroverfilmung oder der Vervielfältigung auf anderen Wegen und der Speicherung in Datenverarbeitungsanlagen, bleiben, auch bei nur auszugsweiser Verwertung, vorbehalten. Eine Vervielfältigung dieses Werks oder von Teilen dieses Werks ist auch im Einzelfall nur in den Grenzen der gesetzlichen Bestimmungen des Urheberrechtsgesetzes in der jeweils geltenden Fassung zulässig. Sie ist grundsätzlich vergütungspflichtig. Zuwiderhandlungen unterliegen den Strafbestimmungen des Urheberrechts.

ISBN 978-3-03810-278-6

www.nzz-libro.ch
NZZ Libro ist ein Imprint der Neuen Zürcher Zeitung.

Inhaltsverzeichnis

Vorwort 9
Richard Gutjahr

Einleitung 12
Adrienne Fichter

Ein Sammelbecken für Populisten 16
Ingrid Brodnig

Journalismus zwischen Fake News, Filterblasen und Fact-Checking 30
Colin Porlezza

Die Alt-Right und die Eroberung der sozialen Netzwerke 51
Robin Schwarz

Die Demokratie-Experimente von Facebook 70
Adrienne Fichter

Mit dem richtigen Hashtag die Abstimmung gewinnen? 80
Sarah Bütikofer, Thomas Willi

Der Online-Wahlkampf ist tot – es lebe der Wahlkampf 91
Martin Fuchs

Big Data im Wahlkampf – Mythos oder Waffe? 96
Adrienne Fichter

«Sag mir, wo du wohnst, und ich sage dir, wen du wählst» 113
Adrienne Fichter

Ich sehe etwas, das du nicht siehst 120
Adrienne Fichter

Über die «Messengerisierung» der Politik 132
Adrienne Fichter

Warum Social Bots keine Gefahr für die Demokratie sind 143
Martin Fuchs

Von A(pfelkuchen) bis Z(ollkontrolle): Weshalb Algorithmen nicht neutral sind 154
Anna Jobin

Katz-und-Maus-Spiele im chinesischen Internet 171
Adrian Rauchfleisch, Mike S. Schäfer

Ist Civic Tech die Antwort auf digitalen Populismus? 196
Adrienne Fichter

Mehr Technokratie wagen? 210
Adrienne Fichter

Warum wir ein Demokratie-Upgrade für das digitale Informationszeitalter benötigen 215
Dirk Helbing, Stefan Klauser

Klickdemokratie? Unterschriften sammeln im Internet 224
Daniel Graf

Schlusswort 240
Adrienne Fichter

Autorenverzeichnis 245

Anmerkungen 248

«Soziale Medien werden über kurz oder lang die dominante Sphäre der politischen Auseinandersetzung. Wenn wir dort eine Debatte wollen, die sich mit den wirklichen Problemen im Land beschäftigt, und wenn wir wollen, dass die besten Kandidaten für das Land gewinnen, dann müssen wir jetzt jedenfalls dringend handeln und die Fehlentwicklungen abstellen. Wir sind an einem Scheideweg angelangt, es geht um nicht weniger als eine existenzielle Frage für die Demokratie.»
Robby Mook, ehemaliger Wahlkampfmanager von Hillary Clinton, in einem Spiegel-Online-Interview (13.3.2017)

«Had Spinoza, Kant, and the other Enlightenment philosophers predicted that all their efforts would end in an ‹Age of information› where free and savvy citizens are exceedingly susceptible to social influence, crowd-heaped points of view, and opinion bubbles, they might have ended up dreaming of the spirit and times of the dark Middle Ages, which they had worked so hard to rid society of.»
Vincent F. Hendricks, Philosophieprofessor, und Pelle G. Hansen, Verhaltenswissenschaftler, aus: Infostorms: Why do we ‹like›? (2016)

«We are 21st-century citizens, doing our very, very best to interact with 19th century-designed institutions that are based on an information technology of the 15th century. (...) ‹No taxation without representation› can now be updated to ‹No representation without a conversation›. We want our seat at the table.»
Pia Mancini, Mitgründerin der Civic-Tech-Projekte DemocracyOS und Democracy Earth (TED-Talk, 2014)

«There is no excuse in 2016, when you can have a many-to-many and many-to-one conversation, not to have a conversation with our electorate on every issue. There is just simply no excuse for it.»
Adam Jacoby, CEO von Start-up und Politik-App MiVote (Guardian, 14.12.2016)

Vorwort
Richard Gutjahr

Das 21. Jahrhundert hat gerade erst begonnen, und wir befinden uns im Krieg. Gemessen an der Zahl der Kombattanten, handelt es sich um den mit Abstand grössten Krieg in der Geschichte der Menschheit. Keine Schlacht im herkömmlichen Sinn. Kein Kampf, der mit Schwertern, mit Gewehren oder Bomben ausgetragen wird, sondern mit vernetzten Taschencomputern, unseren Telefonen. Es ist ein Krieg um Worte, um Likes, um Shares und Retweets. Oder anders ausgedrückt: ein Kampf um Aufmerksamkeit, um Deutungshoheit, um Macht und Einfluss.

Vor fast 200 Jahren prägte der britische Schriftsteller und Politiker Edward Bulwer-Lytton *(Die letzten Tage von Pompeji)* den Ausspruch «The pen is mightier than the sword» – die Feder ist mächtiger als das Schwert. Gemessen daran käme die Macht jedes gewöhnlichen Smartphones heute einem thermonuklearen Sprengkopf gleich. Wie der Flügelschlag eines Schmetterlings reicht theoretisch ein einziger Tweet, um einen globalen Shitstorm auszulösen, um Aktienmärkte ins Wanken zu bringen, um Karrieren, ja sogar Leben zu zerstören.

Moralische und ethische Leitplanken drohen zu erodieren wie die Institutionen selbst, die sie einst etablierten. Parteien, Gewerkschaften, Kirchen und Verbände leiden unter einem bemerkenswerten Bedeutungsverlust, der sich nicht nur an den sinkenden Mitgliederzahlen festmachen lässt. Ein schon länger anhaltender Trend, der sich mit dem Aufkommen der sozialen Netzwerke noch einmal beschleunigt hat.

Mehr Teilhabe, mehr Mitbestimmung, eine bessere Welt – nicht weniger als das haben sich Google und Facebook auf die Fahnen geschrieben. Doch mit den Verheissungen der digitalen Gesellschaft kam auch der Schatten. Der Arabische Frühling währte nicht einmal bis zum Sommer. Auf die Facebook-Revolution folgte noch mehr staatliche Überwachung. An die Stelle von Staatsbündnissen und offenen Grenzen traten Nationalismus und Protektionismus. Nicht nur in Ländern wie Russland oder in der Türkei ist die Sehnsucht nach einem starken Mann allgegenwärtig.

Nach der Präsidentschaftswahl in Österreich, den Wahlen in den Niederlanden und Frankreich könnten wir uns zurücklehnen und sagen: Die gemässigten Kräfte haben gewonnen, Europa ist mit einem blauen Auge davongekommen.

Doch was, wenn Brexit, Trump und Erdogan nur das Vorbeben waren für den eigentlichen Tsunami, der uns noch bevorsteht? Wenn mit der voranschreitenden Automatisierung unserer eher traditionell geprägten Industrie eine Massenarbeitslosigkeit ungekannten Ausmasses droht? Wenn Jobverlust, gepaart mit dem Gefühl, nicht mehr gebraucht zu werden, in Frust und Wut umschlägt? Sind wir wirklich immun gegen ein Deutsches Reich 4.0?

Unsinn, halten die Demoskopen und Meinungsforscher dagegen und verweisen auf ihre Zahlen. Als Journalist, der den Trump-Sieg letztes Jahr und die darauf folgende Schockwelle unmittelbar im Epizentrum von Washington D.C. miterlebt hat, gehöre ich zu den Skeptikern. Möge unsere Welt an der Oberfläche noch in Ordnung sein, an der Basis brodelt es gewaltig. Allein auf Facebook kommt die Alternative für Deutschland auf eine beeindruckende Anzahl von über 300 000 Fans, mehr als die beiden grössten deutschen Volksparteien CDU und SPD zusammen. Wie sähe wohl das Wahlergebnis aus, dürften die Deutschen direkt vom digitalen Stammtisch aus mit ihrem Smartphone abstimmen?

Das Buch, das Sie in Händen halten, ist ein wichtiges Buch. Es ist der Versuch, den Phänomenen einer noch jungen und unerforschten Welt nachzugehen, die Kräfte und Prozesse sichtbar zu machen, die im Hintergrund unserer vernetzten Kommunikation wirken. Wieso sind Populisten im Netz so erfolgreich? Helfen Faktenchecks gegen Manipulation und Desinformation? Wie funktioniert der Wahlkampf im Netz und welchen Einfluss haben Bots und Big Data? Die Autorinnen und Autoren dieses Bandes zählen zu den Pionieren auf ihrem Gebiet. Ich verfolge ihre Arbeit schon länger und kann mich glücklich schätzen, einige von ihnen inzwischen auch jenseits des Bildschirms, persönlich kennengelernt zu haben.

Die Demokratie sei die schlechteste Staatsform, mit Ausnahme all der anderen, die probiert worden sind, sagte Winston Churchill 1947 in einer Rede vor dem britischen Unterhaus. Das Gleiche könnte man heute über das Internet und die sozialen Netzwerke postulieren. Ein Smartphone, so mächtig es auch immer sein mag, ist per se nicht gut, nicht böse. Es ist da, und es kommt darauf an, wofür wir es benutzen. Oder wie es einst ein grosser Philosoph auf den Punkt brachte: «Aus grosser Macht erwächst grosse Verantwortung.» Nicht von Kant, nicht von Hegel oder Schopenhauer, sondern aus Spiderman stammt dieser Satz.

Einleitung
Adrienne Fichter

«Vom Geld, das in die Politik investiert wurde, floss das meiste in politische Werbung. Wir brauchten eine bessere Demokratie und wir erhielten dafür bessere Werbung.»[1]

Das Silicon Valley hat in den letzten Jahren Milliarden von Dollar in Technologien investiert, die unseren Alltag erleichtern. Doch weniger als 0,01 Prozent davon wurde für die Verbesserung unserer Demokratie eingesetzt. Der Grossteil davon floss in Wahlkampfwerbung. Das obige Zitat stammt vom Gründer der Petitionsplattform Change.org Ben Rattray. Von dieser mangelnden Innovationsfähigkeit der Politik profitieren die grossen Player: Facebook, Twitter und Google. Rattray spielt auf die Werbeeinnahmen dieser Technologieunternehmen an. Diese Plattformen bieten derzeit – ohne das je geplant zu haben – die zentralen Bühnen für politische Debatten im Netz. Mark Zuckerberg, Jack Dorsey und Eric Schmidt, so heissen die Architekten der digitalen Demokratie. Sie refinanzieren sich durch Werbeformate und Kampagnen von Parteien und Unternehmen. Indem unwissende Bürgerinnen und Bürger von datengetriebenen Marketing-Firmen in ihrer politischen Einstellung vermessen und ausgewertet werden. Die Vermessungsmöglichkeiten haben mit den Smartphones eine neue Dimension erreicht.

Natürlich haben diese Netzwerke die Demokratie auch belebt. Die Digitalisierung hatte teilweise richtige Machtverschiebungen zur Folge. Facebook und Twitter haben sich als Mobilisierungsinstrumente zur Vernetzung von Gleichgesinnten bewährt, wie der Arabische Frühling, der Women's March oder Occupy Wallstreet gezeigt haben. Unbeachtete Anliegen von Minderheiten und Formen der Diskriminierung rückten plötzlich ins Rampenlicht. Bewegungen wie #Blacklivesmatter oder der #Aufschrei für die Sensibilisierung von Rassismus und Sexismus, die von einzelnen Bürgerinnen und Bürgern gestartet wurden, zeugen davon.

Doch in letzter Zeit zeigte sich vor allem die Kehrseite. Wenn Facebook in die Geschichtsbücher eingehe, dann nicht als globales Netzwerk für virale Hits wie den «Ice Bucket Challenge» oder das Tragen einer Chewbacca-Maske. Sondern als Linkschleuder für Falschinformationen und politischen Extremismus, die unter anderem in die Wahl von Donald Trump mündeten. Mit diesen Worten fasste die Internet-Soziologin Zeynep Tufekci die aufgekratzte Stimmung vom letzten November zusammen.[2]

2016 war in der Tat das Jahr der Filterblasen, Bots, Troll-Armeen, des Populismus, der Twitter-Exzesse und Falschnachrichten. Doch einige dieser Phänomene waren im Grunde genommen antizipierbar. Sie sind Folge oder Resultat der Beschaffenheit oder des Geschäftsmodells der sozialen Medien. Es erstaunt daher, dass sich die Politik erst jetzt mit Bot-Scharen, Informationskriegen und organisierten Troll-Armeen ernsthaft zu beschäftigen begonnen hat.

Dieses Buch erklärt, wie diese Phänomene entstanden sind. Wir möchten aus Expertensicht die vergangenen Ereignisse einordnen, kommentieren und wagen auch einen Blick in die Zukunft. Sie werden auf den folgenden Seiten Sichtweisen aus Politikwissenschaft, Publizistikwissenschaft, Soziologie, Politikberatung, Campaigning, Sinologie und aus dem Digitaljournalismus vorfinden. Sie werden auf kritische Einschätzungen, aber auch zuversichtlich stimmende Texte stossen. Falls Sie auf endgültige Antworten gehofft haben, muss ich Sie enttäuschen. Dafür ist das Thema zu virulent und dynamisch. Die Idee zu diesem Buch entstand im Frühsommer 2016, also mitten im US-Wahlkampf. Damals hat noch kaum jemand von Fake News gesprochen. Danach überstürzten sich die Ereignisse. Jeden Tag werden neue Schlagzeilen aus den Untiefen des sozialen Netzes an die mediale Oberfläche gespült. Wenn Sie das Buch in Händen halten, werden Sie bereits von neueren manipulierten Twitter-Trends zu den Bundestagswahlen, sozialmedialen Fettnäpfchen von Kandidaten, alternativen Medien oder Cyber-Attacken gelesen haben – Entwicklungen, die wir womöglich nicht mehr abbilden und abdrucken konnten.

Deswegen möchten meine Koautorinnen und Koautoren (die meisten von ihnen habe ich übrigens via Twitter kennengelernt) und ich vor allem die Stossrichtung aufzeigen, wohin die Reise der digitalen Demokratie gehen könnte. Wir haben uns gefragt: Sind Bots wirklich so schlecht wie ihr Ruf (Martin Fuchs)? Wie können etablierte Medienhäuser den Kampf gegen die Fake News gewinnen (Colin Porlezza)? Wie ideologisch abgeschottet bewegen wir uns wirklich auf Facebook & Co (Colin Porlezza)? Warum tummeln sich auf den sozialen Medien so viele Populisten (Ingrid Brodnig)? Hat Donald Trump wirklich wegen personalisierter Wahlkampfwerbung im Netz gewonnen (Adrienne Fichter)? Wie konnte es so weit kommen, dass rechtsextreme verspielte Nerds das soziale Netz eroberten (Robin Schwarz)? Lassen sich mit den richtigen Hashtags auch Abstimmungen in der Schweiz gewinnen (Sarah Bütikofer und Thomas Willi)? Wie beeinflussen Algorithmen unsere politische Meinungsbildung (Anna Jobin)?

Mir war es wichtig, dabei nicht nur eine rein westliche Perspektive einzunehmen. Die digitale Demokratie als globaler Begriff taugt wenig. Vielmehr haben wir es mit regionalen digitalen Architekturen zu tun, die politische Diskussionen unterschiedlich beeinflussen. Denn in China sind beispielsweise ganz andere Plattformen populär. Und in autoritär regierten Regionen hat das Internet mehr als anderswo entscheidende Impulse für Demokratisierungsprozesse geliefert. Deswegen soll ihnen auch Raum gegeben werden: Welche Netzwerke haben sich unter autoritären Regimes durchgesetzt und weshalb? Welche zivilgesellschaftlichen Strategien wenden Aktivisten auf Weibo und WeChat, den sozialen Netzwerken und Messengers Chinas, an (Adrian Rauchfleisch / Mike S. Schäfer)?

Das Internet hat sämtliche Bereiche demokratisiert. Ausser ironischerweise die Demokratie selbst. Viele staatliche Institutionen funktionieren immer noch gleich wie vor 200 Jahren. Sie blieben unangetastet. Doch eine neue Bewegung, über die erstaunlich wenig bekannt ist, möchte das ändern: Civic Tech. Diese Szene möchte unter anderem Bürgern Abstimmungen über Parlamentsgeschäfte via Smartphone ermöglichen. Sie will langfristig die digitale Volksherrschaft erreichen. Wir beschäftigen uns in diesem Zusammenhang mit folgenden Fragen und Thesen: Welche Chancen bietet diese neue Branche und wo sind ihre blinden Flecken (Adrienne Fichter)? Was lässt sich totalitären Algorithmus-Utopien entgegensetzen und wie müssen demokratiefördernde Netzwerke beschaffen sein (Stefan Klauser/Dirk Helbing)? Weshalb ist die Digitalisierung der Demokratie nicht gleichzusetzen mit Klicktivismus (Daniel Graf)? Für das Vorwort konnte ich den renommierten deutschen Journalisten Richard Gutjahr gewinnen.

Mir wurde während des Schreibens bewusst, wie vielschichtig das Thema Digitale Demokratie ist. Themenkomplexe wie E-Voting, E-Government, Blockchain oder Cyber-Attacken werden deswegen ausgeklammert. Sie bedürfen einer weiteren und vertieften Auseinandersetzung. Im Zentrum dieses Buchs steht die politische Meinungsbildung im Netz. Meine Koautorinnen und Koautoren und ich beschäftigen uns vorwiegend mit den Aspekten des digitalen politischen Diskurses. Wir beleuchten die Probleme, präsentieren Lösungsansätze und Handlungsstrategien.

Dieses Buch ist der Auftakt einer längeren Auseinandersetzung mit der Frage: Wie können wir all die positiven Potenziale des Internets zur Stärkung (und nicht zur Schwächung) der Demokratie nutzen? Ich lade Sie ein, nach der Lektüre den Diskurs mit mir fortzuführen. Denn wir allein haben es in der Hand, wie wir die digitale Demokratie von morgen gestalten wollen.

Ein Sammelbecken für Populisten
Ingrid Brodnig

Der Aufbau einer neuen Parallelrealität, das Zusammenspiel von aggressiver Rhetorik und boulevardesker Technik sowie die Schwäche anderer Parteien sind der Grund, wieso Rechtspopulisten die digitale Debatte dominieren. Doch es ist kein Naturgesetz, dass ausgerechnet rechte Provokateure online so erfolgreich sein müssen.

Am 8. Februar 2017 postete die Fanpage der Politikerin Frauke Petry einen Beitrag, der äusserst erfolgreich auf Facebook war: Mehr als 3500 Menschen klickten auf «gefällt mir», sogar mehr als 3600 Menschen teilten die Meldung. In dieser behauptete die Politikerin der rechtspopulistischen Alternative für Deutschland, dass Einwanderer mehr Straftaten begingen als Deutsche. Ferner hiess es: «Sie lachen über unser Justizsystem, unseren Staat und seine Organe und haben für die Menschen in unserem Land vielfach nur Verachtung übrig. Sie protektioniert eine oftmals kuschelweiche Justiz, in Gefängnissen leben sie wie Maden im Speck.»[1]

Wenn Parteisprecher solche Worte auf Facebook verfassen, beeinflusst das die Stimmung in den Kommentaren: Je härter ein Politiker postet, desto erhitztere Kommentare folgen. Hunderte Nutzer antworteten – viele tobten. «Traurig, wie wir von der ReGIERung belogen werden [...]», erklärte ein Nutzer. Ein anderer meinte: «[...] wer Jahre lang mit Krieg und Terror lebt, kann nur ein kriminelles Schwein sein. Man muss Ihnen nur ins Gesicht schauen und man sieht ihre kriminelle Energie.» Und eine Dritte lieferte antisemitische Anspielungen: «Die kriminellsten sitzen noch in der Regierung ... und darüber hinaus ... Soros, Rothschild usw. ...»

Dabei stimmte die Behauptung der AfD nicht: Sie verwiesen auf ein Dokument des deutschen Bundeskriminalamts (BKA), das gar keine derartige Statistik enthielt. Erst drei Tage später, nachdem der Beitrag schon eine enorme Reichweite auf Facebook erzielt hatte, korrigierte die AfD das Posting – zumindest ein wenig. Im ursprünglichen Posting wurde der Hinweis eingefügt, dass das Bundeskriminalamt tatsächlich «keinen Vergleich der Kriminalitätsrate von Migranten und Deutschen vorgenommen» hat. Doch statt sich für den Fehler zu entschuldigen, ging das Social-Media-Team der Partei in die Offensive. Die Fanpage von Frauke Petry warf die Frage auf, ob das Bundeskriminalamt «eventuell politisch motiviert» sei, und bezeichnete die Datenerfassung des Amts als «fragwürdig». Zu einer weiteren Stellungnahme war die AfD trotz Nachfragen nicht bereit.

Fassen wir kurz zusammen: Die AfD hat in diesem Beitrag basierend auf einer Statistik, die es gar nicht gibt, Stimmung gemacht und viel Aufmerksamkeit geerntet. Im Text werden Asylbewerber mit Ungeziefer verglichen (konkret mit «Maden»), in den Kommentaren wüten Bürger. Trotz frühzeitiger Kritik reagiert die AfD erst Tage später und geht prompt zum rhetorischen Gegenangriff über – «fragwürdig» sei demnach nicht die fehlerhafte Recherche der AfD, sondern das Vorgehen des Bundeskriminalamts, da es der Partei nicht die gewünschte Statistik geliefert hat.

Dieses Beispiel zeigt die fehlende Fehlerkultur, die speziell bei rechtspopulistischen Akteuren (nicht nur im deutschsprachigen Raum) auffällt. Näher betrachtet, lässt sich darin auch die allgemeine mediale Strategie von Rechtspopulisten erkennen: Sie versuchen, Wählern zu erklären, wem diese Glauben schenken sollten und wem nicht – wer der Erzählung dieser Parteien widerspricht, wird nach diesem Muster mitunter als «Systemmedium» oder auch als «eventuell politisch motiviert» verunglimpft. Dazu passend, stellen Rechtspopulisten ihren Sympathisanten dann mediale Gegenangebote zur Verfügung: Bewegungen wie die AfD haben ein Dickicht aus etlichen Partei-Accounts auf Plattformen wie Facebook und YouTube errichtet. Zusätzlich sind neue «alternative Medien» im Netz gestartet, die teils in einem intransparenten Naheverhältnis zu diesen Parteien stehen und wohlwollend über deren Kandidaten berichten. Deutlich stärker als andere politische Bewegungen arbeiten Rechtspopulisten an einer digitalen Parallelrealität, in der sie den Wählern erklären können, was die vermeintliche «Wahrheit» ist – diese Strategie scheint durchaus erfolgreich. Im Internet ist ein neuer Machtfaktor der Meinungsbildung entstanden.

Ich werde in diesem Beitrag beleuchten, warum ausgerechnet politische Provokateure online sehr erfolgreich auftreten. Drei Aspekte sind in meinen Augen besonders wichtig: Erstens, die starke Emotionalisierung populistischer Aussagen, die gut zur Ausgestaltung sozialer Medien passt. Zweitens, die Konstruktion einer Gegenöffentlichkeit, die vom Phänomen der Echokammer begünstigt wird. Drittens, das Fehlen des politischen Wettbewerbs in der digitalen Arena, bei der andere Parteien lange Zeit zögerlicher und weniger strategisch agierten. Ich sehe allerdings auch die Chance, dass es andere Parteien Rechtspopulisten in Zukunft online nicht ganz so einfach machen. Nur was unterscheidet Rechtspopulisten überhaupt von anderen Parteien? Die Sprachwissenschaftlerin Ruth Wodak, die an der University Lancaster und der Universität Wien forscht, listet in ihrem Buch *Politik mit der Angst* Faktoren auf, die Rechtspopulismus kennzeichnen – wobei ihr zwei Eigenheiten besonders wichtig erscheinen.

Erstens: «Alle rechtspopulistischen Parteien instrumentalisieren eine Art von ethnischer, religiöser, sprachlicher, politischer Minderheit als Sündenbock für die meisten – wenn nicht alle – aktuellen Sorgen und Probleme. Sie stellen die jeweilige Gruppe als gefährlich dar, als Bedrohung ‹für uns›, für ‹unsere› Nation. Dieses Phänomen manifestiert sich als ‹Politik mit der Angst›.»

Zweitens: «Alle rechtspopulistische Parteien pflegen eine [...] ‹Arroganz der Ignoranz›. Appelle an den gesunden Menschenverstand und Anti-Intellektualismus markieren eine Rückkehr zum vormodernistischen Denken in den Zeiten vor der Aufklärung.»[2]

Diese antiintellektuelle Haltung hilft solchen Politikern auch, unliebsame Fakten kleinzureden: Wenn ihnen Statistiken widersprechen oder sie eine Zahl zitieren, die es de facto nicht gibt, dann orten sie häufig eine Verschwörung – etwa, dass das Bundeskriminalamt «eventuell politisch motiviert» vorgehe.

Diese zwei Aspekte, die laut Ruth Wodak Rechtspopulismus besonders auszeichnen, verdeutlichen bereits, welch zentrale Rolle Emotion in ihrer Politik spielt – speziell die Wut auf Minderheiten und auch die Wut auf Intellektuelle und die vermeintliche Elite.

Die Wut als Erfolgsfaktor

Online zeigt sich, dass Wut viel Resonanz auslöst. Im Jahr 2013 führten die Wissenschaftler Daegon Cho und Alessandro Acquisti von der Carnegie Mellon University eine interessante Untersuchung durch. Sie analysierten 75 000 Leserkommentare auf südkoreanischen Nachrichtenseiten. Dabei eruierten sie auch, wie sich Schimpfworte auf das Feedback auswirkten. In etlichen Zeitungsforen konnte man beispielsweise Userkommentare empfehlen oder ihnen ein Like geben. Die Forscher beobachteten: Kommentare mit Schimpfworten erhielten mehr Likes – sie ernteten überdurchschnittlich viel zustimmende Klicks.[3]

Dazu muss man einwerfen, dass Emotionen Menschen generell eher zum Klicken bringen – eine Datenauswertung des Analysetool-Anbieters Fanpagekarma.com ergab im Jahr 2014, dass emotionale Beiträge zehnmal so viel Interaktion ernten wie weniger emotionale Wortmeldungen.[4] Die emotionsgeladene Sprache von Rechtspopulisten verschafft ihnen Aufmerksamkeit – übrigens auch in etablierten Medien, da Redaktionen solche provokanten Aussagen häufig ins Blatt rücken.

Es ist zutiefst menschlich, dass wir auf wütende Wortmeldungen vielfach reagieren, dann online eher auf «gefällt mir» klicken oder dies kommentieren. Nur kommt in den sozialen Medien ein neuer Aspekt hinzu: Immer mehr Websites werden von Algorithmen sortiert – also von kluger Computersoftware, die nach einem vordefinierten Rezept Information filtert und reiht (siehe auch Kapitel «Von A(pfelkuchen) bis Z(ollkontrolle): Warum Algorithmen nicht neutral sind).

Facebook ist ein bekanntes Beispiel hierfür: Wir wissen in Wirklichkeit wenig über die Regeln des Algorithmus – das soziale Netzwerk von Mark Zuckerberg kommuniziert nur sehr rudimentär, welche Kriterien darüber entscheiden, ob eine Statusmeldung tausend Menschen eingeblendet wird oder gar einer Million. Bekannt ist aber zumindest, dass die sogenannte Interaktion ein wichtiger Gradmesser für den Algorithmus ist: Zur Interaktion zählt, wie viele Menschen bei einem Posting auf den «gefällt mir»-Knopf oder einen der Smileys (die sogenannten Reactions) klickten und wie viele den Beitrag teilten oder kommentierten.[5] Hohe Interaktionszahlen wertet die Software als Signal, dass eine Wortmeldung womöglich relevant ist. Je mehr Menschen liken, kommentieren oder teilen, umso mehr weiteren Menschen blendet der Algorithmus die Wortmeldung ein.

Auf den ersten Blick scheint dieses System logisch – viele Likes signalisieren ja häufig tatsächlich die Popularität einer Aussage. Nur birgt eine derart programmierte, algorithmische Selektion gerade bei politischen Inhalten eine Gefahr: dass Provokateure bessere Karten haben.

Angriffige Politiker profitieren von Algorithmen, die Interaktion als wichtigen Indikator nutzen – denn ihre provokanten Wortmeldungen lösen notgedrungen viel Reaktion aus. Geschimpfe erntet überdurchschnittlich viele Likes, wie die Untersuchung von Daegon Cho und Alessandro Acquisti im Kontext der Zeitungsforen nahelegte. Gleichzeitig fühlen sich Andersdenkende bei solch härteren Beiträgen oft bemüssigt, zu widersprechen. Sie kommentieren dann beispielsweise, dass eine Behauptung nicht stimme, oder sie regen sich über den Stil des Politikers auf. Für den Algorithmus sind all das relevante Signale: Er registriert, dass die Interaktion überdurchschnittlich stark ist, und blendet den Beitrag dann bei noch mehr Personen ein.

Eines muss hierbei angemerkt werden: Wir wissen nicht, wie viel Facebook genau tut, um dieser Schattenseite des Algorithmus entgegenzuwirken – Details des Algorithmus kommuniziert das Unternehmen nicht, und es erlaubt unabhängigen Wissenschaftlern keinen Zugang, anhand dessen diese die Nebeneffekte der Software untersuchen könnten.

Datenauswertungen zeigen jedenfalls, dass provokante Akteure starke Interaktionsraten aufweisen – das beste Beispiel liefert Donald Trump. Der amerikanische Informatiker Patrick Martinchek hat vier Millionen Facebook-Postings im US-Präsidentschaftswahlkampf 2016 analysiert und dabei auch die Interaktionsrate der Fanpages der Kandidaten Donald Trump und Hillary Clinton betrachtet. Es stellte sich heraus, dass Trump 57 Prozent mehr Kommentare erhielt als Clinton, 36 Prozent mehr Likes und 34 Prozent mehr Shares. Es handelt sich hierbei um Durchschnittswerte – also wie viele Reaktionen die Kandidaten jeweils pro einer Million ihrer Fans erhielten. Die Gegenüberstellung zeigt: Trump löst mehr Wirbel aus.[6]

Algorithmen, die Interaktion als zentralen Massstab verwenden, haben aus politischer Sicht Schattenseiten: Denn in solch einem Setting haben es Provokateure leicht. Sie können mit aufwühlenden Wortmeldungen viel Aufregung (Kommentare, Likes, Shares) erzeugen und profitieren dann auch von der hohen Reichweite, die ihnen die Software zukommen lässt. Ein spröderer Politiker hingegen wird in einem solchen

Setting oft weniger Aufmerksamkeit erhalten: Er provoziert weniger, erntet weniger Interaktion und wird dann auch bei weniger Menschen vom Algorithmus angezeigt.

Dass Facebooks Algorithmus Interaktion als wichtigen Gradmesser verwendet, wirft schwerwiegende Fragen auf. Das tiefer liegende Problem ist hierbei aber wohl das vorrangige Geschäftsmodell im Web: Online-Werbung. Facebook verdient daran, dass bei Menschen Werbung eingeblendet wird – je mehr Zeit Nutzer auf der eigenen Website verbringen, desto mehr Anzeigen kann das Netzwerk bei ihnen einblenden. In einem von Werbung finanzierten System ist die Gefahr besonders gross, dass Algorithmen darauf programmiert werden, emotionale sowie dramatische Inhalte stärker einzublenden, da diese viel Interaktion und hohe Verweildauern bringen (und dementsprechend starke Einnahmen mit Online-Werbung). Gerade für die politische Debatte ist es aber bedenklich, wenn ausgerechnet die herausragend provokanten und schrillen Wortmeldungen eine starke Reichweite ernten und die Debatte stark prägen können.

Die digitale Parallelrealität

Die zweite grosse Chance, die die sozialen Medien Rechtspopulisten bieten, ist eine Verzerrung der Realität. Sie können grösser wirken, als sie de facto sind. Das beste Beispiel liefert die AfD: Sie ist die populärste deutsche Partei auf Facebook – liegt bei den Fan-Zahlen konkurrenzlos auf Platz 1. Am zweiterfolgreichsten ist die Spasspartei Die Partei, an dritter Stelle die Linke, auf Platz vier sogar die rechtsextreme NPD. Erst danach kommen CSU, Grüne, SPD und CDU.[7] Diese Online-Statistik spiegelt hier mit Sicherheit nicht die Realität wider: Denn bei keiner einzigen Landtagswahl ist die AfD bisher auf Platz 1 gewählt worden. Selbst die AfD behauptet nicht, dass sie bei der Bundestagswahl im Jahr 2017 an erster Stelle liegen wird.

Doch online posten Sympathisanten von rechtspopulistischen Parteien gerne: «Wir sind die schweigende Mehrheit.» Was auch insofern ein Widerspruch ist, als diese Nutzer offensichtlich nicht schweigen, sondern oftmals sehr laut auftreten.

So verwunderlich ist es allerdings nicht, dass einige Bürger diesen Satz von der «schweigenden Mehrheit» für wahr halten. Gerade rechte

Parteien haben geschickt daran gearbeitet, für ihre Anhänger eine digitale Parallelrealität masszuschneidern. Die AfD und ihr Umfeld haben binnen kürzester Zeit äusserst viele Facebook-Fanpages, YouTube-Accounts und Websites errichtet. Darüber hinaus weist das rechte Onlinemedium «Compact» eine auffällige Nähe zur AfD auf, die *Zeit* nennt das Heft gar den «publizistischen Arm der AfD».[8] Chefredakteur Jürgen Elsässer soll auf einer Veranstaltung beispielsweise in «Wir»-Form über die kommenden Wahlergebnisse der AfD gesprochen und konkret gesagt haben: «Wir werden in Rheinland-Pfalz über zehn kommen, wir werden in Baden-Württemberg die SPD überholen und wir werden in Sachsen-Anhalt 20 plus x bekommen. Und das muss erreicht werden.»[9]

In einem internen Papier, genannt «AfD-Manifest 2017», das an die Öffentlichkeit gelangte, erwägt die Partei sogar, weitere «Instrumente der Gegenmacht» einzuführen – etwa ein «eigenes Fernsehstudio, eigener Radiosender, eine eigene Zeitung/Zeitschrift oder andere Publikationen, z.B. Bücher AfD-freundlicher Autoren». Gleichzeitig beschreibt dieses Papier das «verstärkte Ausweichen auf Online-Medien» als «wirksame» mediale Massnahme.[10]

Es gibt grosse Unterschiede zwischen den rechtspopulistischen Parteien in Deutschland, Österreich und der Schweiz: «Die Positionen der SVP sind eine Mischung aus nationalkonservativen bis hin zu rechtspopulistischen Anliegen. Die Partei hat einen Hybridcharakter, da sie eigentlich von einer etablierten Traditionspartei stammt und ein Teil ihrer Vertreter etwas gemässigter auftritt, ein Teil populistischer», sagt der Schweizer Politologe Michael Hermann, der die Forschungsstelle Sotomo leitet. Die AfD wiederum ist eine Jungpartei in der Aufbauphase. Sowohl die SVP als auch die AfD können von ihren rechten österreichischen Kollegen einiges lernen: Die Freiheitliche Partei Österreichs (FPÖ) hat ein beeindruckendes Ökosystem online errichtet. Im Folgenden ein Einblick in ein paar wesentliche Faktoren, die der FPÖ in ihrer digitalen Gegenerzählung helfen: Im Jahr 2012 startete die Partei *FPÖ TV* – das ist kein richtiger TV-Sender, sondern ein YouTube-Kanal, auf dem das *FPÖ-TV-Magazin* erscheint.[11] Dieser Wochenrückblick widmet sich Themen wie: «Willkommenskultur ruiniert Sozialstaat Österreich» (23. Februar 2017).[12] Oder: «Einwanderung ist kein Grund zum Jubeln» (Beitrag vom 16. Februar 2017).[13] Die zehnminütigen Videos erinnern von Optik und Hintergrundmusik an klassische Nachrichtenfor-

1 Dieses Video generierte 190 000 Aufrufe auf Facebook. Diese Grössenordnung ist für die FPÖ normal.
Quelle: Screenshot Fanpage HC Strache

mate, haben aber wenig mit seriösem Journalismus zu tun. Stattdessen werden Jubelmeldungen geliefert, wie erfolgreich die FPÖ angeblich sei und wie sehr sie sich gegen diverse Feindbilder einsetze.

Die wöchentliche Online-«Sendung» erreicht zwar nur wenige Bürger, denn viele Clips haben nur ein paar Tausend Aufrufe – doch der YouTube-Kanal muss als Teil der Gesamtstrategie verstanden werden. Die FPÖ hat hierbei ein eigenes Videoteam aufgebaut, das Spitzenkandidat Heinz-Christian Strache bei wesentlichen Terminen begleitet: Wichtige Aufnahmen werden dann auch auf Facebook geteilt – wo dann wirklich eine breite Masse mit diesen Videos versorgt wird. Wenn Parteichef Strache zum Beispiel eine Rede über «Islamismus und Terror» hält, wird der Clip davon mehr als 6700-mal gelikt und 3800-mal geteilt. 190 000 Aufrufe hatte dieses Video laut Facebook – und solche Zahlen sind für die FPÖ ganz normal.[14]

Ein eigenes Videoteam hat den Vorteil, dass der Partei permanent gutes Bildmaterial zur Verfügung steht: Jeden Tag bekommen Fans online den Eindruck, das rechte Lager sei immens erfolgreich. Dabei zeigt sich (ähnlich wie bei der AfD), dass die FPÖ auch manch eine falsche Behauptung verbreitet. Im September 2015 teilte FPÖ-Chef Strache auf Facebook einen vermeintlichen Augenzeugenbericht, wonach Flüchtlinge in Wien einen Supermarkt «überrannt» hätten – sogar eine Spezialeinheit der Polizei hätte demnach dort ausrücken müssen. Dieser Bericht war allerdings erfunden, wie die betroffene Supermarktkette offenlegte. Statt dies daraufhin richtigzustellen, löschte die FPÖ das Posting kurzerhand.[15] Hier ist erneut die Absenz einer Fehlerkultur sichtbar, die bei AfD und FPÖ auffällt.

Zweitens ist wichtig: Die Aussagen auf der Fanpage des FPÖ-Chefs erreichen ein Millionenpublikum. Die FPÖ hat den Vorteil (verglichen mit der AfD), dass es ein klares Oberhaupt der Partei gibt und die mediale Strategie auch auf dieses fokussiert ist. Der Leiter des freiheitlichen Kommunikationsbüros, Alexander Höferl, nennt die Fanpage des FPÖ-Chefs die «Drehscheibe unserer Kommunikation», wie die Tageszeitung *Kurier* berichtet.[16] Strache ist mit 569 000 Likes nicht nur der erfolgreichste österreichische Politiker auf Facebook, er liegt im ganzen deutschsprachigen Raum sogar auf Platz 2. Nur die deutsche Bundeskanzlerin Angela Merkel hat noch mehr Anhänger – sie zählt fast 2,4 Millionen Facebook-Fans.[17]

Die hohen Fanzahlen und starke Interaktion des Parteichef-Accounts führen dazu, dass die Partei dort ein riesiges Publikum erreichen kann. Man kann davon ausgehen, dass viele Beiträge Hunderttausenden Bürgern eingeblendet werden – auf diese Reichweite können viele Medien eifersüchtig sein. Dazu ein Vergleich: Im Schnitt erhalten die Postings des Rechtspopulisten Strache rund 1700 Interaktionen (Likes, Shares, Kommentare), das bezifferte das Analysetool Fanpagekarma.com im März 2017. Österreichs grösste Tageszeitung, die *Kronen Zeitung*, hat im selben Zeitraum durchschnittlich lediglich 491 Interaktionen pro Facebook-Eintrag. Das verdeutlicht die neuen Machtverhältnisse in der digitalen Öffentlichkeit: Früher profitierten Politiker, wenn Medien sie zu Wort kommen liessen; heute profitieren Medien, wenn online erfolgreiche Politiker ihre Artikel teilen. Solch starke Zahlen bedeuten ausserdem, dass die FPÖ weit weniger auf etablierte Medien angewiesen ist als andere Parteien.

Ausserdem ist wichtig: Im Umfeld dieser Partei sind intransparente Websites entstanden, bei denen unklar bleibt, wie nah sie der FPÖ sind und woher ihr Geld stammt. Das berühmteste (und keineswegs einzige) Beispiel ist unzensuriert.at: Diese Seite betreibt Stimmungsmache ganz nach dem freiheitlichen Weltbild. Gemeinsam mit meinem Kollegen Jakob Winter habe ich einmal zwei Wochen lang sämtliche Artikel auf unzensuriert.at ausgewertet: In den 124 Beiträgen waren die zwei häufigsten Feindbilder Migranten (Platz 1) und etablierte Medien (Platz 2).[18] Passend zur Rechtspopulismus-Definition von Ruth Wodak werden gesellschaftliche Probleme einzelnen Minderheiten zugeschoben und ein Antiintellektualismus vorgeführt, der sich oft gegen kritische Journalisten richtet.

Nicht nur in der inhaltlichen Positionierung, auch personell gibt es ein Näheverhältnis zur Partei: Als Geschäftsführer der Website fungiert Walter Asperl, er arbeitet als Referent im FPÖ-Parlamentsklub. Der schon zitierte Alexander Höferl (Leiter des freiheitlichen Kommunikationsbüros) war jahrelang der Chefredakteur des Onlinemediums und ist weiterhin aktives Mitglied der Redaktion.

unzensuriert.at ist für seine harte Berichterstattung bekannt. Schreibt in etablierten Medien ein Redakteur oder eine Redakteurin kritisch über die FPÖ, ist die Chance hoch, dass ihm oder ihr dort äusserst harte Artikel gewidmet werden. Die Leserkommentare im Forum sind besonders aggressiv – das reicht bis zum Aufruf, das Foto einer Journalistin solle für Schiessübungen ausgedruckt werden. Dieses Posting wurde von unzensuriert.at nicht von selbst entfernt, sondern erst, nachdem es per Rechtsanwaltsbrief dazu aufgefordert worden war.[19] Eine der unbehaglichsten Facetten an unzensuriert.at ist, wie viele aggressive und beleidigende Kommentare dort ungelöscht stehen bleiben.

Die neuen alternativen Medien, die mitunter ein Näheverhältnis zu Parteien aufweisen; die vielen Facebook-Accounts und auch YouTube, die Rechtspopulisten einrichten; solche Kanäle ermöglichen es «besorgten» Bürgern, sich online in eine Echokammer voller Wut und Angst zu begeben – in der sie dann permanent mit parteigenehmer Information versorgt werden können. In Österreich hat die FPÖ sogar einen WhatsApp-Dienst eingerichtet, bei dem Nutzer aufs Handy Nachrichten von der Partei erhalten.

Als Echokammer versteht man digitale Onlineräume, in denen Nutzer vor allem mit Gleichdenkenden kommunizieren und Information von Seiten mit gleichem Weltbild beziehen. Solche Echokammern sind auf Facebook bereits messbar. Wie Wissenschaftler vom Labor für Computational Social Science in Lucca (Italien) sogar in mehreren Untersuchungen feststellten, bleiben Nutzer oftmals online konzentriert unter Gleichdenkenden.[20]

Gerade die Rhetorik der Rechtspopulisten fördert die Entstehung von Echokammern: Denn Rechtspopulisten empfehlen ihren Anhängern eine mediale Abschottungsstrategie. Der US-Präsident Donald Trump sagte im Wahlkampf einst sogar: «Vergesst die Presse, lest das Internet.»[21] Welchen Teil des Internets er meinte, kann man sich vorstellen: Trumps Chefstratege im Weissen Haus, Steve Bannon, ist eine der wichtigsten Figuren des rechten Onlinemediums Breitbart News.

Der (bisher) fehlende Wettbewerb

Es gibt noch einen weiteren Grund für die Stärke der Rechtspopulisten im Netz: die Schwäche ihrer Mitbewerber. Rechtspopulisten sind oft beeindruckend fleissig online, sie haben frühzeitig (siehe FPÖ) eigenes Personal dafür abgestellt. Im Vergleich dazu fällt es früheren Grossparteien mit sehr eingespielten (dafür aber starren) Strukturen oft schwerer, ihr Kommunikationsbudget so umzustellen, dass genügend Mitarbeiter und Ressourcen für Social Media freigemacht werden. Im schlimmsten Fall enden Social-Media-Kampagnen kurz nach der Wahl – anstatt dass sie sich beharrlich eine richtige «Fanbase» aufbauen.

Doch es gibt mittlerweile auch Beispiele, wo Rechtspopulisten online ausgebootet wurden. Dies passierte bei der Bundespräsidentenwahl 2016 in Österreich – jener Wahl, bei der wir Österreicher wegen einer höchstgerichtlichen Wahlaufhebung insgesamt dreimal unsere Stimme abgeben mussten. Am Ende siegte der frühere grüne Parteichef Alexander Van der Bellen und nicht der rechtspopulistische Kandidat Norbert Hofer (FPÖ). Auch online konnte Van der Bellen seinem rechtspopulistischen Gegner die Stirn bieten – weil sein Team ebenfalls auf Emotion setzte.

Das meistgesehene Facebook-Video im Wahlkampf zeigt eine 89-jährige Wienerin namens Gertrude. Die Frau sieht nachdenklich in die Kamera und sagt: «Die Beleidigung anderen gegenüber, das Runtermachen, das Schlechtmachen, das stört mich am allermeisten. Keine Achtung vor dem anderen. Das Niedrigste aus dem Volk, aus den Leuten herausholen – nicht das Anständige, sondern das Niedrigste. Und das war schon einmal der Fall.» Frau Gertrude (ihr Nachname bleibt anonym) erinnert sich im Video an den Nationalsozialismus, zum Schluss meint sie: «Für mich ist das wahrscheinlich die letzte Wahl. Ich hab nimmer viel Zukunft. Aber die Jungen haben ihr ganzes Leben noch vor sich. Und die müssten selber schauen, dass es ihnen weiterhin gut geht. Das können sie nur, wenn sie vernünftig wählen.» Zuallerletzt bekommen die Zuseher die Information eingeblendet, dass Gertrude als 16-Jährige mit ihren Eltern und ihren Brüdern nach Auschwitz deportiert wurde – und als Einzige überlebte. Dieses Video wurde 3,7 Millionen Male abgespielt und fast 67 000-mal geteilt.[22] Ganz zum Schluss des Wahlkampfs hatte es das Social-Media-Team des früheren Grünen-Chefs geschafft, den Rechtspopulisten auch bei der Interaktion auf Facebook zu überholen – wie die Agentur Spinnwerk kurz vor der Wahl analysierte.

Das Beispiel zeigt: Der Aufstieg der Rechtspopulisten ist auch im Internet kein Naturgesetz – wobei politische Mitstreiter ebenfalls emotionale Inhalte brauchen, um starke Reichweite erlangen zu können.

Der Weg aus der Echokammer

Selbst wenn andere Parteien online zunehmend professionell werden, löst das nicht das grössere Problem der Fragmentierung im Netz. Im Gegenteil: Womöglich wachsen einfach noch umfassendere Echokammern heran. Das Problem an solch homogenen Räumen ist, dass Bürger darin wenig mit widerstrebenden Meinungen und unliebsamen Fakten in Kontakt kommen. Dabei legen Untersuchungen ausserhalb des Internets nahe, wie wichtig das Gespräch mit Andersdenkenden ist: Eine Studie der University of Wisconsin kam zum Ergebnis, dass Menschen, die an ihrem Arbeitsplatz sehr heterogene Netzwerke haben, politisch besser informiert sind.[23] Es lohnt sich also, mit vielen unterschiedlichen Menschen zu sprechen – und auch Software könnte Pluralismus als Wert stärker berücksichtigen.

Nehmen wir Facebook: Das soziale Netzwerk könnte eruieren, ob ein Posting in unterschiedlichen Echokammern positives Feedback erhält. Das wäre ein starkes Signal, dass es sich hier um einen gesellschaftlichen Konsens handelt. Zum Beispiel könnte die Software derartige gesellschaftsübergreifende, positive Signale als einen wichtigen Massstab für den Algorithmus verwenden – und das Gemeinsame vor das Trennende stellen. (Fairerweise muss man sagen: Wir wissen nicht, ob es derartige Versuche von Facebook schon gab – dies wird ja nicht im Detail erklärt.)

Im Grunde geht es darum, dass ein Unternehmen wie Facebook

durchaus Fenster in die eigene Echokammer einbauen könnte. Ein weiteres Beispiel: Ich plädiere gern für einen «Überrasch mich»-Knopf. Wenn ein Nutzer diese Funktion freiwillig aktiviert, könnte er einmal am Tag eine Meldung sehen, die ihm Facebook früher nicht eingeblendet hätte – die aber in einer fremden Echokammer gerade populär ist. So könnte man mitbekommen, worüber Menschen reden, die ganz anders sind als man selbst. Wäre ein solches Feature wirklich erfolgreich? Wir wissen es nicht, es wurde uns noch nie angeboten.

Was jeder tun kann
Etliche Faktoren führen zum digitalen Erfolg der Rechtspopulisten, manches liesse sich aber ändern – etwa durch mehr Mitbewerb oder weniger boulevardeske Software. Die Zivilgesellschaft und jeder einzelne Bürger können auch auf eine bessere Fehlerkultur pochen. In Online-Diskussionen lohnt sich die Frage: «Woher hast du diese Information?» Oder: «Kannst du diese Aussage mit einem Link belegen?» Zwar wird kaum ein aufgebrachter Nutzer durch solche Nachfragen seine Meinung ändern, aber hier geht es eher darum, dass Mitlesende erkennen können, ob jemand gerade unseriöse Quellen oder irreführende Behauptungen von Politikern zitiert. Seiten wie Mimikama.at decken viele Fälschungen auch auf – sie bieten engagierten Bürgern also auch argumentative Unterstützung.

Gleichzeitig kann jeder einzelne Nutzer auch darauf achten, dass sein Verhalten nicht ausgerechnet umstrittene Postings befördert: Anstatt besonders provokante Wortmeldungen von Populisten zu kommentieren (was der Algorithmus als Interaktion wertet), lässt sich ein Screenshot davon machen – eine Bildschirmaufnahme. Das Bild des Postings kann man dann selbst auf Facebook teilen und beispielsweise dazuschreiben: «Achtung, diese Aussage ist falsch. Mehr Informationen findet man unter ...» In diesem Fall werden die eigenen Freunde über die Fehlinformation informiert – das inhaltlich falsche Posting profitiert aber nicht von weiteren Kommentaren oder Shares.

Ein Aspekt ist hier noch relevant: Wer die Beiträge von Rechtspopulisten online kommentiert, liefert sich auch deren Moderation aus. Sowohl die AfD als auch die FPÖ löschen mitunter Widerspruch (selbst sachlich formulierte Kommentare). Es ist sehr unrealistisch, dass eine faire, ausgewogene Diskussion ausgerechnet auf den Accounts politischer Provokateure stattfinden wird. Wer mit Sympathisanten dieser Parteien auf Augenhöhe diskutieren will, dem empfehle ich, das lieber in breiter angelegten Gruppen oder auf anderen Facebook-Seiten zu machen – dort, wo nicht die Partei selbst entscheidet, was stehen bleiben darf.

Das Netz sollte ursprünglich ja ein Werkzeug der Aufklärung sein. Derzeit sehen wir, dass dies nicht automatisch so sein muss – und es sehr wohl möglich ist, dieses Werkzeug genau für das Gegenteil einzusetzen: Wut zu schüren, Abschottung zu propagieren, Falschmeldungen zu verbreiten. Wir sind in einer wichtigen Phase der Digitalisierung angekommen, in der es darum geht, sicherzustellen, dass dieses Versprechen aus der Frühphase des Internets doch noch eingelöst wird.

Journalismus zwischen Fake News, Filterblasen und Fact-Checking

Colin Porlezza

Die Digitalisierung hat das Medien-Ökosystem enorm verändert. Social Media spielen darin als Nachrichtenquelle eine zentrale Rolle. Gleichzeitig entstehen im Netz regelrechte Propagandamaschinen, die Desinformationskampagnen betreiben und für die Verbreitung ihrer Fake News Plattformen wie Facebook benützen. Welche Auswirkungen hat diese Entwicklung auf den Journalismus, wie geht er damit um, und was kann er dagegen unternehmen? Auf diese und weitere Fragen versucht der Autor in diesem Beitrag eine Antwort zu finden.

«Ich werde Ihnen keine weitere Frage gewähren. Sie sind Fake News.» Donald Trump nutzte seine erste Pressekonferenz vom 11. Januar 2017 als designierter Präsident, um vor den im Trump Tower versammelten Journalisten zum Angriff auf die Medien zu blasen. Mit seiner Aussage wandte er sich im Speziellen an den Journalisten Jim Acosta des Nachrichtensenders CNN. Dieser hatte im Vorfeld kritisch darüber berichtet, wie Russland angeblich belastendes Material über Trump gesammelt habe. Aus diesem Grund wollte Acosta an der Pressekonferenz dem in die Kritik geratenen Präsidenten eine Frage stellen – was ihm schliesslich aber verwehrt wurde.

Kurze Zeit später legte Kellyanne Conway, die Beraterin des US-Präsidenten, in einem Interview mit CBS den Ausdruck der «alternativen Fakten» nach. Conway verteidigte damit die Aussagen des Pressesprechers des Weissen Hauses, Sean Spicer, über die angeblich rekordhohen Besucherzahlen während Donald Trumps Vereidigung – obwohl die Luftaufnahmen von der National Mall das Gegenteil bewiesen. Conway läutete damit eine neue Runde im Kampf mit den Medien um die Deutungshoheit ein: Es ging nicht mehr darum, die Medien der gezielt falschen Berichterstattung zu bezichtigen, sondern darum, selber Fakten ins «rechte» Licht zu rücken – was nichts anderes bedeutet, als dass falsche Tatsachen als Fakten verkauft werden.

Vorhang auf zum «postfaktischen Zeitalter»?

Gerade Pressekonferenzen scheinen für die Beurteilung des aktuellen medialen Ökosystems und den Umgang mit Fakten generell von Bedeutung. Das trifft nicht nur auf die Situation jenseits des Atlantiks zu, sondern lässt sich auch in den hiesigen Breitengraden beobachten. Am 19. September 2016 äusserte sich die deutsche Bundeskanzlerin Angela Merkel an einer Bundespressekonferenz zum aktuellen Umgang mit Fakten und kam zum Schluss, dass das Problem nicht nur Fake News umfasse, sondern grundlegender Natur sei: «Es heisst ja neuerdings, wir lebten in postfaktischen Zeiten. Das soll wohl heissen, die Menschen interessieren sich nicht mehr für Fakten, sondern folgen allein den Gefühlen.» Genauso wie in den USA Fake News für den Sieg von Donald Trump verantwortlich gemacht wurden (dazu später mehr), versuchte Angela Merkel das Wahldebakel der CDU in Berlin dadurch zu erklären, dass Menschen sich mehr für gefühlte Wahrheiten als Fakten interessierten.

Fakt ist jedenfalls, dass der Ausdruck «postfaktisch» 2016 von der Gesellschaft für deutsche Sprache (GfdS) zum Ausdruck des Jahres gewählt wurde. Die GfdS begründete ihre Wahl folgendermassen: «Das Kunstwort *postfaktisch*, eine Lehnübertragung des amerikanisch-englischen ‹post truth›, verweist darauf, dass es in politischen und gesellschaftlichen Diskussionen heute zunehmend um Emotionen anstelle von Fakten geht. [...] Nicht der Anspruch auf Wahrheit, sondern das Aussprechen der ‹gefühlten Wahrheit› führt im ‹postfaktischen Zeitalter› zum Erfolg [...].»[1] Allerdings verfügt «post truth» über eine längere Begriffsgeschichte, als diese Auszeichnung suggeriert: bereits 2004 veröffentlichte der US-amerikanische Autor Ralph Keyes ein Buch mit dem Titel «The post-truth era; Dishonesty and deception in contemporary life».

Postfaktizität ist in der Politik nichts Neues. Bereits zur Zeit des Kalten Krieges frisierten beide Blöcke Statistiken, um die Zahlen besser aussehen zu lassen, als sie in Wahrheit waren – und um keine Schwächen zu zeigen. Dies änderte sich auch in den vergangenen Jahren nicht: Colin Powells Rede vor dem Uno-Sicherheitsrat im Jahr 2003, in der der damalige US-Verteidigungsminister einen Einmarsch in den Irak mit der Existenz von Massenvernichtungswaffen begründete, zeigte ebenfalls, dass politische Entscheidungen unabhängig von Fakten getroffen wurden –

weil man daran glauben wollte. Als der einflussreiche amerikanische Senator Newt Gingrich in einem Fernsehinterview während des republikanischen Parteitags behauptete, die Kriminalitätsrate sei in den USA gestiegen, dann aber mit Statistiken konfrontiert wurde, die das Gegenteil zeigten, antwortete dieser, dass dies nichts bedeute. Es könne schon sein, dass dies Fakten seien, doch er verlasse sich lieber auf das Gefühl der Menschen. Dieses «Bauchgefühl», das der subjektiven Wahrnehmung mehr Bedeutung zuschreibt als dem effektiven Wahrheitsgehalt, wurde von Stephen Colbert, einem amerikanischen Satiriker, mit dem englischen Wort «truthiness» beschrieben – und wurde in den USA bereits 2005 zum Wort des Jahres gekürt.

Der postfaktische Diskurs geht über simple Wissenschaftsfeindlichkeit hinaus. Es geht dabei vor allem um den schamlosen Gebrauch von Lügen in der Politik mit der Absicht, das Publikum hinters Licht zu führen. Eduard Kaeser hat dies in einem kurzen Aufsatz als politisches Szenario des «Bullshits» umschrieben.[2] Donald Trump trete als Maestro der Unwahrheit auf, indem er sich einen Dreck um die Folgen seiner Widersprüche schere, dies aber offen zugibt und dadurch sogar an Glaubwürdigkeit gewinnt – zumindest unter seiner Wählerschaft: «Er tritt auf mit dem Habitus: Seht doch, ich bin der, als den ihr Politiker schon immer sehen wolltet – ein Behaupter, Wortverdreher, Lügner! Ich bin nur ehrlich – ehrlich unehrlich!»

Hinter der Ménage-à-trois zwischen Fake News, alternativen Fakten und postfaktischem Zeitalter verbergen sich jedoch weit komplexere Dynamiken, die mit dem neuen medialen Ökosystem im Zusammenhang stehen. Es geht dabei nicht nur um Donald Trumps Gebrauch von Fake News als rhetorischer Granate, wie dies der britische Journalismusforscher Charlie Beckett beschreibt. Und es geht auch nicht um ein angeblich neues Zeitalter, in dem Faktizität keine Bedeutung mehr hat.

Zur Debatte steht das Vertrauen in die Medien und wie Journalisten und User mit den technischen, ökonomischen, sozialen und politischen Herausforderungen von digitalen Kommunikationsmitteln umgehen. In Zeiten, in denen Medien unser Leben prägen, sodass wir – wie dies der belgische Medienwissenschaftler Mark Deuze beschreibt – zu regelrechten Medienzombies verkommen, sind Fragen über den Wahrheitsgehalt von Informationen systemrelevant.[3] Wenn das Vertrauen in die Medien immer weiter abnimmt, dann wird nicht nur die gesellschaftliche Funktion des Journalismus immer häufiger grundsätzlich infrage gestellt, sondern der Graben zwischen Medien und Publikum vergrössert sich zusehends – sodass eher von einem «Post-trust»-Zeitalter die Rede sein sollte. Soziale Medien wie Facebook, die selbst keine journalistischen Inhalte produzieren, werden je länger, je mehr zur wichtigsten Nachrichtenquelle. Wie Daten des Forschungsbereichs Öffentlichkeit und Gesellschaft der Universität Zürich zeigen, benützt in der Schweiz schon heute knapp ein Viertel (22 Prozent) aller jungen Erwachsenen zwischen 18 und 24 Jahren Social Media als Hauptinformationsquelle. Dieser Trend wird dadurch begünstigt, dass Smartphones den Zugriff auf Medieninhalte vereinfachen – ein Umstand, der durch die im Vergleich zu anderen Ländern hohe Durchdringung mit mobilen Geräten noch zusätzlich verstärkt wird: 81 Prozent der Befragten geben an, ein Smartphone zu verwenden, wobei 61 Prozent davon das Gerät auch für den Medienkonsum verwenden.[4] Dadurch beeinflussen Facebook & Co. immer stärker die mediale und politische Öffentlichkeit, ohne dabei jedoch die Verantwortung für die geteilten Inhalte zu übernehmen. Denn ob die Inhalte wahr oder falsch sind, spielt beim Teilen der News keine entscheidende Rolle.

Der zunehmende Nachrichtenkonsum in den sozialen Medien ruft ein weiteres Problem hervor, da Plattformen wie Facebook den Usern aufgrund eines Algorithmus stets nur diejenigen Inhalte liefern, die ihren Interessen entsprechen. Dadurch entstehen digitale Filterblasen, die dazu führen, dass Nutzer dieser Plattformen sich nur noch mit News auseinandersetzen, die ihren eigenen Überzeugungen entsprechen. Darunter leidet das generelle Mediensystemvertrauen, da Nutzer nur noch ihrem eigenen Netzwerk von Freunden und den darin verwendeten Medienunternehmen vertrauen. Denjenigen Medien, die ausserhalb dieser Blase positioniert sind, schlägt deshalb vermehrt Misstrauen entgegen – auch in Form von Anschuldigungen wie «Lügenpresse». Radio SRF3 kürte «Filterblase» denn auch zum Unwort des Jahres 2016.

Zwar hängt die Diskussion rund um diese Phänomene zu einem grossen Teil mit den Irrungen und Wirrungen des US-Präsidentschaftswahlkampfs zusammen, zumal dem Thema der Fake News erst dadurch die für eine öffentliche Debatte nötige Aufmerksamkeit zuteilwurde. Die dysfunktionalen Auswirkungen gehen aber über die Probleme der Wahlkampfberichterstattung hinaus, da sie Aspekte wie das Mediensystemvertrauen, die journalistische Produktion, den Medienkonsum und den

Umgang mit digitalen Kommunikationstechnologien, allen voran der sozialen Medien, betreffen. Wenn es um eine Auseinandersetzung mit dem Thema Fake News geht, gilt es deshalb drei Dinge zu beachten: Was genau sind Fake News? Wie entstehen Fake News bzw. wie verbreiten sie sich? Und welche Auswirkungen haben Fake News auf das mediale Ökosystem? Im Folgenden sollen diese Fragen vor allem anhand von Studien und Ergebnissen aus der Medien- und Journalismusforschung behandelt und erläutert werden. Das Kapitel erörtert darüber hinaus auch die Verantwortung, die den Medien und Journalisten bei der Berichterstattung über notorische Lügner und der Bekämpfung der wachsenden Desinformation zukommt. Und nicht zuletzt wirft das Kapitel auch einen Blick auf die Praktiken und Instrumente, die den Journalisten zur Verfügung stehen, um Unwahrheiten richtigzustellen und deren Weiterverbreitung entgegenzutreten.

Eine Typologie der Fake News

Die Geschichte von Falschmeldungen reicht weit über das Internet hinaus. Sie dürfte nämlich so alt wie die menschliche Kommunikation selbst sein. Seit Menschen der Kommunikation mächtig sind, ist es möglich, dass Gerüchte oder Unwahrheiten beabsichtigt oder unbeabsichtigt weitergegeben werden. Allerdings gilt es zunächst zu analysieren, welche Arten von Falschinformationen es überhaupt gibt, zumal in der alltäglichen Medienberichterstattung zum Thema Fake News unterschiedliche Typologien der Desinformation synonym verwendet werden. Einerseits wird immer wieder auf das *Gerücht* als gewichtiges Element in der (Online-)Kommunikation, aber auch als Teil des zunehmend webbasierten US-Wahlkampfs verwiesen, der eine «growing cultural vulnerability to rumor» aufweist.[5] Andererseits verweisen journalistische Fake-News-Analysen auch auf *Lügen* und *Falschmeldungen*, die an Einfluss und Relevanz gewonnen hätten. Inwiefern unterscheiden sich diese Typen der Desinformation?

Etymologisch geht der Begriff des Gerüchts auf den aus dem Mittelhochdeutschen stammenden Ausdruck «gerüefte» zurück, der so viel wie «Zetergeschrei» bedeutet.[6] Ursprünglich war das «Zetergeschrei» eine rechtlich definierte Praxis, die mit einem Hilfeschrei umschrieben werden kann. Personen mussten dabei öffentlich kundtun, wenn sie einem

Verbrechen zum Opfer fielen, was die umstehenden Personen dann wiederum zur Hilfeleistung verpflichtete. Erst im ersten Drittel des 20. Jahrhunderts erhält der Begriff, wie dies *Meyers Konversationslexikon* 1938 festhält, die Konnotation einer «unbestätigten, ungewissen Kunde», die sich «formlos und ungreifbar [...] von Mund zu Mund [fortpflanzt]».[7] Allport und Postman definieren Gerüchte ebenfalls als «proposition for belief, passed along from person to person, usually by word of mouth, without secure standards of evidence being presented».[8] Peterson und Gist gehen darüber hinaus, indem sie Gerüchte als «an unverified account or explanation of events, circulating from person to person and pertaining to an object, event or issue of public concern» bezeichnen.[9]

Auch in aktuellen Definitionen des Gerüchts spielt dieser Unsicherheitsfaktor eine tragende Rolle, wobei jedoch – wie bei Fleck – stärker auf die Unverbürgtheit der Informationen fokussiert wird. Damit meint er, dass Gerüchte eben nicht einfach nur wahr oder falsch sind. Vielmehr ist es so, dass Gerüchte «wahr sein können, aber nicht wahr sein müssen, dass sie in der Regel in vielerlei Variationen auftreten [...]», wie Merten ebenfalls darlegt.[10] Cass Sunstein geht in seinen Ausführungen stärker auf den Anschein von Faktizität ein, denn bei Gerüchten handle es sich um «claims of fact – about people, groups, events, and institutions – that have not been shown to be true, but that move from one person to another and hence have credibility not because direct evidence is known to support them, but because other people seem to believe them».[11] Laut Sunstein gewinnen Gerüchte schon allein deshalb an Glaubwürdigkeit, weil andere daran glauben. Falls vertrauenswürdige Akteure (z.B. eine Zeitung) ein Gerücht weiterverbreiten, so nimmt dessen Plausibilität noch weiter zu.

Über digitale Netzwerke können Gerüchte zudem einfach und rasch geteilt werden, was ihnen zusätzlichen Schwung verleiht, zumal der Glaube an den Wahrheitsgehalt von Gerüchten zunimmt, je mehr Personen daran glauben. Sunstein dazu: «Rumors often spread through a process in which they are accepted by people with low thresholds first, and, as the number of believers swells, eventually by others with higher thresholds who conclude, not unreasonably, that so many people cannot be wrong.» Dies kann problematische Folgen haben, da Gerüchte vor allem in Krisenzeiten gedeihen und politische Unruhen befeuern können.[12]

Trotzdem unterscheiden sich Gerüchte grundlegend von geplanter

Desinformation und Lügen, da Letztere über «unzutreffende Inhalte» verfügen, die gezielt in die Irre führen sollen. Fake News ist deshalb nicht gleich Fake News. Je nach Absichten und Handlungszielen der Akteure gibt es unterschiedliche Typologien. Claire Wardle, Forschungsleiterin von First Draft News, einer gemeinnützigen Vereinigung, die sich mit den Herausforderungen des digitalen Zeitalters für Medien befasst, hat eine Typologie der journalistischen Desinformation zusammengestellt, um den unscharfen Begriff der Fake News zu präzisieren (siehe Abbildung 1). Wardle unterscheidet dabei sieben Arten von medialer Desinformation: Satire und Parodien (Satire and Parody), irreführende Inhalte (misleading content), betrügerische Inhalte (imposter content), erfundene Inhalte (fabricated content), manipulativ verwendete Inhalte (manipulated content), falscher Kontext (false context) und falsche Zusammenhänge (false connections).

Neben diesen sieben Typen journalistischer Desinformation hat Wardle auch versucht, unterschiedliche Motivationen zu eruieren, die zur Verwendung von Falschinformation führen können. Bei der Herleitung der einzelnen Motivationen orientierte sich die Forscherin an einer Liste von vier «P» des Journalisten Eliot Higgins.[13] Dieser betreibt die bürgerjournalistisch ausgerichtete investigative Website Bellingcat, die insbesondere im Zusammenhang mit dem schwelenden Konflikt zwischen Russland und der Ukraine immer wieder falsche Informationen aufgedeckt und widerlegt hat. Die von Higgins formulierten vier P lauten: Passion, Politik, Propaganda und Bezahlung (Payment).

Laut Higgins ist Passion eines der wichtigsten Motive, wenn es um die Produktion von Desinformation geht. Bei Themen, die stark an Gefühle appellieren oder Betroffenheit provozieren, lassen sich eher falsche Informationen unterbringen. Politik ist laut Higgins der Bereich, in dem Falschinformationen florieren – und zwar so stark, dass sogar der etwas verstaubte Begriff der Propaganda wieder Auftrieb erhält. Zu guter Letzt, so Higgins, gibt es aber auch ökonomische Gründe, die für eine verstärkte Desinformation sprechen. Themen, die das Publikum berühren, erzeugen eine grössere Aufmerksamkeit, die sich dann wiederum in gesteigerte Werbeeinnahmen ummünzen lässt. Nicht umsonst kann man in der journalistischen Berichterstattung generell eine Zunahme der Skandalisierung sowie der öffentlichen Inszenierung feststellen, um die durch das grösser gewordene Medienangebot fragmentierte Aufmerksamkeit für die eigenen Zwecke zu bündeln und zu maximieren. Dies trifft auch auf die Schweiz zu: Der Forschungsbereich Öffentlichkeit und Gesellschaft fög der Universität Zürich hat aufgezeigt, dass Reputationsrisiken und Skandalisierungspotenziale insbesondere für Wirtschaftsunternehmen stark zugenommen haben, wodurch diese unter einen erhöhten Legitimationsdruck gerieten.[14]

Claire Wardle fügt Higgins' Liste noch weitere vier P hinzu: schlechter Journalismus (poor journalism), Parodierung (to parody), Provokation (to provoke or to punk) und Parteilichkeit (partisanship) (siehe Abbildung 2). Auch Wardle übernimmt in ihrer Auflistung den Begriff der Propaganda.[15] Dies mag auf den ersten Blick erstaunen, wird der Ausdruck umgangssprachlich doch eher mit Kriegspropaganda oder der staatlichen Informationspolitik autokratischer und totalitärer Regime in Verbindung gebracht. Zieht man jedoch eine klassische Definition von Propaganda wie diejenige des deutschen Kommunikationswissenschaftlers Gerhard Maletzke heran, so zeigt sich, dass der mediale Diskurs im Zusammenhang mit Fake News – vor allem hinsichtlich des US-Präsidentschaftswahlkampfs – oftmals genau dem beschriebenen Begriff entsprach: «Propaganda sollen geplante Versuche heissen, durch Kommunikation die Meinung, Attitüden, Verhaltensweisen von Zielgruppen unter politischer Zielsetzung zu beeinflussen.»[16]

Eine Umfrage des Pew Research Center (2016) hat ergeben, dass knapp 40 Prozent der befragten US-Bürger der Meinung sind, Falschinformationen erkennen zu können.[17] 45 Prozent geben an, in den meisten Fällen dazu in der Lage zu sein. Nur 15 Prozent bekunden grosse Mühe, Unwahrheiten aus der Medienberichterstattung herausfiltern zu können. Demnach ist die Mehrheit der amerikanischen Bürger der Überzeugung, dass ihnen Falschinformationen nichts anhaben können. Obwohl sich die Befragten in solchen Studien eher überschätzen, stellt sich die Frage, inwiefern Fake News in der Politikberichterstattung ein Problem darstellen.

Welche Bereiche wie stark unter dem Einfluss von Fake News – in all ihren Variationen – stehen, hängt massgeblich von zwei Aspekten ab. Erstens ist es notwendig herauszufinden, wie Desinformation entsteht und wie sie sich im aktuellen medialen Ökosystem verbreitet. Zweitens geht es darum, welche Rolle Informationen heutzutage für den Nutzer spielen und wie er diese mit anderen teilt. Häufig, so zum Beispiel bei Do-

Satire oder Parodie	Irreführende Inhalte	Betrügerische Inhalte	Fingierte Inhalte
Keine Absicht zu schaden, aber Potenzial zur Irreführung	Informationen als Teil eines irreführenden Interpretationsrahmens zu Personen oder Themen	Betrüger täuschen seriöse Quellen vor	Inhalte zu 100 % falsch, erfunden um zu täuschen und zu schaden

Falsche Verbindung	Falscher Kontext	Manipulierte Inhalte
Schlagzeilen, Bildmaterial oder Bildunterschriften entsprechen nicht den Inhalten	Korrekte Informationen werden mit falschen Kontextinformationen angereichert	Inhalte oder Bilder werden zur Täuschung manipuliert

1   7 Typen von Desinformation
     Quelle: Firstdraftnews.com

nald Trump, handelt es sich bei sogenannten Fake News um Informationen, die nicht unseren Erwartungen oder Überzeugungen entsprechen oder mit denen wir nicht einverstanden sind. Auch reicht es nicht, Fake News als technisches Problem von sozialen Medien abzutun. Auch Filterblasen oder Echokammern reichen als Erklärung für das Phänomen nicht aus, obwohl sie ihren Beitrag dazu leisten. Diese Aspekte deuten darauf hin, dass eine Analyse der Desinformation im medialen Ökosystem nicht nur technische und ökonomische, sondern auch kulturelle und politische Belange mit einbeziehen muss.

Die Produktion und Distribution von Fake News

Mit jeder medientechnologischen Neuerung wurde es einfacher, Falschinformationen rascher, umfangreicher und weitreichender zu verbreiten. Bereits im 15. Jahrhundert erfolgte durch die Erfindung des Drucks mit beweglichen Lettern von Johannes Gutenberg eine erste Beschleunigung. Mit jedem Innovationsschritt in der mediengeschichtlichen Entwicklung – von der Zeitung über das Radio bis hin zum Fernsehen – nahmen die Möglichkeiten, falsche Informationen schnell weiterzuverbreiten, immer stärker zu. Das Internet stellt allerdings eine klare Zäsur in der Geschichte der Desinformation dar, nicht nur weil es das Volumen und die Verbreitungsgeschwindigkeit von manipulativen Informationen massiv begünstigte. Das Internet hat das ganze mediale Ökosystem verändert,

	Satire oder Parodie	Falsche Verbindung	Irreführende Inhalte	Falscher Kontext	Betrügerische Inhalte	Manipulierte Inhalte	Fingierte Inhalte
Schlechter Journalismus		✓	✓	✓			
Parodie	✓					✓	✓
Provokation					✓	✓	✓
Passion				✓			
Parteinahme			✓	✓			
Profit		✓				✓	✓
Politischer Einfluss			✓	✓		✓	✓
Propaganda			✓	✓	✓	✓	✓

2 Gründe für Desinformation
Quelle: Firstdraftnews.com

indem es neue technologische Möglichkeiten für die Verbreitung von Medieninhalten bietet, die gleichzeitig auch deutlich kostengünstiger sind.

In Zeiten traditioneller Massenmedien wie Zeitungen, Radio oder Fernsehen war die Dissemination von Propaganda eine teure Angelegenheit. Die hohen Fixkosten in Bezug auf die Produktion und Distribution von publizistischen Inhalten liessen Akteure rasch an die Grenzen ihrer finanziellen Ressourcen stossen. Das Internet veränderte diese Rahmenbedingungen komplett: Jeder hat die Möglichkeit, seine eigene Website zu kreieren und Inhalte zu veröffentlichen, wodurch die klassischen Medien nicht nur ihre Deutungshoheit, sondern gleichzeitig auch ihre Monopolstellung hinsichtlich der Selektion und der Vermittlung von Informationen verloren.

Zusätzlich dazu erlaubten es Social Media wie Facebook oder Twitter, Informationen ungemein schnell in grösseren Netzwerken auszutauschen, wodurch die Distributionskosten praktisch auf null sanken. Farhad Manjoo, Journalist der *New York Times*, schrieb über diese strukturelle Veränderung und deren Auswirkungen auf die Distribution von Falschinformationen: «People who skillfully manipulate today's fragmented media landscape can dissemble, distort, exaggerate, fake – essentially, they can lie – to more people, more effectively, than ever before.»[18] Die Einfachheit, mit der sich falsche Informationen teilen lassen, hat dazu geführt, dass einzelne Akteure ein regelrechtes Geschäft daraus machen: Untersuchungen von Buzzfeed[19] haben gezeigt, dass im mazedonischen Veles (einer Stadt mit rund 45 000 Einwohnern) während des US-Wahlkampfs über 100 Pro-Trump-Websites erstellt wurden. Zudem veröffentlichten die Betreiber die Artikel, die sie einfach von anderen Informationsplattformen kopierten, auch auf Facebook, wo sich die Informationen rasch verbreiteten und so für zusätzliche Werbeeinnahmen sorgten. Über die Anzeigen, die mittels Googles AdSense-Programm oder Facebooks Audience Network zu den jeweiligen Beiträgen geschaltet wurden, liessen sich für mazedonische Verhältnisse hohe Einnahmen generieren. Die mazedonischen Betreiber dieser Websites gaben an, sich gar nicht für Politik zu interessieren. Eine ähnliche Untersuchung der *New York Times*, die sich auf Falschinformationen aus Georgien konzentrierte, zeigte ebenfalls, dass ökonomische Gründe für die Produktion von Falschinformationen ausschlaggebend sein können.[20]

Allerdings beschränkt sich die Herkunft von Fake News nicht nur auf einzelne Internetseiten mazedonischer oder georgischer Jugendlicher, die damit ihren Lebensunterhalt verdienen. Eine Studie von Craig Silverman für das Tow Center for Digital Journalism der Columbia University offenbart, dass sich ein regelrechtes «digitales Ökosystem der Desinformation» herausgebildet hat, das mit zunehmender Geschwindigkeit falsche Informationen verbreitet.[21] An diesem digitalen Ökosystem sind laut Silverman, dem Media Editor und Faktenchecker von Buzzfeed, drei zentrale Akteure beteiligt: Erstens gibt es offizielle Propagandaquellen, zu denen Regierungen gehören, die mithilfe der Informationstätigkeit und Öffentlichkeitsarbeit ihrer Kommunikationsabteilungen versuchen, den Informationsfluss – wie z. B. im Fall des durch eine russische Rakete abgeschossenen Flugzeugs der Malaysia Airlines MH17 über der Ostukraine – zu beeinflussen. Zweitens existieren spezifische Internetseiten, die sich ausschliesslich auf die Verbreitung von Falschinformationen spezialisiert haben. Diese Websites verbreiten falsche News primär aus ökonomischen Gründen, wobei sich ihre Desinformationskampagnen aber auch negativ auf die politische Berichterstattung auswirken. Zwar gehören auch Satire-Websites wie The Onion zu den Vertretern dieser Kategorie. Allerdings wird auf diesen Seiten anhand von Disclaimern deutlich auf ihre gefälschten Inhalte hingewiesen. Drittens existieren individuelle «Hoaxer», die sich einen Spass daraus machen, die traditionellen Medien mit Falschinformationen zu versorgen – wie im Beispiel des Italieners Tommaso

De Benedetti, der zahlreiche Medien mit gefälschten Interviews wiederholt hinters Licht geführt hat.

Aus diesem digitalen Ökosystem der Desinformation hat sich in der Zwischenzeit eine regelrechte Propagandamaschine entwickelt, die aus einem Netz von Fake-News-Websites, Facebook-Accounts oder Twitter-Profilen besteht. Eine Studie von Jonathan Albright, Kommunikationswissenschaftler der Elon University in North Carolina, hat gezeigt, dass etablierte Medienunternehmen wie CNN, *The Guardian* oder die BBC – aber auch Plattformen wie Twitter, Amazon oder Yahoo – von einem Netzwerk aus Desinformation umgeben sind.[22] Albright konzentrierte sich in seiner Untersuchung auf die Links von 300 analysierten Fake-News-Seiten. Die Resultate zeigen, dass rechtspopulistische Fake-News-Quellen nicht nur überwiegen, sondern auch häufiger auf seriöse Websites verlinken, um deren Berichterstattung zu kommentieren bzw. «richtigzustellen».

Fake-News-Seiten verfügen über zahlreiche Cluster aus Twitter-Profilen oder Facebook-Accounts, die die Inhalte der Websites über verschiedene Eintrittspunkte in die Netzwerke der sozialen Medien einspeisen und ihnen dadurch noch mehr Reichweite verschaffen. Dies führt dazu, dass bei der Suche nach Informationen zu einem für die Wahlen relevanten Thema die Chance steigt, auf rechtskonservative Inhalte zu stossen. Linksliberale Seiten zeigen ein komplett anderes Linkverhalten, indem fast ausschliesslich auf Seiten aus dem eigenen politischen Lager verwiesen wird.

Albrights Studie zeigt, dass Social Media die virale Verbreitung von falschen Tatsachen begünstigen. Die Ergebnisse einer weiteren Studie von Buzzfeed[23] zeigen, dass politische Facebook-Sites Millionen ihrer Anhänger konsequent mit falschen Tatsachen versorgen. Silverman und sein Team haben mehr als 1000 Beiträge von sechs Facebook-Sites aus dem rechten und linken politischen Spektrum untersucht. Dabei fanden sie heraus, dass die Seiten mit dem geringsten Grad an Akkuratesse in der Berichterstattung die höchsten Anteile an Reaktionen und Kommentaren auf Facebook generierten – und zwar weit mehr als die drei seriösen News-Sites Politico, CNN und ABC-News, die zum Vergleich analysiert wurden. Buzzfeed, das im Hinblick auf die Analyse der Fake-News-Problematik deutlich aktiver als die meisten etablierten Medienunternehmen war, hat in einer weiteren Studie obendrein aufgezeigt, dass das

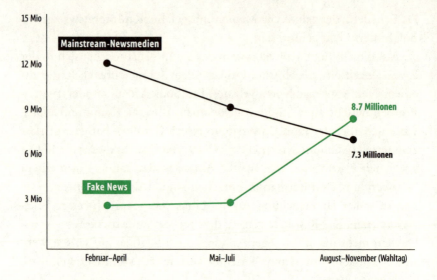

3   User-Engagement auf Facebook
    Quelle: Buzzfeed.com

User-Engagement auf Facebook in den letzten drei Monaten vor der US-Wahl in Bezug auf falsche News grösser war als dasjenige bezüglich News von seriösen Nachrichtenmedien (siehe Abbildung 3).[24]

Damit einher gehen technologische Möglichkeiten, die einen wachsenden Einfluss auf die politische Berichterstattung haben. So tragen Social Bots – selbstständig handelnde Programme, die wie Profile echter Menschen aussehen – zur Desinformation bei, indem sie teils voreingestellte Botschaften veröffentlichen, teils eigenständige Meldungen kreieren oder aufgrund von bestimmten Schlüsselwörtern oder Inhalten zu einem Thema Tweets von real existierenden Menschen automatisch retweeten. Problematisch daran ist, dass diese von Programmen gesteuerten Profile nur schwierig oder gar nicht als solche erkannt werden können. Solche Bots können deshalb dazu beitragen, dass sich falsche Tatsachen rasant verbreiten, zumal Computerprogramme schneller und ohne Ermüdungserscheinungen arbeiten.[25] Allerdings ist dieses Phänomen vor allem bei Twitter, teilweise aber auch bei Facebook, YouTube oder in Leserkommentarspalten anzutreffen.[26, 27] In diesem Zusammenhang kommt es auch immer häufiger zum sogenannten Astro-Turfing.[28]

Das sind Kampagnen, die scheinbar von Bürgern vorangetrieben werden, in Tat und Wahrheit aber aus einem Netzwerk von Bots bestehen, die zur Erzeugung einer kritischen Masse und zur Erweckung des Anscheins einer breiten Unterstützung für einen Kandidaten oder für eine Idee verwendet werden.[29]

Trotz dieser zahlreichen Einflüsse dürfte die spezifische Architektur von Facebook einer der zentralen Gründe für die Verbreitung von Desinformation sein. Das soziale Netzwerk erreicht monatlich fast zwei Milliarden Menschen und spielt damit eine zentrale Rolle in der heutigen Aufmerksamkeitsökonomie, während etablierte Medienunternehmen – allen voran Zeitungen – ums Überleben kämpfen.[30] Um jedoch den konkreten Einfluss von Facebook bei der Dissemination von Desinformation einzuschätzen, müssen zuerst die spezifischen Dynamiken des Informationsflusses innerhalb dieser sozialen Netzwerke analysiert werden, zumal sie einen beträchtlichen Einfluss auf unseren Nachrichtenkonsum ausüben.

Zwischen selektiver Informationsnutzung und Filterblasen

Im Unterschied zu den klassischen Massenmedien, wo Journalisten anhand von bestimmten Nachrichtenfaktoren Ereignisse auswählen und dadurch eine Orientierungsfunktion ausüben, indem sie entscheiden, was relevant ist, fällt dieser Filter im Web oftmals weg. Problematisch daran ist, dass Menschen unterschiedlich auf Informationen reagieren. So trauen wir zum Beispiel eher Informationen, die uns von Verwandten und Freunden – also aus unserem unmittelbaren sozialen Kreis – mitgeteilt werden. Zudem hat die Forschung um den Psychologen Leon Festinger seit den späten 1950er-Jahren gezeigt, dass wir uns bei der Informationssuche eher auf Informationen konzentrieren, die unseren Erwartungen und Überzeugungen entsprechen.[31] Durch diese selektive Informationsauswahl verhindern wir, dass es zu einer kognitiven Dissonanz kommt, also einem Spannungszustand, hervorgerufen durch die Diskrepanz zwischen unseren Überzeugungen und den wahrgenommenen Informationen.

Die zentrale Rolle von Facebook im Hinblick auf den Newskonsum wird dadurch ersichtlich, dass der Algorithmus der Social-Media-Plattform, der darüber entscheidet, welche Informationen wir in unserem

News-Feed zu sehen bekommen, die «selective exposure» – also die selektive Wahrnehmung und Auswahl von Informationen – zusätzlich verstärkt (siehe Kapitel «Von A(pfelkuchen bis Z(ollkontrollen): Warum Algorithmen nicht neutral sind»). Der von Facebook angewandte Algorithmus führt dazu, dass wir in den Feeds nur noch solche Inhalte zu sehen bekommen, die unseren Interessen entsprechen, denen wir in ähnlicher Form bereits zuvor Aufmerksamkeit entgegengebracht haben oder die aus dem eigenen Netzwerk an Kontakten stammen. Die Ausrichtung der Inhalte auf persönliche Interessen und Vorlieben entfernt sich deshalb vom eigentlichen Ideal deliberativer Öffentlichkeit, «in der Menschen die mögliche Vielfalt von Positionen und Meinungen anerkennen und sich auf dieser Basis verständigungsorientiert miteinander austauschen».[32]

Das Ergebnis dieser Kombination aus kognitiven, sozialen und algorithmischen Informationsselektionsmechanismen führt zu einem Phänomen, das der Publizist und Netzaktivist Eli Pariser als Filterblase bezeichnet hat.[33] Der Kern von Parisers Argument lautet, dass die Nutzer durch diese stark personalisierten Filterblasen nur noch mit Informationen konfrontiert werden, die ihren Überzeugungen entsprechen, wodurch die Gefahr besteht, dass sich die Öffentlichkeit noch weiter fragmentiert. Da in Filterblasen die «Informationsrepertoires» äusserst beschränkt sind, entfällt die hinsichtlich der deliberativen Öffentlichkeit relevante Funktion der klassischen Forumsmedien, den Nutzer mit seinen Überzeugungen entgegengesetzten Informationen und Meinungen zu konfrontieren. Ein schönes Beispiel dieser beschränkten Informationsrepertoires liefert das «Blue Feed, Red Feed»-Experiment des *Wall Street Journals*. Anhand einzelner Themen zum amerikanischen Wahlkampf demonstriert das Wirtschaftsblatt, wie sich die News-Feeds einer Facebook-Site unterscheiden.

Eng mit Filterblasen verbunden – aber trotzdem davon zu unterscheiden – sind Echokammern.[34] Diese beschreiben das Phänomen, dass Nutzer in Foren, auf Facebook-Seiten oder in Kommentarspalten keine abweichenden Meinungen zulassen, sondern ausschliesslich ihre eigenen vorgefassten Überzeugungen bestärken. Das Konzept der Echokammer zielt aber nicht nur auf das gemeinsame kommunikative Handeln auf digitalen Plattformen, sondern umfasst gleichzeitig auch den Aspekt der Homophilie: Menschen mit ähnlichen Überzeugungen formieren Gruppen. Gerade im Netz fällt dies leicht, wie Yochai Benkler, ein Kommunikationswissenschaftler aus Harvard, in seinem Buch *The Wealth of Networks* darlegt: «Individuals with shared interests are far more likely to find each other or converge around a source of information online than offline. Social media enable members of such groups to strengthen each other's beliefs, by shutting out contradictory information, and to take collective action.» Die beiden Journalismusforscher Seth C. Lewis und Matt Carlson unterstreichen diese Tendenz, indem sie darauf hinweisen, dass soziale Medien billig zu produzierende, gefälschte Nachrichten leicht weiterverbreiten und dadurch die soziale und algorithmische Orientierung in Richtung Homophilie noch weiter verstärken.[35]

Beide Konzepte – sowohl Filterblase als auch Echokammer – zielen auf dysfunktionale Aspekte des Informationskonsums auf Social-Media-Plattformen. Wissenschaftliche Studien haben aufgezeigt, dass es auf Facebook Gruppen gibt, die sich in Bezug auf Themen wie Verschwörungstheorien oder extreme Positionen im politischen Spektrum in ihre eigenen Echokammern zurückziehen und dabei anfällig für Falschinformationen sind. Untersuchungen der IMT School for Advanced Studies in Lucca rund um den Forscher Walter Quattrociocchi haben offenbart, dass sich Verschwörungstheorien und Gerüchte besonders schnell in Netzwerken auf Facebook verbreiten.[36] Das Phänomen beschränkt sich allerdings nicht nur auf Facebook, auch auf Twitter gibt es ähnliche Tendenzen.[37]

Ein weiteres Problem beim Umgang mit sozialen Medien besteht darin, dass die Qualität von Medieninhalten nicht ausschlaggebend ist für deren virales Potenzial. Mit anderen Worten: Es kommt nicht darauf an, ob Inhalte qualitativ hochstehend sind, geteilt werden sie trotzdem. Gerade aus ökonomischer Perspektive schmälert dies natürlich den Anreiz, korrekte Informationen zu produzieren: «Even if individuals tend to share information of higher quality, the network as a whole is not effective at discriminating between reliable and fabricated information. This helps explain all the viral hoaxes we observe in the wild. The attention economy takes care of the rest: If we pay attention to a certain topic, more information on that topic will be produced. It's cheaper to fabricate information and pass it off as fact than it is to report actual truth.»[38]

Trotz all dieser Hinweise muss erwähnt werden, dass bisher empirisch nicht zweifelsfrei nachgewiesen wurde, inwiefern sich Nutzer in Filterblasen oder Echokammern ausserhalb der oben erwähnten Themenkomplexe bewegen. Es gibt zum Beispiel Hinweise darauf, dass Nutzer auf Social-Media-Plattformen nicht nur mit gegenteiligen Informationen in Kontakt kommen, sondern dass solche Plattformen auch die Vielfalt der Diskussionen fördern.[39,40] Eine Studie des Pew Research Center offenbart, dass rund 20 Prozent der Nutzer aufgrund von Inhalten auf Facebook sogar ihre Meinung in Bezug auf ein politisches Thema ändern.[41] All dies zeigt, dass es den Online-Newskonsum und die Diskussionen auf Social-Media-Plattformen noch weiter zu erforschen gilt – oder um es mit Schweiger auszudrücken: «Insgesamt liegen derzeit zu wenig empirische Befunde vor, als dass man daraus konkrete Hypothesen zur Stärke des Personalisierungseffekts auf individueller und gesellschaftlicher Ebene ableiten könnte.»[42]

Aus diesen Gründen ist es auch unsinnig, Facebook in Kombination mit Fake News für den Wahlerfolg von Donald Trump verantwortlich zu machen – obwohl Social Media zweifelsohne wichtige Nachrichtenquellen sind. Trotzdem ist das Fernsehen in den USA immer noch das wichtigste Medium hinsichtlich politischer Nachrichten. Zweitens hat eine Studie zweier Forscher der Stanford University kürzlich offenbart, dass Fake News deutlich mehr Wähler hätten erreichen und überzeugen müssen, um den Ausgang der Wahl signifikant zu beeinflussen.[43] Trumps Wahlerfolg lässt sich wohl eher auf andere gesellschaftliche Spaltungen zurückführen: «[...] it was inequality and intolerance that decided this election. The narrow majority of those who elected Donald Trump into office are led by those who are the most disconnected, on- and offline.»[44]

Was kann der Journalismus gegen Fake News unternehmen?
Der Umstand, dass sich Desinformation heutzutage extrem schnell verbreitet, verlangt nach geeigneten Mitteln der Verifikation, die die Wahrhaftigkeit von Nachrichten sicherstellen können. Dieser Aufgabe haben sich traditionellerweise Journalisten angenommen, wodurch die Verifikation von Informationen zu einem zentralen Element journalistischer Praxis, ja sogar zu deren «Essenz» wurde. Die Verifikation von Informationen stellt aber nicht nur eine zentrale Aktivität der journalistischen

Profession dar, sie ist gleichzeitig auch eine grundlegende ethische Verpflichtung, indem sie die Voraussetzung für die Wahrheitssuche darstellt.[45] Erst dadurch kann der Journalismus überhaupt Fakten liefern, die, wie Walter Lippmann bereits in den 1920er-Jahren ausgeführt hat, so zentral für die Demokratie sind: «There can be no liberty for a community which lacks the information by which to detect lies.»

Das Problem der massiven Verbreitung von falschen Informationen geht mit einem Rückgang des Medienvertrauens einher – auch wenn das Vertrauen in die Medien in der Schweiz vergleichsweise hoch ist. Fake News sind mehr als nur ein technisches Problem, das sich auf Social Media und deren Algorithmen bezieht. Dadurch, dass sich das mediale Ökosystem aufgrund der Digitalisierung grundsätzlich gewandelt hat, spielen ökonomische, politische, aber auch kulturelle Aspekte mit hinein, die dem Problem eine gänzlich neue Dimension verleihen. Charlie Beckett hat wiederholt darauf hingewiesen, dass der Diskurs rund um Fake News den Journalismus nicht unbedingt in eine Krise stürzt, sondern eine Chance darstellt, seine Expertise in Sachen Verifikation, sein Engagement, seine Erfahrung sowie seine ethischen Überzeugungen einzubringen.[46]

Fact-Checking bzw. Debunking avancieren dadurch zu einer zentralen Funktion des Journalismus. Nicht nur etablierte Redaktionen wie die BBC versuchen ihre Ressourcen hinsichtlich des Fact-Checking aufzustocken.[47] Mittlerweile sind zahlreiche unabhängige Institutionen wie factcheck.org, fullfact.org, snopes.com oder politifact.com entstanden, die sich explizit mit dem Verifizieren von Fakten beschäftigen.[48] Daraus resultierten zahlreiche Empfehlungen, Handbücher oder Regularien wie das *Verification Handbook* oder der Bericht des Ethical Journalism Networks *Ethics in the News*, die es Journalisten und Nutzern leichter machen sollten, Desinformation zu erkennen. Obendrein haben einzelne Medienunternehmen auch Instrumente und Software entwickelt, die den Usern die computergestützte Identifikation von falschen Tatsachen erleichtern. So hat die *Washington Post* beispielsweise eine Browser-Erweiterung entwickelt, die es den Nutzern ermöglicht, die in Donald Trumps Tweets aufgestellten Behauptungen zu verifizieren.

Allerdings birgt auch Fact-Checking/Debunking gewisse Probleme: Erstens benötigt das Debunking von Unwahrheiten viel Zeit. Das bedeutet, dass die Dissemination der Richtigstellung nur mit Verspätung beginnen kann. Zweitens zeigt sich, dass in sozialen Netzwerken wie Twitter Richtigstellungen weit weniger häufig retweetet werden als falsche Informationen, weshalb bei Weitem nicht alle Personen, die mit der Falschinformation in Kontakt kamen, auch die dazugehörige Korrektur sehen.[49] Drittens verfügen Fake-News-Websites und Initiativen zur Bekämpfung von Fake News über unterschiedliche Publika, was die Effektivität von Berichtigungen erheblich schmälert. Viertens kann Debunking «Backfire-Effekte» auslösen. Diese führen dazu, dass Personen, die bereits vorher an falsche Tatsachen glaubten, durch Richtigstellungen in ihren (falschen) Überzeugungen noch bestärkt werden: «Corrections can backfire and increase the prevalence of misperceptions in several ways. First, news reports seeking to correct a misperception may expose more people to false information and thereby increase belief in the myth rather than reduce it. Corrections may also increase the prevalence of a misperception among members of the most vulnerable group if they provoke them to defend their prior beliefs. Finally, even if people initially accept that a given claim is false, they may suffer from an ‹illusion of truth› over time and come to believe that it is accurate.»[50]

Doch wenn der Journalismus dem wachsenden Relativismus, der schwindenden Glaubwürdigkeit und der Verbreitung von Desinformation Einhalt gebieten möchte, dann muss er dafür in die Offensive gehen – ansonsten macht er sich selbst überflüssig. Dafür braucht es auch eine neue Diskussion in Bezug auf das Objektivitätspostulat: Journalisten sollten gerade in der politischen Berichterstattung Aussagen deutlicher auf ihre Faktenbasiertheit überprüfen und benennen, was richtig und was falsch ist. «Falsche Ausgewogenheit» ist in Zeiten des quantitativ orientierten Journalismus nicht mehr angebracht.[51]

Der Journalismus kann diese Aufgabe jedoch nicht allein bewältigen. Plattformen wie Facebook dürfen sich ihrer Verantwortung in der Bekämpfung von Falschinformationen nicht entziehen. Der enorme Druck, der nach den Wahlen in den USA im Zuge der Fake-News-Diskussion vor allem auf Facebook einwirkte, hat zwar dazu geführt, dass die Plattform mittlerweile mithilfe spezialisierter Medienunternehmen wie ABC News, AP, FactCheck.org, Politifact und Snopes (in den USA) sowie Correctiv (in Deutschland) Falschinformationen auf ihre Faktizität hin markiert. Die Antwort auf die Frage, ob diese Lösung Unwahrheiten in ihrer Verbreitung hemmt oder dazu beiträgt, dass Fake News nicht noch mehr Aufmerksamkeit zukommt, steht noch aus. Und wollen wir wirklich, dass ein Unternehmen wie Facebook darüber entscheidet, was richtig oder falsch ist?

Ausserdem wird dadurch das Problem der Propaganda nicht gelöst: Diese wird sich zusammen mit den technischen Möglichkeiten in ihrer Art und Reichweite zweifelsohne weiterentwickeln. Zum Beispiel wird die visuelle Kommunikation immer wichtiger, weshalb bildliche Elemente in Zukunft eine wichtige Rolle spielen dürften. Immerhin hat sich Facebook des Problems angenommen und eine Werbekampagne lanciert, in deren Rahmen die Social-Media-Plattform Ratschläge erteilt, wie Falschinformationen entdeckt werden können. Allerdings entspricht auch diese Initiative nicht einer Rechenschaftspflicht in Bezug auf die Bedeutung von Facebook bei der Verbreitung und dem Konsum von Informationen.

Das Phänomen Fake News stellt im digitalen Medien-Ökosystem ein Problem dar, das weit über technische und ökonomische Belange hinausgeht, wie ein kürzlich veröffentlichter «Field-Guide» zu Fake News ebenfalls aufzeigt.[52] Dabei stehen kulturelle Aspekte im Vordergrund, die damit im Zusammenhang stehen, wie wir alle mit Informationen umgehen. So wird Desinformation in politischen Auseinandersetzungen zunehmend als diskursive Waffe benützt: In Debatten werden politische Gegner auf der Basis eines Freund-Feind-Schemas nicht mehr länger als legitime Konkurrenten angesehen, sondern als Feind, den es zu zerstören gilt.[53]

Weder der Journalismus noch Social-Media-Plattformen können das Problem der Verbreitung von Unwahrheiten letztlich allein lösen. Wir können auch nicht erwarten, dass technische Aspekte wie Algorithmen eine Lösung für soziokulturelle Probleme darstellen: «The puzzles made visible through ‹fake news› are hard. They are socially and culturally hard. They force us to contend with how people construct knowledge and ideas, communicate with others and construct a society.»[54] In diesem Zusammenhang ist die Medienkompetenz der Bevölkerung zentral: Nutzer müssen sich ihrer eigenen Verantwortung im Umgang mit Informationen bewusster werden. Aus diesem Grund sollten wir – wie Mike Ananny und Kate Crawford aufzeigen – Social Media nicht nur als «Black-Boxes», als unergründliche, geschlossene Systeme verstehen, die allein für das Phänomen der Fake News verantwortlich sind. Wir sollten sie als Plattformen verstehen, die sich *zusammen* mit unserem Verhalten und unserem Informationskonsum entwickeln.[55] Ohne die Mithilfe der Nutzer kann es keine Lösung geben. Es liegt also an uns allen zu entscheiden, wie wir mit dieser Situation umgehen.

Die Alt-Right und die Eroberung der sozialen Netzwerke
Robin Schwarz

Die Community der Website 4chan, bekannt als die «Internethölle», hat die politische Netzkultur massgebend geprägt. Hass wird ironisch und satirisch in neue digitale Stilmittel verpackt. Wie eine scheinbar unpolitische Gemeinschaft sich zur Alt-Right-Bewegung mauserte und dabei soziale Netzwerke kaperte. Eine Genese.

Was ist eigentlich los? Ein grüner Cartoon-Frosch bewegt Hillary Clinton während des Wahlkampfs zu einem eigenen Erklär-Artikel. Abstruse japanische Donald-Trump-Werbung auf YouTube hat Millionen Klicks. Ein Hundertfüssler und ein Honigdachs werden zum Symbol der Internetrebellion zugunsten von Donald Trump. Und Infowars, eine Verschwörungswebsite, sowie ihre beiden Gesichter Alex Jones und Joseph Paul Watson sind plötzlich omnipräsent, obwohl Ersterer von Fischmenschen spricht, die angeblich in Tanks in Regierungslabors gezüchtet werden. Und eine grausige Geschichte zieht ihre weiten Kreise, wonach Hillary Clinton die Strippenzieherin hinter einem Pädophilenring mit satanistischen Zügen sein soll, der aus dem erwiesenermassen nicht existenten Keller einer Pizzeria in Washington, D.C. operiert. Nochmal: Was war eigentlich in diesem Wahlkampf genau los?

Gäbe es so etwas wie eine «Grand Theory of the Internet», eine Theorie, die erklären würde, warum das Internet ist, wie es ist, wie das soziale Netz seine eigene Sprache gefunden hat – gäbe es eine solche Theorie, eine Theorie wie die Evolutionstheorie, die unseren gemeinsamen Vorfahren auf irgendeinen einzelligen Organismus zurückführen konnte, dann nähme das Imageboard 4chan eine enorm wichtige Position in dieser Theorie ein. 4chan wäre zwar nicht dieser einzellige Organismus, aber 4chan wäre eine der wichtigsten Zwischenstellen der Internetevolution. Denn ohne 4chan gäbe es das heute existierende soziale Netz nicht in dieser Form.

Hiermit sei auch die Frage aufgeworfen, ob es den US-Präsidenten

1   Das Frog-Meme, das von der Alt-Right-Bewegung immer wieder instrumentalisiert wurde, auch von Donald Trump selbst.
Quelle: Screenshot Twitter

Donald Trump heute ohne 4chan gäbe. 4chan war nicht nur konstitutiv für die heutigen diskursiven Praktiken des sozialen Netzes, nein, 4chan fungiert auch als eine Art Benzin für den Motor der alternativen Rechten – der Alt-Right – in den USA. Sie sind *die* Vertreter Donald Trumps im Netz, sie sind die Keyboard-Warriors der Rechten. Und dennoch verschwindet 4chan als mächtiger Influencer ständig aus dem Blickfeld der Medien und wird nicht ernst genommen. Das ist gefährlich. Wie es so weit kommen konnte, soll auf den folgenden Seiten aufgezeigt werden.

Popularisierung von 4chan

4chan 2008 wurde zum ersten Mal einer breiteren Öffentlichkeit bekannt mit dem «Project Chanology», einer vom losen, auf 4chan beheimateten Hacktivisten-Netzwerk Anonymous organisierten Protestbewegung, die zum Ziel hatte, die Church of Scientology zu unterwandern. Es kam damals zu realen weltweiten Protesten, sogar in der Schweiz. In ähnlicher Manier ans Licht der Öffentlichkeit gelangte 2010 «Operation Payback», bei der unter anderem die schweizerische PostFinance und der Online-Bezahldienst PayPal ins Fadenkreuz von Anonymous gerieten, da diese Konten des Wikileaks-Gründers Julian Assange gesperrt hatten. Die Angriffe wurden mit der frei erhältlichen, aber in vielen Teilen Europas illegalen Software LOIC[1] durchgeführt. Einige Angreifer stammten sogar aus der Schweiz, was die schon damals internationale Reichweite von 4chan beweist.

«4chan ist der positive Beweis dafür, dass die USA nach Hiroshima und Nagasaki nicht hätten stoppen, sondern die ganze Insel Japan von der Erde wegbomben sollen», schreibt die berüchtigte *Encyclopaedia Dramatica*, lange als *das* Archiv für Internetdrama[2] gehandelt, natürlich nicht ganz ernst, über 4chan. Kein Wunder, dass auch die Encyclopaedia Dramatica eng mit 4chan verbandelt ist, schreibt sie sich doch die politische Inkorrektheit ebenso auf die Flaggen und teilt sich zumindest zum Teil dasselbe Publikum.

Seinen Ursprung hat 4chan tatsächlich indirekt in Japan. Vorbilder von 4chan sind 2channel[3] und der Futaba Channel, der eröffnet wurde, als 2channel die Schliessung drohte. Beide Sites sind klassische Imageboards, das heisst Internetforen, auf denen hauptsächlich Bilder gepostet und kommentiert werden können.

4chan-Gründer Christopher Poole, lange nur anonym, als «moot» bekannt, postete regelmässig im Internetforum Something Awful (kurz SA), bis er dort 2003 eine englische Version von 2channel ankündigte, nämlich 4chan. Schnell verzeichnete die Seite ein immenses Wachstum und eine loyale Community, die, inspiriert von ihren Vorbildern, primär über japanische Popkultur, vor allem Animes, sprich japanische Animationsfilme, Mangas und Videospiele, diskutierte. Lange hatte es nicht gedauert, bis auf 4chan die ersten kontroversen Inhalte auftauchten: Lolicon und Ero Guro[4] sorgten für erste Beschwerden beim 4chan-Host. Der Pfad hin zum Ruf als «Hölle des Internets» war eingeschlagen. Diese Reputation ist besonders dem legendären Unterforum /b/ zu verdanken, dem «Random-Board», dessen einzige Regel darin besteht, dass es keine Regel gibt.

Den Ruf der «Internethölle» befeuert 4chan allenthalben fleissig. Das tägliche Brot 4chans sind Pornografie, Schockbilder, Videospiele, Animes, groteske, unverständliche Diskussionsstränge voller Insiderwitze und Forenspiele, die aus der eigenen 4chan-Kultur entstanden sind. Hin und wieder melden sich vermeintliche Amokläufer oder Personen, die abstruseste Fetische zur Schau stellen, zu Wort, um für Belustigung zu sorgen. Ab und zu versuchten 4chan-Nutzer, andere Websites, wie sie es nennen, zu «raiden», sprich mit Spam und Trollerei zu überfallen. Beispiel dafür ist die Invasion des früher populären «Habbo Hotel», eines Online-Spiels bzw. Chats für Kinder und Jugendliche. Nicht einmal die Abstimmung des *Time Magazine* zur einflussreichsten Person des Jahres blieb verschont. 4chan-User schafften es damals durch Stimmenmanipulation und die schiere Wucht der Community, 4chan-Gründer Moot an die Spitze der Umfrage zu hieven. 4chan hatte immer wieder die Energie, ihre eigenen User zu Berühmtheiten zu machen, zum Beispiel ein jugendliches Mädchen namens Boxxy, das zur «Königin von /b/» erklärt wurde und heute als Synchronsprecherin arbeitet. Seine destruktive Kraft zeigt 4chan aber beispielsweise im Publizieren privater und intimer Fotos oder dem Belästigen und Beleidigen einzelner User bis zur höchsten Verzweiflung. Kurz: anything goes. Während man auf Facebook für entsprechende Inhalte tief in die Gruppenfunktion eintauchen muss, warten zum Beispiel Rassismus und Pornografie bei 4chan bereits an der Startseite auf einen. Das soll aber nicht heissen, dass 4chan per definitionem eine rassistische, sexistische oder homophobe Seite ist, keinesfalls.

So gibt es zum Beispiel seit 2013 ein Unterforum für LGBT-Interessen. Die Essenz ist diese: Was 4chan fast schon kultisch anbetet, ist das «For the lulz»-Prinzip. Alles zu tun für einen boshaften Lacher auf Kosten anderer. Dabei kann es jeden treffen: Juden, Muslime, Christen, Schwarze, Weisse, Alte, Junge, Linke, Rechte, Behinderte. Wer Angriffsfläche bietet, wird attackiert. Ohne Grenzen. Dass es dabei tendenziell eher Minderheiten trifft, ist kein Wunder.

Eine kleine Anatomie der 4-chan-Mechaniken
Um zu verstehen, wie 4chan so immens einflussreich und populär werden konnte, muss man die Mechaniken dieses Forums nachvollziehen können. Diese Mechaniken beeinflussten über Umwege die Strategien der digitalen Alt-Right-Bewegung.

4chan funktioniert im Prinzip wie seine Vorbilder 2channel und Futaba Channel. Was 4chan (und Vorbilder) aber von kontemporären sozialen Netzwerken unterscheidet, ist zunächst der hohe Anonymitätsfaktor. Um auf 4chan Beiträge zu lesen oder selber zu verfassen, ist keine Registrierung nötig. Nicht nur das – sie ist nicht einmal wirklich möglich. Innerhalb der Threads, der Diskussionsverläufe, ist es zudem extrem undurchsichtig, wer gerade Inhalte postet. Es kann durchaus vorkommen, dass dieselbe Person mehrfach hintereinander kommentiert, ohne dass die anderen User das je realisieren könnten.

Das Resultat? Pures Chaos. 4chan anarchische Grundstrukturen vorzuwerfen, wäre wohl nicht komplett falsch: Demokratische Prozesse wie Community-Abstimmungen? Keine Spur. Etwaige Superuser, Kuratoren, die Inhalte für die Community zusammenstellen und sie so in gewisse Richtungen lenken würden? Fehlanzeige. Eingriffe durch Moderatoren und Administratoren sind ebenfalls eher selten – und werden meist durch laute Proteste der Community quittiert.

Allein die Aktivität in Threads entscheidet über eine populäre Platzierung im Forum. Threads, die nicht oder nur kaum kommentiert werden, rutschen schnell nach unten und verschwinden im Datennirvana. Auf gewissen Boards ist die Zeit für Posts derart begrenzt, dass eine echte Diskussion gar nie stattfinden kann. Ist eine eloquente, lange Antwort getippt, ist der Thread meist schon wieder gelöscht. Das führt zu einem regelrechten Schnellfeuer der Inhalte, in dem ein Diskussionsstrang und eine Antwort die nächste jagt. Archivierte Diskussionen existieren höchstens in Form von Screenshots. Während natürlich auch andere Websites Fluten von Inhalten kennen, die um Aufmerksamkeit buhlen, wird dieses Prinzip bei 4chan auf die Spitze getrieben. Content auf 4chan ist flüchtiger als auf der Messenger-App Snapchat, die einen integrierten Selbstauflösungsmodus besitzt – und das will etwas heissen.

Die Community als Ergebnis ihrer Mechaniken

Die Inhalte, die auf 4chan gepostet werden, sind ebenfalls geprägt von Mechaniken. Um die Analogie zur Evolutionstheorie wieder aufzugreifen: Im Prinzip ist das Posten auf 4chan eine Art «Survival of the Fittest». Wer schnell genug Content veröffentlicht, wird gesehen. Der einfachste Weg, innerhalb dieser Flut an Bildern Aufmerksamkeit zu erlangen, ist also das «Shitposting», sprich Belangloses, das aber doch auf Echo in der Community stösst – und meistens, genau wie auch der Name, nicht ganz ernst gemeint ist. Gerade die Shitposts als Resultat dieser Mechanik spielen für die Alt-Right später eine zentrale Rolle, wie später noch erklärt wird.

Während die Mechaniken 4chans demokratische Prozesse scheinbar verunmöglichen, existieren durchaus verschleierte Funktionen, die eine gewisse Art von Demokratie erlauben: Trotz aller Anarchie herrscht stets ein gewisser impliziter Konsens – zum Beispiel über die Bedeutung oder richtige Anwendung eines Memes (auf die Bedeutung der Memes komme ich weiter unten zu sprechen). Für eine scheinbar anarchische Community bestehen auf 4chan in manchen Fragen sogar sehr vehement vertretene Ansichten mit klaren Trennlinien. Trotzdem kam es in der Vergangenheit immer wieder zu internen Kleinkriegen.

Oft wird auch schlicht und einfach behauptet, es bestehe ein Konsens, wobei andere User dann einwilligen und eine vermeintliche Übereinkunft schnell als Tatsache akzeptieren. Das ist das, was 4chan-User «Hivemind», Schwarmdenken, nennen. Ein tatsächlicher Konsens wird selten erreicht, es ist eher so, dass die User ihre Ansichten aneinander angleichen: Gelangen zwei User unabhängig voneinander zu einer ähnlichen Meinung, tendieren andere User oft dazu, ebenfalls diese Meinung anzunehmen. Obwohl 4chan-Nutzer selbst ständig vom Hivemind sprechen – auch mit einer gewissen ironischen Distanz –, sieht sich die

Community als eine Art Kollektivbewusstsein. Das wird anschaulich symbolisiert: Alle User tragen denselben, vom System automatisch zugewiesenen Nicknamen «Anonymous»[5] und nennen sich untereinander «Anon»[6] – hin und wieder auch «fags», also Schwuchteln. Diese Reduktion führt dazu, dass Meinungspluralität quasi inexistent und eine Differenzierung, schon allein bedingt durch die rasante Geschwindigkeit, mit der Postings wieder verschwinden, nur schwer möglich ist.

4chan gehört zu den meistbesuchten Websites der Welt und ist global auf Platz 339 des Alexa-Rankings placiert, was Nummer 85 in den USA entspricht. Als Vergleich: CNN.com rangiert global auf Platz 101, in den USA auf Nr. 27. Die britische Vorzeige-Newsseite von *The Guardian* liegt in den USA genau 20 Ränge hinter 4chan.[7] In krassem Widerspruch zu diesen Zahlen nimmt sich 4chan als kleiner Kreis von Eingeweihten wahr. Die mediale Berichterstattung über 4chan spielt dieser Wahrnehmung in die Hände: Meist werden 4chan-User als Aussenseiter porträtiert und die Community wird als unzugänglich und abgeschottet dargestellt. Das ist aber wiederum kein Wunder: Wer 4chan das erste Mal besucht, wird verdutzt und ratlos sein. Die Inhalte, die einem auf 4chan begegnen, sind auf den ersten Blick kaum verständlich, in vielen Fällen sogar komplett unsinnig. Das Vorgehen 4chans ist obskurantistisch: Die hohe Dichte an komplizierten Insiderwitzen (die immer wieder bis zur kompletten Unkenntlichkeit verändert und wiederholt werden), ein wiederkehrendes Bezugnehmen auf die eigene Historie oder Memes und ein ganz eigener Jargon machen das intuitive Verstehen, das in der heutigen digitalen Welt als absolut essenziell gilt, schwierig. Zudem sind Design und Funktionen undurchsichtig und verschachtelt, was eine Navigation erschwert – allerdings absichtlich.

Erklärungen gibt es keine, schon gar nicht von Usern. Versteht man als Neuling die Seite nicht, wird einem nur eines geraten: «lurk moar», ein Satz, der bei seinen Adressaten in der Regel noch mehr Kopfkratzen auslöst. Lurk moar, also lurk more, zu Deutsch «lauere mehr», bedeutet nur, man soll die Inhalte weiterhin konsumieren und nicht aktiv am Geschehen teilnehmen, irgendwann würde man dann alles verstehen. Insofern sind alle 4chan-User Autodidakten. Sie haben alle eine eigene Vorstellung davon, was nun der tatsächliche Konsens sein soll.

Es scheint eine Welt zu sein, in der alles verständlich und erklärbar ist, irgendwie doch nicht ganz greifbar, nicht ganz nachvollziehbar. Das ist auch der Grund, weshalb 4chan-User, die diesen Text lesen, den Vorwurf erheben werden, der Autor habe 4chan gar nicht verstanden. Fakt ist: Niemand versteht 4chan *so richtig,* niemandem ist wirklich bewusst, was da genau passiert, welche Beiträge in Diskussionen ernst gemeint sind, welche nur mit einem Augenzwinkern verstanden werden wollen und welche nur reine Troll-Posts sind. Im Sinne der Terminologie des Literaturkritikers Roland Barthes: Der Autor ist komplett tot. Oder weniger akademisch, in den Worten eines Reddit-Users: «4chan ist einfach ein Haufen irgendwas.»

Warum 4chan so wichtig ist

Wir haben jetzt auf mehreren Seiten tiefere Einsichten über eine vermeintliche Nischen-Community erhalten, Einblicke in eine Community, die für das Weltgeschehen auf den ersten Blick so gar nicht relevant zu sein scheint. Japanische Popkultur, Schockbilder, Pornografie und Trollerei – das scheint die absolute Antithese zu unserer gängigen Vorstellung des graumelierten, zur Elite gehörenden Businessmans zu sein, der angeblich die Geschicke der Welt lenkt. Nur in seltenen Fällen, zum Beispiel bei der *Time Magazine*-Umfrage, flackert das Disruptionspotenzial dieser Community auf. Sie wird es mit dem Küren ihres Lieblingskandidaten Donald Trump voll entfalten. Doch dazu später mehr.

Was 4chan so unfassbar einflussreich macht – und zwar auf einer indirekt und schwer zurückführbaren Ebene –, ist, dass es durch seine Mechaniken Grundsteine für weitere Teile der späteren Internetkultur gelegt hat. Die Inhalte, die auf 4chan funktionieren, funktionieren dank der zugrundeliegenden Mechaniken. Das sind nicht nur softwaretechnische Mechaniken, sondern auch soziale. Die Designarchitektur der Software begünstigt ein spezifisches Verhalten und befördert ganz eigenwillige Arten von Inhalten. Das heisst zweierlei Dinge:

Erstens: Die Inhalte unserer Internetkultur wären ohne 4chan heute nicht dieselben. Memes und wohl die Mehrheit von Internetjargon und -umgangssprache haben ihren Ursprung auf 4chan. So heisst es immer wieder, die meisten Internettrends würden auf 4chan geboren und manchmal erst Wochen später auf Facebook in Erscheinung treten – dann in verwässerter und wiedergekäuter Form. Tatsächlich ist die ganze Meme-Kultur auf 4chan zurückzuführen. Image Macros, diese Bilder, die wir heute als Meme verstehen, wurden erstmals im Forum Something Awful erwähnt, dann aber über 4chan popularisiert.

Zweitens: Der Erfolg der Inhalte formt auch das Verhalten im Internet. Ganz im Sinne des Konzepts der Habitualisierung des Soziologen Pierre Bourdieu formen Individuen zwar Verhaltensweisen, diese aber auch das Individuum. Auf eine Aktion folgt gewissermassen eine *gelernte* Reaktion. Erfolgreichen Inhalten im Netz liegen also gelernte Strategien zugrunde – in diesem Fall solche, die durch 4chan geformt wurden.

Wie 4chan es überhaupt geschafft hat, im Westen zu so einem einflussreichen Player zu werden, ist schnell (wenn auch wohl etwas reduktiv) erklärt: Wer in den Anfangsphasen auf 4chan dabei war, noch bevor es zu grossem Medieninteresse kam, war ein klassischer Nerd, eine internetbegeisterte, technologieaffine Person. Es waren Menschen, die bereits von Beginn weg ihr Zuhause im Internet gefunden hatten. Während der Mainstream das Internet langsam abzutasten und zu adoptieren begann, war der Typ 4chan-User schon längst dort zu Hause und konnte starkes «Gatekeeping» betreiben und auf neue User Einfluss nehmen. Oder etwas veranschaulichter: Als die Twittersphäre 2013 lachte, als die deutsche Bundeskanzlerin bei einem Treffen mit dem damaligen US-Präsidenten Barack Obama das Internet als «Neuland» bezeichnete, lachte 4chan bereits seit Ewigkeiten über die Twitter-Gemeinschaft, ihrer Meinung nach ein Epitom der Newfaggotry-Newfags, übersetzt «Neuschwuchteln», eine Bezeichnung für komplett ahnungslose Neulinge.

Der Aufstieg der Alt-Right über /pol/ und 8chan

Die Geschichte der alternativen Rechten in den USA ist noch nicht besonders alt. Sie verdankt ihren Erfolg wohl ihrem Wegbereiter 4chan. Die beiden Bewegungen sind eng verbandelt und bestehen zu vielen Teilen aus demselben Publikum.

Einen konkreten Hinweis auf den Ursprung der Bewegung gibt das 4chan-Board /new/, ein Unterforum, in dem News und Weltgeschehen diskutiert wurden. Die Diskussionen nahmen mit der Zeit immer rassistischere Dimensionen an. Schliesslich wurde das Board in einer Reissleinenaktion durch /pol/ «politically incorrect» ersetzt bzw. rebrandet. Das Ziel: Politische Diskussionen frei von politischer Korrektheit führen zu können. Schnell stieg /pol/ zu einem der meistbesuchten 4chan-Boards auf – neben /b/. Auch hier sei einmal mehr erwähnt: Was in diesem Unterforum ernst gemeint ist und was nicht, entzieht sich jeglicher Analyse. In diversen Posts werden Juden und Schwarze verunglimpft und beleidigt, der Holocaust entweder geleugnet oder beklatscht, es wird über ein Weltjudentum theoretisiert, dem Terroristen Anders Behring Breivik Unterstützung zugesprochen und, und, und – kurz: wiederum das übliche 4chan-Schockprinzip.

Im Oktober 2013, rund zwei Jahre nach der Eröffnung von /pol/, gründete 4chan-User Fredrick Brennan ein Konkurrenzprodukt zu 4chan – 8chan, auch Infinitechan genannt. Brennan nahm 4chan zunehmend als autoritär wahr und befand, die freie Meinungsäusserung sei im Internet, wie auch auf 4chan, zunehmend in Gefahr. Brennan, zeitweilig Administrator von Wizardchan, einem Imageboard für männliche Jungfrauen über 30 («Wizards», sprich Zauberer), pocht auf eine noch libertärere Haltung, als sie schon 4chan zugrunde liegt. Das führte dazu, dass selbst kinderpornografische Darstellungen oder Diskussionen über Vergewaltigungen von Kindern stets nur wenige Klicks entfernt waren. 8chan wurde schnell zu einem der Hauptdiskussionsorte für die «Gamergate»-Kontroverse, da 4chan Diskussionen darüber wegen Doxxing[8] und Spam verboten hatte (auf die «Gamergate»-Kontroverse wird weiter unten eingegangen). Es wird dabei von einem «Massenexodus» der User von 4chan zu 8chan gesprochen. Viele der User bewegten sich fortan zwischen den drei bereits erwähnten Communitys – und später Reddit, das sie mithilfe des Subreddits The_Donald kapern werden.

Das Kapern von Reddit durch Trump-Fans

Das zurzeit vielleicht einflussreichste als Nische wahrgenommene soziale Netzwerk ist Reddit. User können auf Reddit – anders als auf 4chan und Konsorten – eigene Unterforen erstellen und diese selbstständig moderieren. Das hat Reddit den Ruf eingebracht, zu *jedem* noch so dunklen oder abstrusen Thema einen entsprechenden «Subreddit» zu besitzen. Im Unterschied zu 4chan besitzt Reddit zudem ein Karma-System, das erlaubt, Beiträge entweder hoch- oder runterzuwählen. Das entscheidet dann über die entsprechende Platzierung der jeweiligen Threads auf /r/all und der Frontseite.[9] Dieser Algorithmus würde später entscheidend sein für das Kapern der Community durch die Unterstützer von Donald Trump.

Reddit versteht sich selbst, ähnlich wie 4chan, als eine Bastion der freien Meinungsäusserung. Das brachte Reddit hin und wieder in die Schlagzeilen, zum Beispiel durch problematische Subreddits, die zum Beispiel sexuell suggestive Fotos von minderjährigen Mädchen («Jailbait») zeigen. Ebenfalls Schlagzeilen machte Reddit durch das Veröffentlichen zahlreicher Promi-Nacktbilder oder durch das Schliessen kontroverser Subreddits, allen voran /r/fatpeoplehate, einem Unterforum, in dem User übergewichtige Menschen beleidigt und blossgestellt hatten. Letzteres führte zu einem Community-Aufstand gegenüber Reddit-CEO Ellen Pao, die als Sündenbock für alle «schlechten» Entwicklungen Reddits hingestellt wurde.[10] Sie wurde zu einer ähnlichen Hassfigur wie etwa Anita Sarkeesian für Gamergate. Wenig später, Mitte 2015, verliess sie das Unternehmen.

Etwa zur gleichen Zeit wurde /r/The_Donald geboren – direkt nach der Ankündigung Trumps, er wolle ins Präsidentschaftsrennen einsteigen. Bis Anfang 2016 blieb es um den Subreddit relativ ruhig – im Februar 2016 ging es aber plötzlich rasant. /r/The_Donald war in kürzester Zeit der meistabonnierte Non-default-Subreddit. Seither gilt /r/The_Donald als schnellstwachsender Subreddit. Reddit-CEO Steve Huffmann bezeichnete The_Donald schliesslich als «die Konversation auf der Seite dominierend». The_Donald gilt als Haupttummelort für Trump-Fans im Internet. Er hat im Moment über 385 000 Abonnenten, zwischen 3 und 5 Millionen Unique-User sowie zwischen 50 und 125 Millionen Pageviews pro Monat.

4chan und The_Donald: Die Strategien der Alt-Right

Dazu dürfte 4chan bzw. die klassische 4chan-Klientel entscheidend beigetragen haben. User von /pol/ und 8chan (Foren, die zu Beginn dieses Kapitels vorgestellt wurden) strömten alsbald auf Reddit, eine Seite, die früher aufgrund ihrer leichteren Zugänglichkeit immer als Feind betrachtet wurde. Rasend schnell nahmen auch Menschen, die zuvor nichts mit 4chan und dessen Kultur zu tun hatten, plötzlich ihre Strategien an. Die erläuterten Strategien, das «Survival of the Fittest», beeinflusste das Voting-System Reddit enorm. Mit verheerenden Auswirkungen. Während Reddit immer als vorbildlicher Ort gegolten hatte, wo vertiefte Diskussionen mit langen Antworten und kompliziertere Gesprächsverläufen möglich waren[11] – gerade im politischen Bereich –, überschwemmte The_Donald alsbald Reddit mit Billiginhalten (Shitposts), Donald-Trump-Memes, Schlagworten und -phrasen[12] und Vote Brigading.[13] Während Billiginhalte sonst auf Reddit dank des Karma-Systems schnell sanktioniert werden, passierte wegen des 4chan-Effekts das Gegenteil: Der Wille, den Ärger anderer User nicht nur in Kauf zu nehmen, sondern sogar absichtlich zu provozieren, die Leidenschaft für Shitposts und Memes haben auf The_Donald ein eigenartiges Gemeinschaftsgefühl geschaffen. In diesem Klima wurden sämtliche Posts hochgevotet, egal, wie minimal der Aufwand dahinter ist. Der Reddit-Algorithmus war auf eine derart abnorme Voting-Aktivität nicht vorbereitet und wurde daher auf /r/all plötzlich überflutet und The_Donald für alle Reddit-User auch sichtbar, egal welche Subreddits man selber abonniert hatte. Üblicherweise schafften es Posts auf Reddit nur äusserst selten auf die Front von /r/all – entweder extrem erfolgreiche Posts oder Posts, die in kurzer Zeit eine hohe Anzahl an Votes erreichen. Der Masse an The_Donald-Usern war es deshalb möglich, durch schnelles Voting /r/all zu erobern. Beizeiten war /r/all auf Reddit kaum mehr lesbar, weil sich nur noch Donald-Trump-Posts unter den ersten 100 Einsendungen befanden.[14] Die Moderatoren des Subreddits machten sich dabei die Sticky-Post-Mechanik[15] zunutze. Üblicherweise wurden solche Sticky Posts für subredditweite Ankündigungen benützt, für PSA[16]-Posts oder um relevante Ressourcen[17] immer zugänglich zu machen. The_Donald-Moderatoren wiederum haben diese Mechanik ausgenutzt, um Posts für kurze Zeit sichtbar zu machen – von einer halben Stunde bis vielleicht zwei Stunden. So werden Posts mit Potenzial also für kurze Zeit *noch* sichtbarer und können *noch* schneller positiv bewertet werden.

Damit hatte sich die Reddit-Administration in eine Sackgasse manövriert – The_Donald hatte sich innerhalb dieses Systems etabliert, ein System, das leicht auszuhebeln war. Das Problem: Anpassungen am Algorithmus, um ein Fluten von /r/all in Zukunft zu verhindern, wurden von The_Donald-Nutzern als Zensur und Beschneidung der Meinungsfreiheit angeprangert – die Reddit-Elite wolle sie mundtot machen, so das klassisch trumpsche Argument. Würde die Administration trotzdem agieren, hätten sie damit einen Aufstand provoziert, an dem sich Hunderttausende von Usern beteiligen würden. So hält die Community die Administration als Geisel.

2 Das «Deplorable»-Motiv, das sich Trump-Fans zunutze machten.
Quelle: Screenshot Instagram

Das noch gravierendere Problem: Reddit hatte den Kampf gegen Trump-Fans bereits verloren. Im Kern ging es den Nutzern von The_Donald sowie 4chan und 8chan nie um Gleichbehandlung. Am Anfang aller Aktivität steht immer die Aufmerksamkeit. Wer User mit diesem «Chan-Mindset» nicht ignoriert, verliert. Egal, wie die Reaktion auf Alt-Right ausfällt – die Reaktion auf die Reaktion wird immer genau gleich sein: böswillig und schelmenhaft. Als Hillary Clinton die Existenz des Memes «Pepe the Frog» anerkannte, indem sie ihn auf ihrer eigenen Wahlkampf-Website zu erklären[18] versuchte, hatte sie dem Meme nicht etwa den Wind aus den Segeln genommen, sondern ihn, ganz gemäss dem Sinn von Memes, weiterverbreitet. Sie wurde dabei zu einem Supermultiplikator. Die Antwort der Community war dabei nicht: «O nein, Hillary Clinton hat uns entlarvt!» Im Gegenteil. Die Antwort hätte hämischer nicht sein können: «Danke, Crooked Hillary, jetzt verbreitest sogar du unsere Memes.» Der Schaden war damit angerichtet. Wer versucht, die Chan-Kultur mit Ernsthaftigkeit zu kontern, verliert. Ernsthaftigkeit (wie zum Beispiel dieser Text) hat keine Chance, bei der Alt-Right etwas zu bewirken. Im Gegenteil. Als Hillary Clinton im Zuge einer Wahlkampfrede Alt-Righter als «Deplorables», also als erbärmliche Personen bezeichnete, schuf sie sich zwei Probleme: Erstens, man konnte ihr Bigotterie vorwerfen – aber nicht, weil die Alt-Right sich tatsächlich davon verletzt fühlen würden, sondern weil diese moralische Verwerflichkeit gleich instrumentalisiert werden konnte. Das zweite Problem: Donald-Trump-Supporter haben keine Sekunde gezögert, um sich den Begriff der «Deplorables» anzueignen. Deplorable, also «verabscheuungswürdig», zu sein war sofort eine Art Ehrenabzeichen unter Trump-Fans.

Hillary Clinton schuf damit ungewollt selber ein Meme.[19] In ähnlicher Weise dauerte es nicht lange, bis der Fake-News-Diskurs von der Alt-Right aufgegriffen wurde. Der Vorwurf wurde schlicht auf die Urheberin umgelenkt, allein durch die schiere Wucht der Community. Donald Trump folgte alsbald und verwendete das Meme selbst.

Gamergate-Affäre und Donald Trump

Im Folgenden soll nun erklärt werden, was einer der bekanntesten Konflikte in der Videospielszene – die Gamergate-Kontroverse – mit der Wahl Donald Trumps zu tun hat. Gamergate (eine begriffliche Anlehnung an den Watergate-Skandal) ist eine seit Mitte August 2014 bestehende lose Internetbewegung, der es nach eigener Darstellung um «Ethik im Videospiel-Journalismus», um mehr Transparenz, Offenheit, Meinungsfreiheit und gegen die Zensur geht. Kritiker sehen darin aber eine primär frauenfeindliche Hasskampagne. Begonnen hatte alles – wie jedes «gute Internetdrama» – mit einem Blogpost. Der ehemalige Lebenspartner einer Entwicklerin von Independent-Spielen gab darin an, sie habe ihn mit mehreren Personen aus der Videospiel-Journalismus-Szene betrogen – Sex gegen positive Berichterstattung. Trotz Dementi und Gegenbeweisen seitens der beschuldigten Frau und Medien nahm die Bewegung rasant Fahrt auf. Da auf der Gegnerseite von Beginn weg der Vorwurf des Sexismus gegen Gamergate erhoben wurde, entwickelte sich der anfänglich kleine Streit zu einem Krieg gegen Videospiele mit progressiven Inhalten sowie diejenigen Personen, die solche Inhalte befürworten. So wurde der Vorwurf laut, «SJWs»[20] hätten vor, eine feministische und liberale «Agenda» zu etablieren, sie anderen Menschen aufzuzwingen und wenn nötig zur Zensur zu greifen. So wurde die feministische Kulturkritikerin Anita Sarkeesian zu einer der grossen Projektionsflächen für die Beschuldigungen der Gamergate-Bewegung. Ihre feministische Kritik, die Videospielen ein oft unterschwellig sexistisches Gedankengut vorwarf, wurde als Aufruf zur Zensur verstanden. Gamergate stellte sich selbst auf den Standpunkt, der Status quo sei zu erhalten, in Videospielen gehe es «nur um Spass, nicht um Politik».[21] Vor allem Frauen, die sich im Zuge der Gamergate-Kontroverse öffentlich äusserten, mussten mit massiver Trollerei und Hasspostings rechnen. Um den Gegenbeweis anzutreten, Gamergate sei keine sexistische Bewegung, entwarf das 4chan-Board /v/[22] ein Gamergate-Maskottchen: ein Mädchen namens Vivian James.[23]

Eine erste Ähnlichkeit zwischen Donald Trump und Gamergate: Der Wunsch, angeblich ungezügelte Korruption auszumerzen und die Elite an den Pranger zu stellen – «drain the swamp» –, hätte geradeso gut ein Gamergate-Slogan sein können.

Verblüffend ist, dass sich Alt-Righter, genau wie Gamergater, ebenfalls nicht als politisch verstehen, sondern ihre Argumente als «logisch» und «rational» verkaufen wollen. Feminismus und Liberalismus sind für sie nicht politische Einstellungen, sondern widersinnige Gesellschaftskonstrukte. Für Anhänger beider Bewegungen ist es online ein Leichtes, misogyne Äusserungen zu tätigen, um dann zu behaupten, die Aussagen seien gar nicht frauenfeindlich, sondern «einfach wahr». Ein Beispiel: Frauen nicht in der Politik haben zu wollen, habe nichts mit Sexismus zu tun, sondern mit der Tatsache, dass Frauen gemäss Wissenschaft weniger analytisch begabt seien. Frauenfeindlich sei nur, wer sich gegen «wissenschaftliche Erkenntnisse» und «logische Überlegungen» stelle. Unter diesem Gesichtspunkt verstehen beide Bewegungen den Feminismus und Liberalismus als Angriff auf Logik und Rationalität. Rassismus und Sexismus werden nicht offen gelebt, sondern unter einem «Realismus»-Deckmantel gerechtfertigt.

Abermals ähnlich wie Donald Trump, sah sich die Gamergate-Bewegung ständig als durch die Medien fehlrepräsentiert. Wer zur Blüte der Gamergate-Kontroverse darüber schrieb, sah sich sofort mit einer massiven Gegenreaktion konfrontiert. Die Reaktionen reichten von einfachen «Du hast die Bewegung nicht verstanden»-Vorwürfen bis zur Beschuldigung, man würde gerade Fake News publizieren.

Die zweite Ähnlichkeit von Gamergate zur Trump-Kampagne, die hier erwähnt werden soll, ist die Rolle der Newsseite Breitbart für Gamergate. Breitbart realisierte sehr früh, dass es sich bei Gamergate um eine Grundsatzdiskussion, einen Prinzipienstreit zwischen Konservativismus und Liberalismus, handelt. Bereits im September 2014 publizierte Alt-Right-Darling Milo Yiannopoulos seinen ersten Artikel zu Gamergate. Yiannopoulos schrieb im September, «feministische Schulhofschläger reissen die Videospiel-Industrie auseinander», und positionierte Breitbart damit auf der Pro-Gamergate-Seite.[24] Rund ein Jahr später übernahm Yiannopoulos die Ressortleitung des gesamten Tech-Bereichs von Breitbart. Stephen Bannon, jetzt einer der hochrangigsten Trump-Berater, war massgeblich an Yiannopoulos' Karrieresprung beteiligt. Seither startete Yiannopoulos mehrere kleinere und grössere Kontroversen und ist erklärter Trump-Unterstützer. 2016 wurde Yiannopoulos auf Lebenszeit von Twitter gesperrt. Er verliess Breitbart 2017 nach heftiger Kritik an seiner Person, als ein Interview auftauchte, in dem Yiannopoulos Pädophilie verharmloste.[25]

Grössere Medien griffen das Thema lange nur als Randerscheinung auf, verkürzt und vereinfacht, und zogen so den Zorn der Gamergater auf sich – und machten sich zu leichten Zielen, wenn es darum ging, den Medien unsaubere Arbeitsweisen zu unterstellen. Letztlich war Gamergate nicht nur ein Vorbote, sondern die Hauptprobe des Aufstands von Rechtsaussen, das immer mehr in die Mitte drang. Und es war vor allem der Beginn eines Kulturkampfs, der einen etwas lächerlichen Namen trägt und deshalb zu wenig ernst genommen wurde. Ein Schelm, wer dabei an die Wahl von Donald Trump denkt.

Wieso Memes so wichtig für die politische Netzkultur geworden sind

Viel war bis anhin von diesem Stilmittel die Rede: Memes. Der Begriff Meme wurde vom Evolutionsbiologen und Populärwissenschaftler Richard Dawkins ins Spiel gebracht und von 4chan und Reddit-Usern popularisiert. Er nutzte den Begriff, um das Verbreiten kultureller Informationen zu erklären. Heute beschreibt der Begriff der Memes primär Trends und Phänomene, die viral über das Internet verbreitet werden. Das können zum Beispiel Streiche wie zum Beispiel das Rickrolling[26] sein, aber auch einzelne Wörter, Facebook-Sticker[27] oder Videos. Die Liste an Meme-Typen wäre wohl unerschöpflich. Die bekannteste und am weitesten verbreitete Form des Memes ist das sogenannte Image-Macro, ein Bild mit weissem Text.[28] Image-Macros werden oft verwendet, um komplexe Inhalte zu verbreiten, die in Zusammenhang mit dem Bild stehen. Image-Macros haben aber meist eine komplexe Komposition: Die Templates, die den meisten Memes zugrunde liegen, besitzen bereits

3   Eines der bekanntesten Memes im deutschsprachigen Raum verulkte Angela Merkel.
    Quelle: *Knowyourmeme.com*

eine Bedeutung, die im Bild selbst nicht ersichtlich ist und bisweilen so kompliziert ist, dass immer wieder Streitigkeiten über die «richtige Verwendung» des Memes entstehen.[29] Über die Bedeutung von Memes herrscht manchmal Uneinigkeit, manchmal ein starker impliziter Konsens, der dem impliziten Konsens, der auf 4chan vorherrscht, nicht unähnlich ist. 4chan-User würden behaupten, dass jeglicher Versuch, ein Meme richtig zu erklären, zum Scheitern verdammt ist.[30]

Dahin gehend unterscheiden sich Memes von Propaganda. Einerseits sind gerade Image-Macros in der Regel von Usern gemacht (und mit wenigen Klicks herstellbar) und werden nie oder nur selten von Firmen oder Regierungen gebraucht;[31] andererseits ist für das Verständnis von

Memes mehr Vorwissen nötig als für ein normales Propagandaplakat, das mit meist eher oberflächlicher Symbolik arbeitet.

Im US-Wahlkampf kamen zahlreiche Memes zum Einsatz, vor allem Pepe der Frosch, der in zahlreichen Variationen überall in den sozialen Netzen gepostet wurde – und dessen Verwendung als Meme[32] natürlich auf 4chan begann und schnell zu einem Maskottchen der Alt-Right wurde.

4chan und Konsorten sind überzeugt, dass der Einsatz von Memes einen entscheidenden Einfluss auf die US-Wahlen hatte. Tatsache ist, dass Memes tatsächlich in gewissen Internetkreisen diskursbestimmend waren. Die Alt-Right spricht in diesem Zusammenhang von «Memetic Warfare», also «memetischer Kriegsführung». Der Wahlkampf wurde ebenfalls in martialischer Manier «der Grosse Meme-Krieg» genannt.

Das womöglich grösste Meme der Alt-Right ist aber eines, das man nicht auf den ersten Blick als Meme vermuten würde: Donald Trump selbst. Donald Trump wurde von Mitgliedern der Chan-Kultur nicht nur wegen seiner Politik gewählt, sondern auch wegen seines Potenzials als Meme. Trump, von der Linken und den Medien immer als verschrobener, etwas trotteliger Kauz beschrieben, als einer, der vom Politikbetrieb keinen Schimmer hat, ist auch für grosse Teile der Alt-Right genau das. Ein elaborierter Witz. Das beginnt bei seiner Tendenz, seine Gegner auf Twitter anzugreifen, geht über seinen Twitter-Stil (fiktives Beispiel: «Smartphone-Demokratie? Schreckliches Buch. Nicht kaufen. Totales Desaster!») bis hin zu seinem Erscheinungsbild, dem Fakt, dass er einmal in der amerikanischen Wrestling-Liga für einen Schaukampf zu Gast war, bis hin zu seinen Auftritten als Reality-TV-Star und regelmässiger Teil der Kolumnen der Klatschpresse. Dieses Bild Trumps ist für viele Menschen nicht vereinbar mit der Rolle des Präsidenten – es beunruhigt sie sogar zutiefst. Und genau das findet die Alt-Right so unfassbar lustig. Let's trigger some lefties, würden sie sagen.

Fazit: Alt-Right eroberte das soziale Netz

In diesem Kapitel wurde der Siegeszug der Alt-Right, beginnend von der Internethölle 4Chan über 8Chan hin zu Reddit und den bekannten Plattformen wie Facebook, Instagram und Twitter, nachgezeichnet. Die Alt-Right konstituiert sich aus den verschiedenen Communities und

Netzwerken. Die alternative Rechte hat ihre Wurzeln im Netz in der Chan-Kultur, was sie schwer fassbar macht. Sie ist nicht unter einen Hut zu bringen, sie hat keinen Thinktank, keine klar definierten Policy-Positionen. Der im Gamergate-Abschnitt erwähnte Milo Yiannopoulos versuchte auf Breitbart einst, die Alt-Right auseinanderzunehmen und in Gruppen aufzuteilen. Da fanden sich dann «die 1488er»[33], «die Intellektuellen»[34], das «Meme-Team» und andere Untergruppen. Daraus eine Essenz herauszudestillieren zu wollen ist unsinnig – und unmöglich. Genauso wenig, wie sich 4chan auf einen wirklichen Konsens einigt, sondern nur ständig von Streit zu Streit zu einem plötzlich vermeintlichen Konsens gelangt, geschieht das mit der gesamten Alt-Right-Community im Netz. Irgendwie ist man sich einig, irgendwie überhaupt nicht. Aber alle haben eines gemein: Die Elite muss weg, und die politische Korrektheit soll zu Fall gebracht werden. Bösartig, mit Witz, satirisch und fast nie richtig ernst gemeint.

Aber: Politik spielt hier keine Rolle. Die Alt-Right hat ihren Social-Media-Siegeszug nicht ihrem politischen Konsens oder gar Eckwerten eines politischen Programms zu verdanken. Sie konnte mit sogenannten Aufmerksamkeits-Hacks das soziale Netz erobern. Sie dominierte jenseits der Filterbubbles von Nischenforen[35] den Diskurs, indem sie sich die erlernten Verhaltensweisen aus der Chan-Kultur zunutze machte und damit ganze Systeme aushebelte. Politisch inkorrekte Memes, Hashtags und andere ironische Verunglimpfungen, die hier produziert wurden, schwappten auf andere soziale Netzwerke über und wurden von anderen Usern angeeignet und weiterverbreitet.[36] Bis sie im sogenannten Mainstream ankamen: Bei den etablierten Plattformen von Facebook über Twitter bis zu den traditionellen Medien. Kurz: Es waren die Social-Media-Strategien dieser Alt-Right, die einen nicht vernachlässigbaren Teil von Donald Trumps Wahlsieg ausgemacht haben.

Die Demokratie-Experimente von Facebook

Adrienne Fichter

Mit einem simplen virtuellen Megafon konnte Facebook in den USA, Indien oder Brasilien Tausende von Usern für die bevorstehenden Wahlen begeistern. Immer mehr suchen deswegen auch nationale Regierungen die Nähe zum sozialen Riesen. Doch es ist fraglich, inwiefern Technologieunternehmen staatspolitische Aufgaben übernehmen sollen.

Colin Porlezza zeigt in seinem Beitrag auf, wie Facebook in den letzten Jahren zu einem wichtigen Infrastrukturportal für die Verbreitung von Medieninhalten geworden ist. Diese «Medienrevolution» hat zu einer Politisierung des Netzwerks beigetragen. Noch nie wurden uns so viele politische Informationshäppchen in die Newsfeeds gespült, ohne dass wir diese je aktiv aufrufen mussten: «Durch Social Media bekommen mehr Leute etwas von Politik mit, obwohl sie gar nicht danach suchen», schreibt die Publizistikprofessorin Ulrike Klinger.[1] Dass besonders junge Leute damit erreicht und mehr zur Politik getrieben werden, sagt auch die Professorin Helen Margetts. Sie leitet das Oxford Internet Institute. Sie ist überzeugt, dass Social Media sehr kleine Akte der politischen Teilhabe ermöglichen: «Hunderttausende Briten etwa unterschrieben Petitionen, die es Donald Trump verbieten sollten, nach Grossbritannien zu reisen – als Antwort auf seine Ankündigung, alle Muslime von den USA fernzuhalten. So etwas wäre früher für junge Leute viel zu aufwendig gewesen. Social Media macht es einfach.»[2] Die Mediatisierung der sozialen Netzwerke hat auch zu einer Zunahme der «politischen Touchpoints» geführt. Facebook ist zu einem wichtigen Hort der politischen Auseinandersetzungen geworden. Dabei bietet das Netzwerk nicht nur die Architektur für Kampagnen. Es kann durch aktive Eingriffe Tausende von Usern mit wenigen simplen technischen Funktionalitäten für politische Wahlen begeistern. Im Folgenden möchte ich einige Beispiele illustrieren und ihre Bedeutung für die Wahlbeteiligung erörtern.

1   Diese Wahlerinnerung hat aufgrund des Bezugs zum Freundesnetzwerk zu einer hohen Mobilisierung geführt.
    Quelle: Screenshot Facebook

340 000 zusätzliche Wähler

Während der Kongress- und Präsidentschaftswahlen 2010 und 2012 experimentierte Facebook mit einem Wahlaufruf in Form eines Megafons und später einer Sprechblase.[3]

Die Idee dahinter war, sich öffentlich zur Wahl zu bekennen und damit eine Sogwirkung im Freundesnetzwerk auszulösen. Klickte jemand auf den Button und meldete damit an, dass er wählen gehen werde, so erhielten sämtliche Facebook-Freunde einen Hinweis.[4] Um die Wirkung des Hinweises gesondert messen zu können, haben die Forscher bei den Kongresswahlen 2016 zwei Kontrollgruppen beobachtet, die je 600 000 User umfassen. Es handelte sich um zufällig ausgewählte Facebook-Nutzer. Die eine Gruppe erhielt eine neutrale Benachrichtigung ohne die Bilder von Freunden. Eine weitere Gruppe bekam gar keinen Button zu Gesicht. Die Forscher rechneten mit dem bekannten Phänomen des Gruppendrucks: Wenn meine Freunde dieses Tool betätigen, werde ich es ihnen gleichtun. Im Fall der Politik spielt auch die soziale Erwünschtheit eine Rolle. Die Rechnung der Forscher ging auf. Der

Nachahmungseffekt traf ein. In der Studie stellte sich heraus, dass die Nutzer dem «I'm a Voter»-Hinweis viel mehr Aufmerksamkeit schenkten, wenn sie ihn bei Facebook-Freunden gesichtet hatten. Auch teilten sie viel häufiger diesen Status öffentlich auf ihren Profilen. Die Kontrollgruppe ohne Bezug zu Freunden klickte zwar auch auf den Hinweis, jedoch weit weniger häufig als die andere Gruppe. Facebook vermeldete danach, mit seiner viralen Reminder-Funktion «Get out the vote» insgesamt zusätzliche 340 000 Wähler für die Stimmabgabe bei den Kongresswahlen im Jahr 2010 mobilisiert zu haben.[5]

Unabhängig von der Frage, ob die sich zur Wahl bekennenden Personen effektiv dann auch an die Urne gingen, zeigt sich: Einmal mehr wird bei dieser Aktion der Einfluss von Facebook augenscheinlich. 340 000 Stimmen sind natürlich nicht matchentscheidend. Es handelte sich um 0,14 Prozent der Wahlberechtigten. Doch setzen wir diese Zahl in ein Verhältnis zum jüngsten politischen Grossereignis: 80 000 amerikanische Bürger in Michigan, Pennsylvania und Wisconsin entschieden die jüngsten US-Wahlen 2016 zugunsten von Donald Trump.[6]

Es war nicht das letzte Mal, dass Facebook an Experimenten mit politischer Relevanz herumtüftelte. Der Konzern stimulierte auch das politische Interesse seiner User während der Präsidentschaftswahlen 2012, indem er an seinem Herzstück herumschraubte, dem Newsfeed-Algorithmus: Ohne Wissen und Zustimmung der Betroffenen hat das Unternehmen im Vorfeld der US-Wahlen 2012 bei insgesamt 1,9 Millionen Nutzern die Reihenfolge und Gewichtung der angezeigten Inhalte so manipuliert, dass mehr «harte» Nachrichten und weniger persönliche Postings wie Babyfotos zu sehen waren. Nach Angaben von Facebook hätte sich dadurch die Wahlbeteiligung bei den Präsidentschaftswahlen bei dieser Gruppe um 3 Prozent erhöht.[7] Den Beweis blieb das Unternehmen schuldig. Zu wessen Gunsten die Mobilisierung beigetragen hat, darüber schweigt sich das Unternehmen natürlich auch aus. Wie das Experiment angelegt war, ebenfalls. Wissenschaftler können nur rätseln und die Anlage simulieren.

Vervielfachung der Registrierungen für die Wahl nach Einblender
Politisch unverfänglicher, aber nicht weniger relevant war die Registrierungsoffensive im Vorfeld der US-Wahl 2016. Amerikanische Bürger sind

	9/16	9/17	9/18	9/19	9/20	9/21	9/22	9/23	9/24	9/25	9/26
Alabama			389	660	721	954	896	20.246	5.853	2.797	
Kalifornien			6.349	12.438	13.377	16.922	24.168	123.279	43.688	29.256	71.805
Colorado			1.321	2.199	2.374	2.862	2.996	20.172	7.107	3.681	
Connecticut			425					9.805	3.185	1.893	
Delaware				71	92	78	60	549	221	139	
DC			155	64	179	479	255	506	38	152	
Illinois			1.055	1.857	2.055	2.981	2.802	30.218	9.089	5.089	
Iowa						319	441	989	1.286	769	
Louisiana			188	414	518	727	654	8.942	2.811	1.627	
Maryland			867	1.307	1.748	1.634	1.401	11.538	4.247	2.533	6.910
Massachusetts			780	1.449	1.645	2.106	2.276	16.442	5.978	3.620	
Minnesota			588	1.499	1.343	1.953	1.839	26.743	8.788	4.431	10.810
Oregon			575	908	1.044	1.486	2.412	16.147	5.636	3.153	6.646
Pennsylvania			3.929	6.834	6.520	5.825	5.432	21.013	10.559	7.022	7.540
Utah	493	356	384	849				12.819	4.781	2.578	
Washington			680	1.190	1.189	1.487	2.170	12.985	4.504	2.944	1.452

2   Zwischen dem 22. und 23. September spielte Facebook allen US-amerikanischen Usern einen Button zur vereinfachten Wählerregistrierung zu. Die Registrierungen vervielfachten sich danach.
Quelle: Ausschnitt des Centre for Election Innovation & Research, Screenshot

bekanntlich nicht automatisch wahlberechtigt, sondern müssen sich selbst aktiv um ihr Wahlrecht kümmern und sich als Wähler registrieren lassen. Am 23. September 2016 forderte ein virtueller Einblender während vier Tagen dazu auf, sich für die Wahl anzumelden. Dieser wurde laut Facebook ausnahmslos allen US-Usern mit Alter über 18 Jahren angezeigt. In einzelnen Gliedstaaten haben sich nach diesem Datum die bis dahin wenigen Registrierungen verzehnfacht. In Kalifornien fiel der Ausschlag mit einer Verfünffachung beachtlich aus. Insgesamt haben sich in dem Staat 123 279 Personen neu eingetragen oder ihre Daten auf den neuesten Stand gebracht. Das ist die vierthöchste Zahl, seit es dort das Online-Wahlregister gibt.

Alex Padilla, oberster Wahlverantwortlicher Kaliforniens, anerkannte die Bedeutung des Netzwerks: «Facebook hatte einen signifikanten Einfluss.»[8] Ähnlich klingt es auch andernorts: In insgesamt neun Gliedstaaten erwähnten die Verantwortlichen die Rolle des Unternehmens, berichtet die *New York Times*.[9] Die politische Hebelwirkung von Facebook wurde zum ersten Mal breit in den Medien diskutiert.

Swipe the vote

Betreiber anderer Mobile Apps und sozialer Netzwerke kopierten die Idee der Wahlanleitung. Sie erinnerten ihre User an ihre staatsbürgerliche Pflicht. Die Dating-App Tinder bot Wochen vor dem Wahltermin ihren US-Kunden zusätzlich zu potenziellen Dating-Partnern Kandidaten zur Auswahl an.[10] Dieses Mal fielen die Entscheidungen nicht nach ästhetischen Massstäben aus. Angeboten wurden nämlich politische Fragestellungen, je nach Position wischte man in üblicher Tinder-Manier nach links oder rechts. Am Ende erhielten geduldige User die Kandidatenempfehlungen für das Präsidentenamt und den Senat. Zusätzlich wurden Wähler in der Registrierung angeleitet und auch gleich mit dem richtigen virtuellen Schalter verbunden. Auch in der Entscheidungsfindung zum Austritt aus der EU hat Tinder seine britischen User unterstützt. In Kooperation mit Bite the Ballot, einer gemeinnützigen Organisation, die sich für die politische Förderung Jugendlicher einsetzt, hat Tinder in Grossbritannien das Quiz-Tool Swipe the Vote entwickelt. Die Funktion half britischen Usern anhand desselben Themenprinzips, die geeignete Position zum Austritt aus der EU herauszufinden.[11]

Doch keine Applikation war derart aktiv in Sachen politischer Mobilisierung wie Snapchat. Die unter Jugendlichen beliebte Messenger-App stellte die meisten Angebote rund um die US-Wahlen zur Verfügung. Dank einer ausgiebigen Wahlberichterstattung, eigenen Kandidaten sowie der Möglichkeit für die User, sich direkt für die Wahl zu registrieren, konnte das Technologieunternehmen die mediale Adelung «Die Snapchat-Wahl» einheimsen.[12] Natürlich ist diese Aussage angesichts der immer noch sehr niedrigen Wahlbeteiligung der jungen Wähler stark übertrieben.

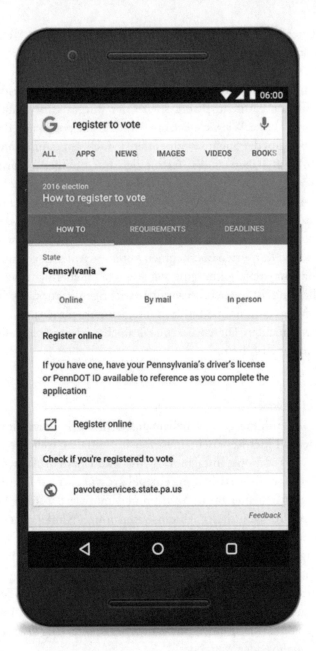

3 Dank der Ortung des Standorts belieferte Google jeden Suchenden mit den richtigen Informationen rund um die Registrierung zur Wahl.
Quelle: Blog.Google/topics/politics-elections

Zu guter Letzt ermutigte auch Google bei den letzten Wahlen zur aktiven politischen Partizipation. Googelte jemand die Stichworte zur US-Wahl, so wurden ihm in einer gesonderten Informationsbox alle Informationen für die Wählerregistrierung eingeblendet, angepasst an den Standpunkt und Aufenthaltsort, sofern der Bürger seine Standort-Ortung aktiviert hatte. Wie viele Personen auf die entsprechende Box klickten, darüber gibt der Suchmaschinenriese jedoch keine Auskunft.

In Zukunft haben es die Technologieunternehmen aufgrund der schieren Masse an Usern noch mehr in der Hand, durch gezielte Eingriffe Wahlbeteiligungen zu beeinflussen – ob durch Einblendung eines Wähler-Megafons oder durch subtilere Formen wie die algorithmische Steuerung, oder durch ganz neue Formate, die wir jetzt noch nicht kennen. Facebook und Konsorten übernehmen mit ihren Anleitungen und Wahlerinnerungen zweifelsohne eine wichtige gesellschaftliche Verantwortung. Allerdings ist fraglich, ob wir diese wichtigen staatspolitischen Aufgaben privaten börsennotierten Technologieunternehmen unkontrolliert überlassen möchten. Diesen Gedanken möchte ich im Folgenden noch etwas genauer ausführen.

Blackbox Facebook

London, im Frühling 2016. Der ehemalige britische Premierminister David Cameron bittet Repräsentanten von 30 zentralen Technologieunternehmen wie Facebook, Instagram, Twitter und Uber zur Audienz.[13] Ziel des Treffens war die Ausarbeitung eines Plans, wie User zur Registrierung für die bevorstehende Brexit-Abstimmung motiviert werden könnten. Die Hauptadressaten dieser Aktion waren junge Wähler. Der Wunsch nach einer aktiven Rolle der Social-Media-Plattformen wurde also «von oben» angeordnet. Und das nicht ohne Hintergedanken: Die Partei von Cameron, die Tories, machte nämlich bisher positive Erfahrungen in der Zusammenarbeit mit Facebook. Sie gewann ein Jahr zuvor bei den Parlamentswahlen 2015 nicht zuletzt auch aufgrund von massiven Investitionen in Facebook-Kampagnen (siehe auch das Kapitel «Big Data im Wahlkampf – Mythos oder Waffe?»).

So verlockend eine Kooperation zwischen Staat und Technologiekonzernen klingen mag: Diese Liaison «für den guten Zweck» ist auch ein Spiel mit dem Feuer. Staaten begeben sich so in neue und oftmals einseitige Abhängigkeiten. Denn gerade Facebook ist und bleibt auch eine Blackbox. Problematisch ist beispielsweise die Selektivität des Politikangebots kurz vor einer Wahl. Der Konzern gibt keine klaren Antworten auf die Frage, wo und weshalb welche Tools in welchem Umfang angeboten werden. Analog zum Facebook-Katastrophentool, mit welchem man Freunde bei Anschlägen oder Naturkatastrophen benachrichtigen kann, wird nicht klar, bei welchen Wahlen welche Formate weshalb placiert werden.[14] Sowohl bei den Urnengängen in den USA als auch bei den nationalen Wahlen in Grossbritannien 2015, Brasilien und Indien 2014 waren die oben genannten Wahlerinnerungen im Umlauf.[15] In vielen anderen Nationen gab es nie einen entsprechenden Button zu sehen. Der Fokus auf die genannten Länder muss in spezifischen Quantitäten begründet sein. Entweder sie sind bevölkerungsreich und haben eine hohe Facebook-Durchdringung, oder sie stellen interessante und relevante Märkte für den Konzern dar. In Indien ist mit Abstand die grösste Zahl von 195 Millionen Usern aktiv (bei einer Bevölkerung von 1,3 Milliarden Einwohnern), in Brasilien gibt es rund 90 Millionen User (bei einer Bevölkerung von 207 Millionen) gemäss Statista.com.[16] Facebook liess zwar verlauten, man werde die Funktion weltweit ausrollen.[17] Dennoch ist nichts über entsprechende Angebote in Russland oder Kanada bekannt, auch von Frankreich war in diesem Zusammenhang nichts zu hören. Der Netzkonzern gewährt bis heute keinen Einblick in interne Entscheidungen. Ausserdem gibt die Firma keine Auskunft über ihre Forschung. Die Experimente werden von hauseigenen Datenwissenschaftlern durchgeführt. Externe engagierte Expertinnen und Experten sind zur Verschwiegenheit verpflichtet.

Problematische Selektivität und Intransparenz

Zu Recht wurde der soziale Riese von den Medien und der Politik deswegen kritisiert.[18] Es ist in der Tat fraglich, ob solche hausinternen «Spielereien» mit potenziellem Einfluss auf den Ausgang einer Wahl durchgeführt werden dürfen. Ein grösserer öffentlicher Aufschrei über das Gebaren von Facebook ist bisher jedoch ausgeblieben. Lieber arrangieren sich hochrangige Politiker mit Zuckerberg, da sie im Netzwerk die Chance sehen, jüngere und politikabstinente Wähler zu erreichen. Solche Kooperationen stehen auf einem wackligen Fundament, gerade weil private Unternehmen bis heute keine Rechenschaft über jene intern durchgeführten Studien ablegen müssen. Mangelnde Transparenz und Nachvollziehbarkeit verunmöglichen eine Begleitung und Einordnung durch Forschung und Medien. Facebook in Zukunft mit noch mehr quasistaatlichen Kompetenzen und Befugnissen auszustatten und zu betrauen wäre daher fatal, weil dies eine noch grössere Machtakkumulation des Konzerns zur Folge hätte. Der Konzern unterscheidet sich in vielen Dingen vom Wesen eines Staats. Die öffentliche Hand dürfte solche Dienstleistungen rund um die politischen Bürgerrechte niemals nur zufällig ausgewählten Bürgern erbringen. Die Regierung kann sich während der Wahlen keine Experimente für ein «besseres Wahlerlebnis» erlauben. Schon gar nicht bei umstrittenen Wahlkämpfen, wo Manipulationen zur Präsenz oder Abwesenheit von ganzen Gruppen führen könnte. Der Staat muss standardisiert funktionieren und verlässlich sein. Doch kein Staat bietet ein eigenes soziales Netzwerk an, das so populär ist wie Facebook. Darin liegt die Macht und Verführungskraft des sozialen Riesen begründet. Und genau diese enorme Macht ist der Grund, weshalb politische Entscheidungsträger sich davor hüten sollten, enge Partnerschaften mit Plattformbetreibern einzugehen. Ein weiteres aktuelles Beispiel, das die Notwendigkeit einer strikten Arbeitsteilung zwischen Staat und Privatwirtschaft aufzeigt: Wie und ob das vom deutschen Bundesjustizminister Heiko Maas beschlossene «Hate-Speech-Gesetz» umgesetzt werden soll, ist zum gegenwärtigen Zeitpunkt noch unklar.[19] Das Gesetz sieht YouTube, Twitter, Facebook und andere Netzwerke für das Löschen von «offensichtlich strafbaren Inhalten» in der Verantwortung. Dies soll innert 24 Stunden nach Eingang einer Beschwerde geschehen. Digitalverbände und auch einige Medien laufen Sturm gegen den Vorstoss. Sie befürchten die Durchsetzung einer «privaten Meinungspolizei». Diese Ängste und die Kritik sind berechtigt. Dennoch hängt alles davon ab, wie das sogenannte Netzwerkdurchsetzungsgesetz im Detail ausgestaltet und umgesetzt wird. Diskriminierende Hasskommentare, Verleumdungen und Morddrohungen sind ein ernst zu nehmendes Problem, über das Technologiefirmen lange hinweggesehen haben. Es gilt, Strafrechtsnormen auch auf sozialen Medien durchzusetzen. Welche Kommentare effektiv dagegen verstossen, muss aber Sache des Rechtsstaats bleiben. Entscheidend wird also sein, ob die Justiz und die Technologieunternehmen gemeinsam klare, öffentliche und für alle Bürgerinnen und Bürger nachvollziehbare und standardisierte Abläufe definieren können. Die Entscheidung über die strafrechtliche Relevanz darf jedoch nicht an ein Unternehmen wie Facebook delegiert werden. Die Plattformbetreiber dürfen in einem solchen Gefüge nur Vollzugskraft sein. Ansonsten wären wir intransparenten Löschverfahren ausgesetzt. Was warum gelöscht wird, würde keiner demokratischen Kontrolle unterliegen. Auch wenn die Aussicht auf eine Erhöhung der Wahlbeteiligung gerade bei jüngeren Zielgruppen verlockend klingen mag: Bevor sich die Politik auf weitere Abenteuer mit sozialen Netzwerken einlässt, müssen zwei fundamentale Bedingungen erfüllt sein. Ein Konzern müsste vollständige Transparenz über die Ausspielung von Funktionen gewähren und die entsprechenden Tools allen betroffenen Usern anbieten müssen, sprich: Es dürfen keine Experimente mehr durchgeführt werden. Ob Facebook sich jemals auf einen solchen Deal einlassen würde, ist fraglich. Das Unternehmen müsste dafür Geschäftsgeheimnisse preisgeben.

In diesem Beitrag wollte ich aufzeigen, wie das grösste soziale Netzwerk bereits heute Tausende von Wählern für nationale Wahlen mobilisieren kann. Der Gigant ist imstande, knappe Wahlergebnisse mit seinen «I'm a voter»-Experimenten zu drehen und zu kippen. Und das Perfide oder Absurde dabei ist: Wir würden es womöglich nicht einmal erfahren, weil Facebook diese Resultate vielleicht gar nie kommunizieren wird. Es ist womöglich nur eine Frage der Zeit, bis der digitale Abstimmungsakt «in Kooperation mit einem Nationalstaat» ins Wahlportfolio des sozialen Riesen aufgenommen wird. Möchten wir wirklich, dass ein Technologieunternehmen E-Voting-Funktionen anbietet? Der Konzern lotet seine politische Macht aus und betreibt Forschung hinter verschlossenen Türen. Mit seiner Initiative internet.org bastelt er an einer Infrastruktur in internetlosen Regionen in Lateinamerika oder Südostasien. Er untersucht, wie er mit eigenen Spielereien die Wahlbeteiligung beeinflussen kann. Doch Experimente mit der politischen Partizipation sind auch Experimente mit unserer Demokratie. Ein Börsenkonzern operiert aus Neugier und Machtstreben quasi «am offenen Herzen». Dieses Gebaren muss gestoppt und reguliert werden. Auch David Cameron kann nur mutmassen, welche Beteiligungseffekte die Plattformen ihm bei der Brexit-Abstimmung im Endeffekt beschert haben. Darüber, in welche Richtung das politische Pendel dank der zusätzlichen Anstrengungen ausgeschlagen hat, können wir nur spekulieren.

Mit dem richtigen Hashtag die Abstimmung gewinnen?

Sarah Bütikofer und Thomas Willi

Am 27. November 2016 haben 45,8 Prozent der Schweizer Stimmberechtigten der Volksinitiative der Grünen, die den geordneten Ausstieg aus der Atomenergie verlangte, zugestimmt. Das war der höchste Ja-Stimmen-Anteil für ein Volksbegehren aus dem linken politischen Spektrum seit 2010. Hat der auf sozialen Medien geführte Abstimmungskampf dazu beigetragen, dass überdurchschnittlich viele Menschen ein linkes Anliegen befürworteten? Dies versuchen wir in dieser Analyse herauszufinden.

Am 27. November 2016 wurde über den Atomausstieg der Schweiz abgestimmt. Knapp 2,4 Millionen Stimmberechtigte nahmen an der Abstimmung teil. Mit einer Mehrheit von 54,2 Prozent Nein-Stimmen wurde die Volksinitiative abgelehnt. Während des Wahlkampfs zur Abstimmungsvorlage nahmen etwa 200 000 Personen auf unterschiedliche Weise auf Facebook an der Debatte teil. Zudem wurden über 13 000 Tweets zur Vorlage in Deutsch und Französisch abgesetzt. Über den Daumen gepeilt hat sich somit rund jede zehnte abstimmungsberechtigte Person im Zusammenhang mit der Abstimmung über den Atomausstieg auf Social Media bemerkbar gemacht. Doch wer ist überhaupt auf sozialen Medien aktiv, und wie funktioniert der Abstimmungskampf in den sozialen Medien? Davon handelt dieses Kapitel.[1]

Die Atomausstiegsinitiative in den sozialen Medien

Mittlerweile sind in der Schweiz rund 3,7 Millionen Personen auf Facebook präsent, das entspricht rund 44 Prozent der Gesamtbevölkerung.[2] Der Kurznachrichtendienst Twitter verzeichnet etwa 700 000 Nutzerinnen und Nutzer. Zur Atomausstiegsinitiative wurden in der Zeit des Wahlkampfs insgesamt 13 243 Tweets mit 1377 verschiedenen Hashtags abgesetzt. Die vier am häufigsten verwendeten Hashtags mit je über 1000 Tweets waren #aai (9273 Nennungen), #atomaus (5329 Nennungen),

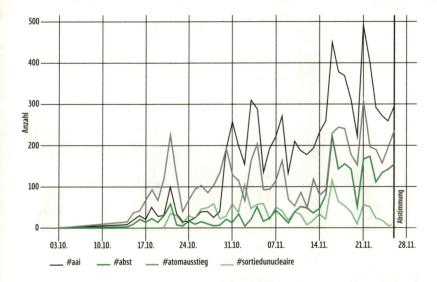

1   Gebrauch der wichtigsten Hashtags während des Wahlkampfs
    Quelle: eigene Darstellung

#abst (2362 Nennungen) und #sortiedu (1429 Nennungen). Während diese Hashtags nicht eindeutig dem JA- oder NEIN-Lager zugeordnet werden können, wurden selbstverständlich auch Hashtags mit klaren Abstimmungsabsichten verwendet (z. B. #atomausstiegja oder #atomausstiegnein). Deren Anzahl Tweets war jedoch deutlich viel geringer (nur jeweils zwischen 100 und 200).

Auch auf Twitter begann der Wahlkampf ungefähr einen Monat vor der Abstimmung (Grafik 1). Interessant dabei ist die Lancierung des Hashtags #aai. Dieser wird zuerst kaum benützt, gewinnt dann relativ schnell an Bedeutung und setzt sich an der Spitze der in diesem Kontext verwendeten Hashtags fest.

Im Zusammenhang mit der Abstimmung gab es 267 Facebook-Posts, davon 122 auf Deutsch und 145 auf Französisch. Die Facebook-Posts führten total zu 1 640 902 Interaktionen von 19 281 unterschiedlichen Nutzern. 177 350 Personen auf Facebook, die auf deutsch- und französischsprachige Posts reagiert haben, können einer Partei, zumindest als Sympathisantin bzw. Sympathisant, zugeordnet werden (Grafik 2). Jede vierte Person, die sich auf Facebook zur Atomausstiegsvorlage äusserte, sympathisiert mit den Sozialdemokraten. Rund 15 Prozent der Interaktionen fallen auf

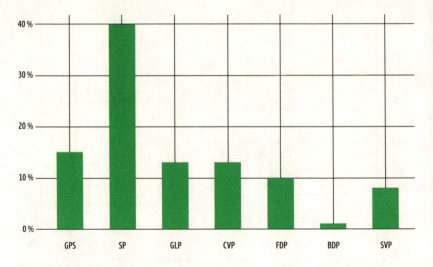

2 Tweets gruppiert nach Parteisympathisanten
Quelle: eigene Darstellung

Parteisympathisanten der Grünen, weitere 13 Prozent auf die der GLP. Sympathisanten der CVP kommen ebenfalls auf 13 Prozent, die der FDP auf 10 Prozent. Die SVP, die grösste Partei der Schweiz, konnte auf Facebook während des Abstimmungskampfs zur Atomausstiegsinitiative hingegen nur wenige Anhänger zu Interaktionen bewegen.

Die Parteien fassten ihre Parolen wie erwartet, d.h., die Initiative wurde von den Grünen, der SP, den Grünliberalen und der EVP unterstützt. Die CVP, die BDP, die FDP, die SVP und die EDU empfahlen die Ablehnung der Vorlage. Allerdings haben sich nicht alle Parteien gemäss ihrer Parole auf Social Media engagiert. Wie eine Auswertung bereits zeigte, haben dafür etliche Parteien durch den Abstimmungskampf zur Atomausstiegsinitiative neue Followers gewonnen.[3]

Auf Facebook unterhielt das Befürworterkomitee eine Seite auf Deutsch[4] und eine auf Französisch[5]. Während des gesamten Monats vor dem Tag der Abstimmung wurden im Durchschnitt auf diesen Seiten vier Beiträge pro Tag veröffentlicht. Das französischsprachige Komitee hat auf 19 Events hingewiesen (deutschsprachiges Komitee: 2), 24 Videos gepostet (32), 55 Links geteilt (43) und 60 Fotos (47) hochgeladen. Der mit Abstand beliebteste französischsprachige Beitrag (oder der am stärksten finanziell unterstützte Beitrag) ist ein Video eines Video-Aktivisten mit 2278 Likes. Der beliebteste deutschsprachige Beitrag ist ein gif der Klimaschützer für den Atomausstieg, das 1808 Likes generierte.[6]

Die Stimmbeteiligung

Die Atomausstiegsinitiative kam am 27. November 2016 als einzige Vorlage zur Abstimmung. Die Stimmbeteiligung lag bei 45 Prozent, was für Schweizer Verhältnisse einem normalen Wert entspricht. Eine VOTO-Studie, die jeweils nach einer Abstimmung erscheint und das Abstimmungsverhalten der Stimmbevölkerung untersucht, konnte zeigen, dass die Anhängerschaft der GLP und der Grünen überdurchschnittlich häufig an der Abstimmung teilnahm. Generell lockte die Vorlage viele Personen aus dem linken politischen Spektrum an die Urne.[7,8]

Bei der Atomausstiegsinitiative zeigte sich zudem, dass die über 60-Jährigen eine deutlich höhere Beteiligung aufwiesen als die jüngeren Stimmbürgerinnen und Stimmbürger. Von den unter 40-Jährigen nahm nicht einmal jede dritte Person am Urnengang teil, bei den über 50-Jährigen hingegen mehr als die Hälfte. Zudem zeigte sich ein relativ grosser Geschlechterunterschied, denn es nahmen deutlich mehr Männer als Frauen an der Abstimmung teil.[9]

Wie sich die Stimmbürger informierten

Über die Aktivität der Stimmbürgerinnen und Stimmbürger auf sozialen Medien liegen keine Daten vor. Wir wissen, wie sich Stimmbürgerinnen und Stimmbürger über Politik informieren und welche Gruppen in der Schweiz in den sozialen Medien präsent sind.[10] Es ist aber nicht möglich, genau zu bestimmen, welche Stimmbürgerinnen und Stimmbürger auf welchen sozialen Medien in welcher Art und Weise aktiv sind.

Bei der Atomausstiegsinitiative haben sich sieben von zehn Abstimmenden vor allem via Printmedien und Fernsehen informiert. Eine von zehn Personen informierte sich vor allem online, zwei von zehn Personen nutzen Online- und Offline-Medien zu ungefähr gleichen Teilen. Ganz allgemein nutzen Herr und Frau Schweizer zur Informationsgewinnung vor Abstimmungen vor allem das Bundesbüchlein und Artikel in Zeitungen (Grafik 3). In der VOTO-Studie werden die sozialen Medien

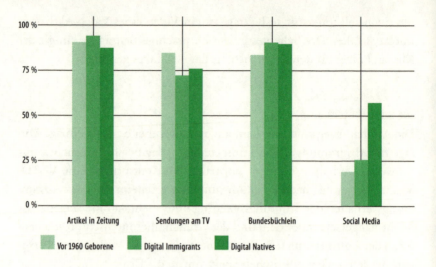

3 Informationsquellen verschiedener Altersgruppen in Prozent
Quelle: Voto[11]

als das Medium genannt, das am wenigsten zur Information genutzt wurde. Allerdings wird in der Studie nicht unterschieden, ob jemand via soziale Medien oder direkt zu einem Zeitungsartikel gelangt. Zudem gibt es starke Unterschiede zwischen den Generationen. Jüngere Stimmbürgerinnen und Stimmbürger informieren sich häufiger über Online-Medien als ältere. Es zeigt sich sogar, dass die Generation der «digital natives» mehr als doppelt so häufig wie die Generation der «digital immigrants» angab, sich auf sozialen Medien über die Abstimmung informiert zu haben.[12]

Die hohe Affinität zu digitalen Medien ist wenig überraschend, denn das Internet ist für die jüngste Generation die wichtigste Informationsquelle überhaupt,[13] wie das Credit Suisse Jugendbarometer 2016 gezeigt hat. Am meisten Zeit wird mit Chat- und Messenger-Apps wie WhatsApp oder auf YouTube verbracht, und jede dritte junge Person in der Schweiz hält sich täglich mindestens eine Stunde auf Facebook auf. Online-Newsmedien oder Twitter stehen bei der jüngeren Generation hingegen weniger hoch im Kurs.[14]

Der Einfluss von Abstimmungskampagnen beim Stimmentscheid

Schweizerinnen und Schweizer werden in der Regel vier Mal pro Jahr an die Urne gerufen, um über politische Vorlagen zu entscheiden. Grundsätzlich haben sie zwei Möglichkeiten, um sich ihre Meinung bezüglich einer anstehenden Abstimmung zu bilden.[15] Zum einen können sie sich auf sogenannte heuristische Hilfen abstützen. Das heisst, sie folgen vielleicht einer Parteiparole oder stimmen so, wie es beispielsweise der Bundesrat oder das Parlament im Abstimmungsbüchlein empfiehlt. Zum anderen können sich Stimmbürgerinnen und Stimmbürger auch selbst eine fundierte Meinung mittels Auseinandersetzung mit dem Abstimmungsgegenstand bilden.

In der realen Welt der Meinungsbildung und Entscheidungsfindung sind diese beiden Formen der Informationsbeschaffung natürlich nicht so leicht zu trennen.[16] Empirische Untersuchungen aus der Schweiz zeigen, dass die Bedeutung der vorgebrachten Argumente in einer Abstimmungskampagne je nach Intensität der Kampagne sowie dem Bekanntheitsgrad der Vorlage variieren.[17] Stimmberechtigte mit bereits stark ausgeprägten Meinungen entscheiden in der Regel systematisch auf der Basis von Argumenten. Stimmberechtigte, bei denen dies weniger der Fall ist, d.h. ambivalente, unsichere, neutrale oder ignorante Personen, verlassen sich eher auf heuristische Strategien.

Für die Meinungsbildung der Stimmbürgerinnen und Stimmbürger spielen deshalb Abstimmungskampagnen eine wichtige Rolle. Während dieser Kampagnen im Vorfeld einer Abstimmung versuchen Parteien, Interessengruppen und andere politische Akteure die Stimmbürgerschaft mit Argumenten und Fakten entweder von einem Ja oder einem Nein zu überzeugen.

Abstimmungskampagnen umfassen die direkte Kommunikation über Plakate, Strassenaktionen von Parteien sowie Regierungsinformationen. Die zentrale Rolle in politischen Kampagnen spielen allerdings die Massenmedien als Vermittler zwischen den politischen Eliten und den Stimmbürgerinnen und Stimmbürgern. Medienschaffende wählen nicht nur die politischen Akteure aus, die in die Berichterstattung Eingang finden, sondern entscheiden auch über die Art und Weise, wie diese dargestellt werden. Darüber hinaus scheuen sie natürlich nicht davor zurück, ihre eigenen Positionen und Ansichten einzubringen.[18] Deshalb waren Medienschaffende auch lange Zeit die wichtigsten Adressaten von

Abstimmungskampagnen. Die Kampagnenverantwortlichen liessen sich häufig von der Frage leiten, wie die Medien die Kampagnenbotschaften wohl aufnehmen und verbreiten würden.[19]

Einfluss und Zusammenspiel von Massenmedien und sozialen Medien

Ganz allgemein betrachtet, konnten empirische Studien bisher aber keine direkten Effekte der Ausrichtung der Medienberichterstattung auf den Stimmentscheid der Stimmbürgerinnen und Stimmbürger nachweisen. Ein Medieneffekt ist äusserst schwierig zu isolieren, denn in der Regel haben finanzielle und politische Faktoren genauso einen Einfluss auf den Verlauf einer Kampagne und letztlich den individuellen Stimmentscheid. Eine jüngere empirische Analyse von Laurent Bernhard zur Unternehmenssteuerreform II lässt allerdings aufhorchen: Daraus schliesst er, dass sich die Stimmbürgerinnen und Stimmbürger auf systematische Weise beeinflussen lassen, wenn sie auf inhaltlicher Ebene mit höchst komplexen und wenig vertrauten Volksabstimmungen konfrontiert sind. Bei leicht zugänglichen Vorlagen scheinen sie hingegen der Macht der Medien zu widerstehen.[20]

Mit dem Aufkommen der sozialen Medien verschieben sich diese Parameter möglicherweise. Denn im Unterschied zur Berichterstattung über Abstimmungskampagnen in klassischen Massenmedien, die vor allem passiv wahrgenommen werden, können Bürgerinnen und Bürger über soziale Medien direkt mit dem Absender einer Botschaft interagieren und dadurch auch die Inhalte der Botschaften auf sozialen Medien mitgestalten. Zudem sind soziale Medien auch für politische Akteure attraktiv, weil sie ihnen ermöglichen, in gewissen Fällen den Weg über die Massenmedien auszulassen, um ihre Botschaften zu verbreiten.

In der Schweiz haben sich innerhalb der letzten fünf Jahre Politkampagnen systematisch und professionell um Social-Media-Elemente erweitert. Schätzungen verschiedener Kampagnenverantwortlicher gehen davon aus, dass mittlerweile rund ein Fünftel des Budgets von Kampagnen in Social Media fliessen und somit dem Dialog und der Interaktion mit den Botschaftsempfängern immer mehr Bedeutung zukommt.[21] Da Social Media insbesondere für äusserst zielgerichtete, sehr individuell zugeschnittene Botschaften geeignet sind, darf davon ausgegangen werden, dass Politkampagnen mittels Targeting isolierte Gruppen von Stimmbürgerinnen und Stimmbürgern – diejenigen, die durch den Abstimmungsgegenstand möglichst direkt betroffen sind – gezielt angehen. Das Targeting, d.h. das zielgruppengerichtete Einsetzen der Finanzen bei politischen Kampagnen, ist in Schweizer Abstimmungskämpfen beim Einsatz traditioneller Mittel längst etabliert (siehe auch Kapitel «Big Data im Wahlkampf – Mythos oder Waffe?»). Denn Investitionen in Abstimmungskampagnen lohnen sich vor allem dort, wo Unterstützung erhofft werden kann: Entweder bei der eigenen Anhängerschaft, Unentschlossenen oder bei Personen, die sich von einer Vorlage besonders betroffen fühlen. Wie eine empirische Analyse von eidgenössischen Kampagnen zu Verkehrsvorlagen zeigte, werden in der Schweiz bei derselben Abstimmung in verschiedenen Regionen ganz unterschiedliche Kampagnenstrategien angewendet.[22] Auch bei der Atomausstiegskampagne zeigt sich dies: Während des Abstimmungskampfs zur Atomausstiegsinitiative erschienen in 55 Schweizer Zeitungen total 974 Inserate, 62 Prozent der Kontra- und 38 Prozent der Pro-Seite. Die Inserate waren aber nicht gleichmässig auf die Regionen verteilt, denn in den Kantonen, die als atomfreundlich gelten, wurde eine viel intensivere Kampagne gegen die Vorlage geführt als in anderen Kantonen.[23]

Was sich in den letzten Jahren ebenfalls verändert hat, ist der Umgang mit Nachrichten. Hier zeigt sich das Zusammenspiel zwischen Massenmedien und sozialen Medien besonders: Zum einen hat eine Individualisierung der direkten Nutzung von Informationsmedien stattgefunden. Zum anderen ist auch eine Zunahme der indirekten Nutzung von Informationsmedien zu beobachten, d.h., dass sich immer mehr Menschen über die sogenannten New Information Intermediaries, also Suchmaschinen, soziale Netzwerke und Nachrichten-Aggregatoren wie beispielsweise die Einstiegsseiten vieler Freemailer, informieren.[24] Diese Entwicklung führt dazu, dass es immer weniger Möglichkeiten gibt, mittels eines einzigen Kommunikationsinstruments einen grossen Teil des gewünschten Zielpublikums zu erreichen.

Werden Andersdenkende im Netz erreicht?
Die Abstimmung über die Durchsetzungsinitiative[25] im Februar 2016 wurde vielerorts euphorisch kommentiert und als Schlüsselmoment für die (durch effiziente Internetkampagnen) wachgerüttelte Zivilgesell-

schaft gefeiert. Eine empirische Untersuchung von Thomas Milic zeigt, dass in der Tat die zusätzliche Mobilisierung bei dieser Abstimmung rund 2 bis 5 Prozent betrug.[26] Das entspricht auch ungefähr dem geschätzten Effekt, den Experten einer gelungenen Kampagne, die neue Technologien, Big Data und zielgerichtete Mobilisierung einbezieht, zusprechen (siehe auch Kapitel «‹Sag mir, wo du wohnst, und ich sage dir, wen du wählst»). Ob diese zusätzliche Mobilisierung auf die Social-Media-Kampagnen mehrerer Gegenkomitees der Durchsetzungsinitiative zurückgeführt werden kann, wissen wir aber nicht. Zudem ist auch nicht bezifferbar, ob diese Kampagnen in den sozialen Medien Andersdenkende erreichten bzw. ob eine gezielte Kampagnenführung über soziale Medien bestehende Präferenzen verändern kann. Es ist aber eher unwahrscheinlich, dass stabile Überzeugungen mittels einer gezielten Abstimmungskampagne «gedreht» werden. Die politischen Präferenzen entwickeln die meisten Menschen im jungen Erwachsenenalter. Diese sind nicht absolut stabil, sondern können sich im Verlauf des Lebens aufgrund von Ereignissen und Veränderungen der Lebenssituation ändern. Auch glauben selbst die jüngsten Stimmbürgerinnen und Stimmbürger, die vor allem in der Deutschschweiz von der Durchsetzungsinitiative überdurchschnittlich mobilisiert wurden, selbst mehrheitlich nicht, dass die Vorlage ohne Nein-Kampagne auf Facebook und Twitter angenommen worden wäre.[27] Ganz allgemein sind jüngere Menschen politisch weniger aktiv als ältere Generationen, auch wenn in der Schweiz über die letzten zwanzig Jahre eine leichte Tendenz zu vermehrter Partizipation festzustellen ist – allerdings in allen Altersgruppen. Dies wird vor allem auf die Polarisierung der Schweizer Politik zurückgeführt.

Der Haupteffekt von Kampagnen generell besteht darin, dass Sachvorlagen unterschiedlich dargestellt werden, wie dies bei der Durchsetzungsinitiative der Fall war. Diese wurde im Verlauf der Kampagne zu einem fundamentalen Entscheid für oder gegen den Rechtsstaat, was zur Folge hatte, dass die ursprüngliche SVP-Deutungshoheit, wonach es bei der Vorlage um kriminelle Ausländer geht, infrage gestellt wurde. Gemäss Milic[28] konnten dadurch vor allem im bürgerlichen Lager viele Personen überzeugt werden, ein Nein in die Urne zu legen, obwohl dieselben Personen 2010 noch ein Ja zur Ausschaffungsinitiative eingelegt hatten. Dieser Wandel geschah sehr wahrscheinlich aber nicht, weil diese Personen plötzlich eine andere Haltung zur Ausweisung krimineller

Ausländer haben, sondern weil die Durchsetzungsinitiative als ein Plebiszit für den Rechtsstaat wahrgenommen wurde.[29]

Bei der Abstimmung über die Atomausstiegsinitiative führten Zweifel über den von der Initiative vorgegebenen Zeitplan zum Atomausstieg sowie die Angst vor Lücken in der Stromversorgung zu einem Nein an der Urne.[30] Es gelangt den Initianten nicht, die Vorlage anders darzustellen und etwa zu einer Abstimmung über die Sicherheit von Atomkraftwerken zu machen, obwohl eine Mehrheit der Schweizerinnen und Schweizer gegen Atomenergie ist und folglich durchaus geneigt wäre, diesbezüglichen Argumenten zu folgen. Die Vorlage mobilisierte das linke Lager (siehe auch Grafik 2). Die Befürworterseite war dabei aktiver auf sozialen Medien als die Gegnerschaft. Der hohe Ja-Stimmen-Anteil für ein linkes Begehren und die deutliche Mobilisierung entsprechender Parteianhängerschaften sprechen auch für eine überdurchschnittliche Beachtung der Vorlage – jedoch nur in Kreisen, die sich ohnehin für die Thematik interessierten. Die Beachtung allein dem Effekt der sozialen Medien zuzusprechen wäre verfehlt und lässt sich mit der verfügbaren Datenlage auch nicht beantworten. Damit bleibt die Social-Media-Kampagne der Durchsetzungsinitiative der vorerst unerreichte Goldstandard.

Personalisierte Social-Media-Kampagnen lohnen sich

Gross war die Euphorie vor einigen Jahren, als das Internet tatsächlich noch Neuland war und alle möglichen (politischen) Hoffnungen erweckte. Mittlerweile hat sich eine gewisse Ernüchterung breitgemacht. Auch mit Internet und Social Media bleibt die Politik eine Angelegenheit, die nur einen gewissen Personenkreis interessiert. Die alten Spielregeln gelten online genauso wie offline. Finanzstarke und gut organisierte Akteure sind auch im digitalen Umfeld im Vorteil.

Das Aufkommen der digitalen Kommunikationsmedien hat zwar vielen politischen Akteuren ganz neue Möglichkeiten eröffnet, Wählerinnen und Wähler schnell zu kontaktieren und zu mobilisieren. Über den diesbezüglichen Erfolg zeigen die durchgeführten Untersuchungen allerdings ein uneinheitliches Bild. Die Möglichkeiten, die das Internet eröffnet, sind sowohl Grund zur Freude als auch zur Besorgnis.[31] Zum einen werden durch die neuen Formate die Nicht-Internet-Nutzer ausgeschlossen. Zum anderen wird der Zustrom jüngerer Kohorten und derjenigen ermöglicht, die traditionelle Partizipationsformen wie Wahlen und Abstimmungen scheuen und auf mehr individualistische, postmaterialistische und kritische Beteiligungsformen wie Proteste, Petitionen und Bürgerbewegungen setzen.

Wir können abschliessend festhalten, dass die entsprechenden Nutzerzahlen den Schluss zulassen, dass in der Schweiz die Möglichkeiten zur politischen Partizipation im Netz, vor allem auf Twitter und Facebook, vorerst von einer überschaubaren Gruppe politisch sehr interessierter Bürgerinnen und Bürger genutzt werden. Zum aktuellen Zeitpunkt ist deshalb davon auszugehen, dass politische Prozesse in der Schweiz bisher nicht durch die Digitalisierung und Social Media in ihren Grundpfeilern verändert wurden – was aber nicht heisst, dass dem in Zukunft nicht so sein könnte.

In der jüngeren Vergangenheit traten einige neue Akteure in der Schweizer Politik auf, die ganz gezielt auf soziale Medien und eine jüngere Zielgruppe setzen (hier sind beispielsweise Operation Libero, easyvote und foraus zu nennen) und mittels multimedialer Formate zu mobilisieren versuchten. Parteien nutzen soziale Medien zwar vermehrt, wenn auch noch zögerlicher, was sicherlich zu einem Teil auch darauf zurückgeführt werden kann, dass die Parteien in der Schweiz institutionell und finanziell im Vergleich zu ausländischen Parteien eher schwach aufgestellt sind. Wir sind daher der Ansicht, dass es sich gerade im schweizerischen Umfeld – mit einem zwar grossen Anteil an potenziell an Politik interessierten, aber nur unregelmässig an Abstimmungen teilnehmenden Bürgern[32] – ganz besonders lohnt, personalisierte, auf spezifische Zielgruppen zugeschnittene Social-Media-Kampagnen durchzuführen.

Der Online-Wahlkampf ist tot – es lebe der Wahlkampf
Martin Fuchs

Gewinnt man mit dem Internet Wahlen? Unser Autor wird ständig von Journalisten mit derselben Frage konfrontiert. Dabei ergibt die Trennung zwischen online und offline längst keinen Sinn mehr. Ein Kommentar zum Bundestagswahlkampf #btw17.

In den vergangenen Jahren haben mir Journalisten sehr häufig zwei Fragen gestellt. Beide könnte ich auch um drei Uhr morgens ohne Probleme schlaftrunken umfassend beantworten. Die Antwortsätze haben sich als eine Art Endlosschleife in meinem Hinterkopf eingenistet. Auch nach unzähligen Interviews scheinen meine Antworten immer noch so neu, dass immer wieder dieselben Fragen folgen. Mit meinen Antworten bin ich trotzdem mit den Jahren immer unzufriedener. Warum dies so ist, soll dieser Beitrag klären.

Welchen Teil des Online-Wahlkampfs sehe ich als Einzelner?

Fangen wir mit den Fragen an: Die erste Frage lautet: «Wie gut finden Sie den Online-Wahlkampf von Politiker A oder Partei B?» Und meist als Interview-Abschlussfrage höre ich: «Wie wahlentscheidend ist denn nun dieses Internet, und kann man damit Wahlen gewinnen?»

Beide Fragen zeugen von einer meist sehr naiven Vorstellung, was denn Politiker da in diesem verrückten «Internetz» so tun. Gerne erkläre ich dann lang und breit, was mir an bestimmten Profilen und Kampagnen gefällt, wo ich eine Strategie erkenne, innovative Ansätze sehe, wo etwas gewagt wird, wo Politiker mutig sind, und natürlich lobe ich das, was ich selber gut finde und in meiner Beratung Politikern empfehle. Da freut sich das Beraterherz, wenn es Ideen und Formate dann auch mal praktisch umgesetzt sieht. Gerade im Vergleich von Parteien und Spitzenkandidaten erkennt man sehr schön die Unterschiede. Nur leider hat das Gutfinden und Loben von innovativen Tools nur sehr wenig mit dem Erfolg und mit der effektiven Mobilisierung und Ansprache der eigenen Wählerschaft zu tun. Denn das, was ich vielleicht richtig und cool finde, sieht der Wähler vielleicht gar nicht, und er muss es erst recht nicht ansprechend finden. Die Kampagne muss zur Zielgruppe der Partei passen und nicht den Zielgruppen der anderen Parteien, Analysten oder gar Journalisten gefallen. Diese Gruppen müssen die Kampagne im besten Fall noch nicht mal verstehen, denn darum geht es nicht. Leider habe ich oft den Eindruck, dass dies oft vergessen wird, wenn man sich über Plakate, Online-Aktionen oder vermeintlich peinliche Tweets lustig macht. Das füllt Zeitungsseiten und generiert Likes auf Facebook, aber den Erfolg und Misserfolg von Kommunikation erklärt es nur in den seltensten Fällen.

In einer sich immer stärker ausdifferenzierenden heterogenen Gesellschaft werden die Zielgruppen immer spitzer und die Kampagnen immer spezieller – auch dank der Möglichkeiten, die die Online-Kommunikation zur Verfügung stellt. Dies zeigt ein weiteres Problem meiner nachgefragten Bewertungen auf. Welchen Teil des Online-Wahlkampfs sehe ich als Einzelner denn überhaupt von aussen? Als Hamburger kann ich die Oberfläche der Landtagswahlkämpfe in anderen Bundesländern online ganz gut beobachten. Aber wenn es um die Sichtbarkeit von Google Ads oder Anzeigen auf Facebook geht, bin ich schon aussen vor, denn keine Kampagne aus Nordrhein-Westfalen wird auch nur einen Cent an mich verschwenden und mich mit ihren Anzeigen in meinem in Hamburg lokalisierten Browser adressieren. Verstärkt wird diese Entwicklung durch einen der stärksten Trends der politischen Kommunikation im Jahr 2017: Die Messengerisierung der Gesellschaft (siehe auch Kapitel «Über die ‹Messengerisierung› der Politik»). Die digitale Kommunikation – nicht nur von politischen Akteuren – wandert immer stärker aus den öffentlichen Bereichen des Netzes in geschlossene Systeme ab. Messenger ist der neue Kommunikationskanal für die Massen, ohne dass die meisten Nutzer dabei das Ziel haben, die Massen zu erreichen, sondern dort mit wenigen, dafür aber intensiv Kontakt zu halten. Aus den manchmal sehr schmerzlichen Erfahrungen der ersten Jahre mit Netzwerken wie Facebook und Twitter und deren öffentlicher Wirkung, aber auch beeinflusst durch die Überwachungsenthüllungen von Snowden und anderen haben viele Nutzer ihre Kommunikation immer stärker in Richtung Messenger verlagert. Die Jugendlichen waren die Ersten, die erkannten, dass Facebook an Reiz verliert, je grösser es wird, je älter es wird und je mehr Lehrer, Eltern oder Grosseltern sich dort rumtreiben. Sie suchten und fanden Instagram, Snapchat und Musical.ly als neue und weniger öffentliche Netzwerke, um wieder unter sich zu sein, aber auch um geschützt ihr digitales Leben auszuleben, ohne später mit den digitalen Erinnerungen an dieses Ausleben erinnert werden zu können. Dazu kam die massive Nutzung von Facebook-Messenger, WhatsApp, Threema und Telegram als kostengünstige und multimediale Alternativen der SMS. In China hat sich rund um den Messenger WeChat ein ganzes digitales Ökosystem entwickelt (siehe auch Kapitel «Katz-und-Maus-Spiele im chinesischen Internet»). Je mehr Kommunikation aber in diesen Systemen stattfindet, umso weniger kann die Öffentlichkeit diese Aktivitäten einsehen und bewerten. Es bildet sich neben den schon heute stark diskutierten Filterblasen der digitalen Welt ein neues Paralleluniversum, in dem extrem viel kommuniziert wird, aber keiner weiss, was genau, ausser natürlich den Betreibern, die mit diesen Daten neues Gold auf dem Werbemarkt schürfen.

Verstärkt wird die Unsichtbarkeit der politischen Kommunikation durch den immer massiveren Einsatz von zielgerichteter Werbung über Social Media und Suchmaschinen. Sogenanntes Microtargeting, also die gezielte Ansprache bestimmter Zielgruppen mit speziellen Botschaften, wird immer beliebter (siehe auch Kapitel «Big Data im Wahlkampf – Mythos oder Waffe?»). Und dafür braucht es keine hochkomplexen psychologischen Wählermodelle, wie diese von der Big-Data-Firma Cambridge Analytica im US-Wahlkampf unter anderem mutmasslich für Donald Trump eingesetzt wurden. Fast alle sozialen Netzwerke bieten bereits heute sehr einfach nutzbare Zielgruppenwerbung an. Effizienter und ohne Streuverluste lassen sich mit keinem anderen Instrument Wähler ansprechen. Sogenannte Dark Postings ermöglichen es, dass die Postings auch nur den Zielgruppen angezeigt werden und gar nicht mehr für die breite Öffentlichkeit einsehbar sind. Schon heute fliessen bis zu 20 Prozent der deutschen Wahlwerbebudgets in Onlinewerbung.[1] Dies kann, sollte die Entwicklung so weitergehen, zu einer wirklichen Gefahr für den demokratischen Diskurs werden. Denn so entstehen immer neue kleinere Diskursarenen, in denen wir uns nicht mehr öffentlich austauschen. Die demokratische Agora geht so verloren, ein Verlust für unsere demokratische Kultur.

Niemand kann mehr auf digitale Instrumente verzichten

Die Frage nach der Relevanz des Online-Wahlkampfs stellt sich meines Erachtens im Jahr 2017 nicht mehr. Das Kommunikations- und Informationsverhalten ganzer Generationen hat sich in den vergangenen Jahren dramatisch verändert. TV-, Radio- und Zeitungskonsum haben stark abgenommen, der Nachrichtenkonsum hat im Gegenzug online stark zugenommen. Das Fernsehen ist zwar weiter die wichtigste Quelle für Deutsche und Schweizer. Aber schon dicht dahinter kommt das Internet, wenn es um Nachrichten geht. Und im Netz rangieren Facebook & YouTube bei der Gesamtbevölkerung schon in der Spitzengruppe der Nachrichtenquellen, unter den 14- bis 29-Jährigen ist Facebook mit weitem Abstand die meistgenannte Quelle für aktuelle Informationen.

Parteien und Kandidaten müssen dort sein, wo die Wähler sind. Und diese sind immer stärker mobil online unterwegs. Es geht also nicht mehr darum, ein wenig online präsent zu sein, sondern die komplette Kampagne muss On- und Offline gemeinsam denken. Mit Online-Kommunikation muss für Offline-Veranstaltungen mobilisiert werden, die Aktivitäten auf der Strasse müssen online in die Breite getragen werden oder wie im Fall der Tür-zu-Tür-Apps online unterstützt werden (siehe auch Kapitel «Sag mir, wo du wohnst, und ich sage dir, wen du wählst»). Online unterstützt offline und umgekehrt. Es gibt keine Trennung der Disziplinen mehr, der Online-Wahlkampf ist tot – es gibt nur noch Wahlkampf.

Diese Erkenntnis macht es mir so schwer, Aussagen über den Anteil des Online-Wahlkampfs am Ergebnis zu machen. Ich glaube auch, dass dies nicht möglich ist. Die Werbewirkungsforschung versucht seit Jahrzehnten erfolglos, Wahlentscheidungen auf bestimmte Instrumente zurückzuführen. Der Ansatz ist in meinen Augen naiv. Eine Wahlentscheidung wird nicht nur auf Grundlage eines wahrgenommenen Plakats am Strassenrand, eines Radio-Spots zwischen zwei Popsongs oder einiger gezielt für mich gesponserter Facebook-Beiträge getroffen. Der Prozess ist wesentlich komplexer und nicht linear nachvollziehbar. Das lässt mich auch entspannt auf die Debatte um Fake News, Social Bots und digitale Manipulation von Wahlen blicken.

Obwohl der Anteil der Online-Instrumente in Zukunft weiter steigen wird und diese sehr gut evaluierbar sind, kann man auf Grundlage der gewonnenen Daten aber weiterhin keine Erkenntnisse daraus ziehen, wie viele Wähler nun aufgrund eines erfolgreichen viralen Postings ihre

Wahlentscheidung für oder gegen den Absender der Botschaft getroffen haben. Schon allein deshalb wird es auch künftig massenhaft Plakate geben (die immer stärker digital eingebunden werden, z.B. durch QR-Codes, Augumented Reality, Shazam), der persönliche Besuch an der Haustür wird häufiger werden und die lineare TV-Werbung nicht aussterben. Der Mix macht's.

Was ich aber definitiv sagen kann: Den Verzicht auf digitale Instrumente kann sich heute niemand mehr erlauben!

Big Data im Wahlkampf – Mythos oder Waffe?
Adrienne Fichter

Viele Medien schenkten Trumps Investitionen in politische Facebook-Kampagnen während des US-Wahlkampfs lange Zeit kaum Beachtung. Zu einseitig schien der Vorteil im Digitalbereich bei Clinton zu liegen. Doch seit der Wahl Trumps rätseln Journalisten: Brachte ihm die gezielte Bearbeitung von Facebook-Nutzern den Wahlsieg ein? Eine Analyse über die Bedeutung von datenbasierten Digitalkampagnen in Wahlkämpfen.

Frühling 2016. Lange Zeit sah es so aus, als ob die Grand Old Party nach dem Technologiedesaster von 2012 ein drittes Mal in Folge den digitalen Wahlkampf verlieren würde. Donald Trump schenkte Daten, Software und Werbung kaum Beachtung. Er betonte oft und gerne, dass er Daten für absolut «überbewertet» halte.[1] Dies zeigte sich bei den personellen Ressourcen: Er heuerte zu Beginn seiner Kampagne gerade mal eine Handvoll von Digitalspezialisten an, was in keinem Verhältnis zu Clintons riesigem Digitalstab stand. Beim Versand von E-Mails an seine Unterstützer stellte Trump sich immer wieder dilettantisch an: Bei einer Kampagne landeten 60 Prozent der versendeten E-Mails einst im Spam-Ordner der Empfänger.[2] Die Belustigung in den Medien und in den sozialen Netzwerken über diese Pannen war gross.

Im Nachhinein stellte sich heraus, dass der ehemalige Immobilienunternehmer die Öffentlichkeit mit seinen Aussagen vermutlich bewusst an der Nase herumführte. Im Hintergrund spielte sich nämlich etwas ganz anderes ab: Trump begann mit einer Big-Data-Firma namens Cambridge Analytica zusammenzuarbeiten. Ausserdem erhielt sein Team Zugang zu den Datenquellen des RNC (Republican National Comittee). Das Wahlkampfteam wuchs während des Sommers auf 100 Mitglieder an, darunter befanden sich Programmierer, Web-Entwickler, Datenwissenschaftler, Grafiker und Werbetexter. Von nun an flossen alle Ressourcen direkt in die Digitalkampage. Treibende Kraft war neben Trumps Schwiegersohn Jared Kushner, der über viele Kontakte im Silicon Valley verfügte, auch Digitalchef Brad Parscale, ein erfolgreicher Unternehmer und Gründer der Marketingagentur Giles-Parscale. Parscales fehlende politische Erfahrung und seine Unvoreingenommenheit gegenüber neuen Methoden bezeichnete er selbst als einen seiner grossen Trümpfe. «Ich habe mich gewundert, weshalb alle Leute sich mit digitalen politischen Werbekampagnen so schwertun», sagte Parscale gegenüber Bloomberg. «Es ist dasselbe Spiel wie in der kommerziellen Welt.»[3] Mit der Datenbank Project Alamo, die sich aus den Informationen der RNC und von Cambridge Analytica speiste, gab Trump 70 Millionen Dollar monatlich für die Bespielung der Facebook-Werbekanäle aus. «Ich glaubte es zuerst nicht, und dann sah ich das Dashboard und die Daten aus erster Hand», sagte Stephen Bannon, vor Kurzem noch Chefstratege des Weissen Hauses und ehemaliger Chefredaktor des Portals Breitbart, gegenüber Bloomberg. Bannon war bis vor Kurzem als Verwaltungsrat der von Trump angeheuerten Firma Cambridge Analytica tätig, die von einem schwerreichen und konservativen Milliardär namens Robert Mercer finanziert wurde.[4]

Zu Beginn der Digitalkampagne ging es darum, Spendengelder zu generieren. Die Ausbeute war beachtlich: Über 275 Millionen Dollar Einnahmen wurden via Facebook generiert.[5] Trumps TV-Erfahrung kam ihm dabei zugute: Als einen seiner wichtigsten Spendenkanäle entpuppte sich Facebook Live, das Livestreaming-Format von Facebook. Er schaffte es, seine Social-Media-Kanäle in eine permanente Reality Show umzuwandeln. Er liess die dritte TV-Debatte auf seiner eigenen Fanpage übertragen und von seinen Fans kommentieren. Mehrere Millionen Personen haben den Livestream auf seinem eigenen Kanal mitverfolgt, was ihm im Anschluss 9 Millionen Dollar Spenden bescherte.[6]

Nachdem er sich seine treue Fangemeinschaft im Netz auf Kanälen wie Twitter, Facebook und Reddit aufgebaut hatte, kam die Demobilisierungsstrategie zum Zug. In den letzten Wochen vor dem Wahltermin verschrieb sich das Wahlkampfteam von Donald Trump nur noch einem Ziel: potenzielle Clinton-Anhänger vom Wählen abzuhalten. Dabei habe man mit drei verschiedenen Narrativen und Motiven experimentiert.[7] Afroamerikanischen Wählern in den Swing States wurden Werbevideos zugespielt, in denen Hillary Clinton schwarze Männer als Raubtiere bezeichnet. Jungen Frauen wiederum zeigte man die Kommentare von Michelle Obama aus dem Jahr 2007 an, in denen sie behauptete: «Wenn du dein eigenes Haus nicht im Griff hast, dann kannst du auch nicht für das Weisse Haus kandidieren.» Eine Anspielung auf die private Geschichte der Clintons. Und in der letzten Wahlkampagne vor dem Wahltag erhielten sämtliche User aus dem «Rust Belt» – Michigan, Pennsylvania, Ohio und Wisconsin – folgendes Bild zu Gesicht: Hillary Clinton als Teil des zu bekämpfenden Establishments, daneben die Aufforderung: «Take back this country for you.» Trump selbst wiederholte diese Anekdoten und Aussagen aus der Vergangenheit bei jedem öffentlichen Auftritt.

Was war die Taktik dahinter? Es ging darum, die Basis der Demokraten derart zu verunsichern, dass sie überhaupt keine Lust mehr hatte, wählen zu gehen. Die Kandidatin sollte mit massgeschneiderten und teilweise frei erfundenen Geschichten diskreditiert werden. Entweder handelte es sich um klassische propagandistische Fake News, oder aber die Inhalte waren aus dem historischen Kontext gerissen. Die Botschaften wurden zugeschnitten auf Affinitäten und Bedürfnisse von Afroamerikanern, jungen Frauen und anderen eher demokratisch gesinnten Wählern in den umkämpften Gliedstaaten. Diese Form des personalisierten Marketings nennt man Programmatic Campaigning, die politische Adaption von Programmatic Advertising. Eine Botschaft oder Nachricht wird in kleine Nano-Nachrichten zerstückelt und für den Empfänger angepasst.

Die meisten Kampagnen konzentrieren sich in Wahlkämpfen auf noch zu überzeugende und mobilisierbare Wahlberechtigte. So werden Streuverluste vermieden. Begrenzte Wahlkampfressourcen lassen sich so gezielt einsetzen. Denn online ist ziemlich alles messbar. Digitale Kampagnen lassen sich daher laufend optimieren. Kandidaten und ihre Teams erfahren in Echtzeit, welche Schlüsselwörter gut ankommen, welche Anzeigeversionen wie oft angeklickt werden, wie lange sie angeschaut und ob sie weiterverbreitet werden. «Programmatic Campaigning dient der Meinungsmache», schreibt Volker Schütz beim Journalismus-Magazin *horizont.net*. «Ganz so wie beim Programmatic Advertising, bei dem eine Werbekampagne in Echtzeit an die Bedürfnisse der Adressaten angepasst werden kann.»[8] Facebook ist dabei nicht die einzige relevante Plattform, die dieses personalisierte Marketing anbietet. Google ist Marktführer in Sachen personalisierte Online-Werbung.

Bezüglich Volumen und Art der digitalen Trump-Kampagne kursierten verschiedene Varianten in den Medien. Laut dem Magazin WIRED testete Digitalchef Parscale mehrere Tausend verschiedene Varianten für

Facebook-Ads (Werbeformate von Facebook) für die Akquise von Spendengeldern. Ausserdem wurden am Tag der dritten TV-Debatte bis zu 175 000 Varianten einer Facebook-Kampagne in permanentem A/B-Verfahren getestet und verglichen, bis die am besten für eine lange Laufzeit geeignete eruiert war.[9] Matt Lira, Chefstratege der Republikaner, war von der Effizienz überzeugt: «Egal wie hoch dein Etat für die Presseabteilung ist, dieses Optimierungslevel an Kommunikation wie bei Facebook erreichst du damit niemals.»[10]

Der Werbeanzeigenmanager von Facebook – ein Selbstbedienungsladen

Doch wie lassen sich diese mobilisierbaren Wahlberechtigten identifizieren? Und was ist mit dieser Facebook-Werbemaschinerie alles möglich? Einer, der das wissen muss, ist Johannes Hillje. Er ist Wahlkampfberater der Grünen Partei im Europaparlament, und er unterstützte im Oktober 2015 auch den grünen Schweizer Nationalrat Bastien Girod bei seiner Social-Media-Strategie für die Ständeratswahlen. Für ihn ist das Anzeigenbuchungssystem von Facebook mittlerweile ein richtiger Selbstbedienungsladen geworden. Laut Hillje gibt es auf Facebook so viele soziodemografische Daten und Parameter wie noch nie zuvor. «Man kann auf Facebook auch die soziale Gruppe ‹Frischgebackene Eltern› eingeben oder ‹Männer, die seit einer Woche vom Urlaub zurück sind›.»[11] Im Rahmen eines Experiments für das Magazin *Der Spiegel* hat er die Möglichkeiten des Werbeanzeigenmanagers demonstriert: Als Hillje «AfD» eingibt, pendelt sich die Zahl der AfD-Interessenten auf Facebook deutschlandweit bei 535 000 ein. Facebook liefert unter «Vorschläge» weitere Stichworte: Pegida, die rechtsextreme Zeitung *Junge Freiheit*, NPD. Nun könnte man junge Eltern gezielt mit AfD-Propaganda angehen, zum Beispiel mit der Behauptung, dass «Asylkosten pro Bürger im Jahr» angeblich gleich viel kosten wie «1405 Windeln fürs Baby». Oder man spricht Frauen an, die sich für Selbstverteidigungskurse interessieren. «Die AfD-Strategen dürfen sich begründete Hoffnung machen, in dieser Zielgruppe Frauen anzutreffen, die Angst vor männlichen Flüchtlingen haben», erklärt Hillje. Die Partei bewirtschaftete die gesamte Bandbreite der Facebook-Angebote besonders intensiv, hat der Politikberater beobachtet. Sie erreiche mitunter Reichweiten wie die *Tagesschau* des öffentlich-rechtlichen Senders ARD.

Ob ein Mensch konservativ oder fortschrittlich ist, eine extreme oder gemässigte politische Position vertritt, lässt sich genauso gut ermitteln wie seine Eigenarten, zum Beispiel, ob er gewissenhaft oder schlampig arbeitet, sagt der Mediensoziologe Volker Grassmuck von der Leuphana-Universität Lüneburg.[12] Facebook weiss auch besser als der eigene Freundeskreis über die sexuelle Orientierung eines Users Bescheid. «Man kann als Homosexueller ein Scheinleben als Heterosexueller nach aussen führen, doch anhand dessen, was man ‹liket›, outet man sich dem Netzwerk gegenüber als schwul oder lesbisch», schreibt Simon Kuper in der *Financial Times*.[13] Facebook bietet mittlerweile viele Datenpunkte an. Mit der richtigen Modellierung lassen sich aus dem Datenuniversum Facebook akribisch genaue Charakteristika eines einzelnen Facebook-Nutzers ableiten. «So wie es sehr klar extreme Positionen gibt, die man herausfinden kann, kann man natürlich auch Personen herausfinden, die vielleicht noch unschlüssig oder unentschlossen sind», sagt der Datenexperte Karsten Schramm im Beitrag «Wahlkampf der Algorithmen» im Deutschlandfunk. Und auch die Mathematikerin, Buchautorin und Kolumnistin Cathy O'Neil weiss: Was eine Userin liket und teilt, könne relativ viel über ihre Person verraten.[14] Und dieses Wissen wird in Zukunft anwachsen. Der Geschichtsprofessor Yuval Noah Harari ist überzeugt, dass wir im Wahlkampf 2020 womöglich eine Big-Data-Dimension der Superlative erleben werden. Die Parteien wissen dann nicht nur, wer die 327 578 Wechselwähler in Pennsylvania sind, sondern auch, wie jeder Einzelne dazu gebracht werden kann, sich zugunsten eines bestimmten Kandidaten zu entscheiden.[15]

Facebook weiss also relativ viel über seine User. Wer zahlt, erhält Zugang zu diesem Wissen. Viel mehr erfahren die Parteien über potenzielle Wählerinnen und Wähler, wenn sie die Facebook-Daten mit ihren eigenen Mitgliederkarteien verbinden. Dies funktioniert folgendermassen: Dank verschiedener Tools von Anzeigenmanagern wie Custom Audience und Lookalike Audience können externe Dateien hochgeladen werden und mit den Facebook-User-Identitäten abgeglichen werden. Gibt es anhand der Mailadressen eine Übereinstimmung, so wird ein «Match» erzielt. Der Werbekunde erfährt mit einem Klick, dass zum Beispiel 70 Prozent seiner Excel-Kontakte sich auf Facebook tummeln. Man erhält so ein Bild in aggregierter und anonymisierter Form über die auf Facebook aktiven Parteimitglieder beziehungsweise weiss, mit welchen

Dingen sie sich beschäftigen. Der Kunde weiss somit, welche Themen sie interessieren, welche Fanseiten sie geliket haben usw. Facebook leitet die Daten zu den Interessen aus dem Klickverhalten seiner User ab. Alle Interaktionen werden aufgezeichnet und ausgewertet. Damit lässt sich ein Werbeprofil erstellen, nicht nur für Konsumgüterfirmen, sondern auch für Parteien.

Die externen Dateien sind wiederum Listen, die die Parteien selbst erarbeitet oder – wie in den USA üblich – eingekauft haben. Von sogenannten Data Brokers. Diese versuchen alle möglichen Daten zu einem Individuum zusammenzuführen. Von Clubmitgliedschaften über Religionszugehörigkeit, Einkaufsverhalten bis zu Zeitungsabonnementen. Data Brokers funktionieren wie «private Geheimdienste», schreibt der Journalist Hannes Grassegger im *Schweizer Monat*.[16] Einer dieser Data Brokers ist die Firma Acxiom. Sie ist einer der global grössten Player in Sachen Datenhandel und Direktmarketing.[17] Gegründet im Jahr 1969, wurde sie genutzt, um Adresslisten von Wählern für die demokratische Partei zusammenzustellen. In den USA war es bereits damals erlaubt, demografische Merkmale wie Alter, Familienstand, ethnischer Hintergrund zu nutzen, um diese an politische Inhalte anzupassen. Spätestens seit dem Wahlkampf Bush gegen Kerry 2004 nutzen beide grossen Parteien Datenbanken mit Merkmalen jedes einzelnen amerikanischen Wählers. Acxiom begann 2004, Wählerprofile an die Republikaner zu verkaufen. Seither ist eine ganze Branche entstanden.

In Europa hingegen ist das Datenbusiness Restriktionen unterworfen. Unternehmen dürfen ohne Wissen und Zustimmung der Betroffenen im Grunde keinerlei persönliche Daten sammeln, sondern nur unter bestimmten Bedingungen und für einen genau definierten Zweck, schreibt Netzforscher und Aktivist Wolfie Christl in der FAZ. Der Programmierer hofft, dass die 2018 in Kraft tretende neue EU-Datenschutzgrundverordnung hier Verbesserungen bringt. In datenschutzrechtlich stärker regulierten Ländern wie Deutschland ist es deutlich schwerer, personenbezogene Daten zu verkaufen. Daten sammeln ist hier mühselige Knochenarbeit: «In den USA kann man Daten zusammenkaufen, in Europa muss man sie mühsam erarbeiten und produzieren», sagt auch Sushil Aerthott im persönlichen Gespräch. Er ist zuständig für Online-Kampagnen beim Schweizer Dachverband economiesuisse. In der Schweiz und in Deutschland sei man als politischer Akteur generell vorsichtiger bezüglich des Zugriffs auf externe Nutzerinformationen von Facebook, wie dies Drittanbieter-Apps meist verlangen. Bei diesen Apps handelt es sich zum Beispiel um Spiele, die eine Registrierung via Facebook-Profil erfordern. Es sind Umfragen oder Quiz à la «Wie viel Italianità steckt in Ihnen?», wie sie den meisten Facebook-Usern bekannt vorkommen dürften. Wer bei einem solchen Spiel mitmachen möchte, ermöglicht nicht nur den Zugriff auf seine eigenen Daten, sondern er «schenkt» die Informationen der Facebook-Freunde gleich mit. Diese wissen allerdings nichts davon und haben dieser Weitergabe nie zugestimmt. So gelangte beispielsweise Cambridge Analytica an die Informationen von Millionen von Facebook-Usern.

Wirkung von Big-Data-Operationen
Womit wir wieder bei Donald Trump wären. Was bewirkten nun die Investitionen in «Project Alamo» wirklich? Die Wirkung dieser digitalen «Unterdrückungsoperationen» in Kombination mit psychometrischen Methoden lässt sich schwer quantifizieren, weil es keine Kontrollgruppen gibt für Vergleiche und weil selbst die Responsivität auf die Anzeigen noch keine Rückschlüsse auf das potenzielle Wahlverhalten zulässt. Das Ausmass der Wirkung des publik gewordenen Big-Data-Einsatzes im US-Wahljahr 2016, beim Brexit und beim britischen Wahlkampf 2015 ist unter Politologen und Datenwissenschaftlern umstritten. Natürlich wird jemand mit einer fundierten politischen Überzeugung auch mit dem Einsatz von vielen Datenquellen nicht einfach seine Meinung um 180 Grad ändern. Hinzu kommt, dass die Werbeinserate klar deklariert werden – im aktuellen Zusammenhang als Wahlkampagne von Trump. Facebook-Nutzer sollten also in der Regel erkennen können, dass es sich um bezahlte Werbebeiträge handelt.

Dennoch gibt es Evidenz, dass dank datenbasierten Microtargetings beispielsweise die Wahlbeteiligung bei bestimmten Gruppen von Menschen systematisch erhöht oder reduziert werden kann.[18] Umfragen zeigen, dass diese Methode des zielgerichteten Diffamierens auf Social Media durchaus wirkungsvoll ist. Denn wenn jemand seine Meinung aufgrund von auf Social Media Gesehenem ändert, dann oftmals in die negative Richtung. Die Forscherin Monica Anderson vom Meinungsforschungsinstitut Pew Research Centre hält im Herbst 2016 in einem

Blogartikel fest: «Personen, die ihre Meinungen über Kandidaten wegen Social-Media-Postings änderten, taten dies meist in die negative Richtung.»[19] Das bedeutet, dass die Affinitäten zu gewissen Kandidaten sich reduziert haben, ohne dass man sich für den Gegenkandidaten erwärmen konnte, dass damit bestimmte Wählergruppen frustriert werden und sich gegen eine Stimmabgabe entscheiden. Genau darum geht es heute oft bei Wahlen. Vor allem bei knappen Verhältnissen konzentrieren sich die Kampagnen darauf, einerseits die eigenen Wähler zu mobilisieren. Das tat beispielsweise das Trump-Lager, indem es auf Facebook Waffenliebhaber mit abgebrochener Ausbildung in den Vororten von Pittsbugh anvisierte.[20] Andererseits wird aber auch versucht, die potenziellen Wähler der Konkurrenz gezielt zu verunsichern, um sie der Urne fernzuhalten. Genau auf diese Demobilisierungsstrategie setzte das Trump-Lager in den umstrittenen Gliedstaaten. Und für diese Art von Demobilisierung könnte sich Microtargeting gut eignen.

Die Trump-Kampagne investierte – im Gegensatz zu derjenigen Hillary Clintons – den Hauptteil ihres Budgets in Internet-Aktivitäten, um 13,5 Millionen Wähler in den 16 «Battleground States» zu überzeugen.[21] Mit der Wahl der sozialen Medien und der zu bearbeitenden User bewies Trump das Gespür für das richtige «Spielfeld». Diese Form der Wählerbearbeitung im Netz setzt Trump aller Wahrscheinlichkeit nach auch während seiner Amtszeit als Präsident fort. Mit der Big-Data-Firma SCL Group, der Mutterfirma von Cambridge Analytica, schloss das State Department im Frühjahr 2017 einen 500 000 Dollar schweren Vertrag ab.[22] Cambridge Analytica wiederum mietete Büroräume gegenüber dem Weissen Haus an, und der Profiling-Service Palantir unterstützt Donald Trump bei der Bekämpfung der Immigration.[23] Gemäss der *Washington Post* soll auch die SCL Group die Trump-Administration bei der «Vermittlung der politischen Agenda» und das Pentagon bei der Gestaltung von «Gegen-Radikalisierungsprogrammen» im Kampf gegen den Terrorismus unterstützen. Es wäre das erste Mal, dass diese neuartigen Formen der Beeinflussung von Bürgern während einer Amtszeit – und nicht nur im Rahmen des Wahlkampfs – in grossem Stil angewendet werden. Die Politik- und Medienwissenschaften haben mit den neuartigen digitalen Manipulationstechniken auf jeden Fall einen spannenden neuen Forschungsgegenstand erhalten.

Wahlsieger: Facebook

Unabhängig davon, wie erfolgreich in Europa die digitalen Kampagnen der französischen Sozialisten oder deutschen Rechtspopulisten ausfallen werden, der Sieger bei allen kommenden Wahlkämpfen steht fest: Er heisst Facebook. Die Politikbranche ist ein neues lukratives Geschäftsfeld geworden für den sozialen Riesen. Eine Milliarde Dollar spülte der US-Wahlkampf auf diese Weise in die Kassen von Facebook und Google.[24] Wir erinnern uns: Facebook-CEO Marc Zuckerberg dementierte im Nachgang der US-Wahl vehement, dass es einen Zusammenhang zwischen dem Konsum von Fake News und dem Wahlsieg von Donald Trump geben könnte. Die Behauptung, dass die auf Social Media beliebten Falschnachrichten die US-Wahl beeinflusst haben könnten, «sei eine verrückte Idee».[25] Er vermied es dabei klugerweise, über den «Elefanten im Raum» zu sprechen: die Rolle von Facebooks Werbemaschinerie in Trumps Digitalkampagne. Zuckerberg würde es nämlich kaum für eine «verrückte Idee» halten, dass der Werbeanzeigenmanager von Facebook mittlerweile so viele Datenkategorien enthält, dass die Lebenssituation einzelner Personen relativ genau erfasst werden könnte. Und dass politische Akteure für den Zugriff auf diese Informationen immer häufiger und tiefer in die Taschen greifen.

Die Binsenwahrheit, die aus den Enthüllungen rund um die Big-Data-Operationen auf Social Media resultiert, lautet nämlich: Facebook erfolgreich zu nutzen, kostet. Ein hartnäckiges Vorurteil im Zusammenhang mit Social Media Marketing lässt sich damit aus der Welt schaffen – nämlich die Auffassung, die redaktionelle Bewirtschaftung der sozialen Medien allein generiere Gratis-Aufmerksamkeit. Der Wettbewerb um das Interesse des verwöhnten Facebook-Publikums ist hart. Die Inhalte verschiedener Fanseiten konkurrieren täglich in einem algorithmusgetriebenen Umfeld miteinander. Aufmerksamkeit muss somit auch im Netz zusehends öfter erkauft werden, dessen sind sich die meisten professionellen Wahlkampfleiter und Kampagnenstrategen bewusst. Der Kampf um die digitalen Werbezonen, die nahtlos in unserem Nachrichtenstrom eingeflochten sind, hat längst begonnen. Bis zum Jahr 2012 war diese enge Verschränkung von redaktionellem Nachrichtenstrom und Werbung noch ein Tabu für Facebook. Dann kam der Börsengang. Investoren und Anleger wollten den Beweis dafür sehen, dass das Geschäftsmodell des kostenlosen sozialen Netzwerks funktioniert. Sie verlangten mehr Werbeeinnahmen. Der Konzern lancierte viele neue Werbeformate, eine Mehrzahl davon ausgerichtet auf Smartphones. Doch viele User erkennen die als Werbung deklarierten Postings auf den kleinen Bildschirmen kaum, schreibt die *Financial Times*. Redaktionelle und bezahlte Beiträge sind im Newsfeed fast nahtlos miteinander verquickt.[26]

«Sprechen Sie genau die Personen mit relevanten Botschaften an, bei denen diese am besten ankommen», steht auf der Unterseite politics.fb.com mit dem Titel «Find your voters on Facebook». Dort bewirbt Facebook alle Kampagnenangebote und dokumentiert seine «Success Stories» der Politik. So zum Beispiel die erfolgreiche Wiederwahl des US-Senators Pat Toomey in Pennsylvania im Wahljahr 2016, der das ganze Anzeigen-Portfolio einkaufte. Das gefiel natürlich Facebook. Das Netzwerk reklamiert indirekt die Wiederwahl für sich. Und präsentiert lauter Zahlen auf der Seite: Toomey hätte vor allem bei der Altersgruppe 55–64 gepunktet. 20 Prozent der User hätten die Wahlabsicht geäussert, Toomey zu wählen. «Mit den Zielgruppeneinstellungen von Facebook konnten wir 1,2 Millionen User genau ansprechen, was eine höhere Wahlabsicht zur Folge hat im Vergleich zur TV-Werbung.»[27]

So lautete das Testimonial von Amanda Bloom von Bask Digital Media, die den digitalen Wahlkampf von Toomey betreute. Immer mehr Marketingexperten sind davon überzeugt, dass die zielgruppenspezifische Ansprache im Netz effektiver und billiger sei als TV-Werbung, die an eine unspezifische Öffentlichkeit adressiert ist. Wie sich die Wahlabsichten dieser Altersgruppe genau geäussert haben und wie die Interaktion zwischen angesprochenen Usern und Werbeanzeige ausgesehen hat, darüber verlieren Facebook und die Wahlkämpferin Toomeys jedoch kein Wort. Es ist ausserdem fraglich, wie die genannten Metriken zu werten sind: Dient eine höhere Klickrate oder niedrigere Abbruchrate beim Konsum von Videos tatsächlich als Indikator für eine positive Beurteilung? Natürlich dürfen diese Kennzahlen nicht mit Zustimmung zum Kandidaten gleichgesetzt werden. Dennoch lassen hohe Aufrufzahlen auf ein gewisses Interesse schliessen.[28]

Der erste richtige Big-Data-Wahlkampf: Die Unterhauswahlen 2015

Facebook wirbt in seinen digitalen Broschüren auch noch mit einer anderen Erfolgsgeschichte für seine Tools: mit den Parlamentswahlen in Grossbritannien 2015.[29] Auch hier behauptet der soziale Riese von sich, der zielgerichtete Einsatz von politischen Anzeigen sei matchentscheidend für den Wahlsieg gewesen. Dieses Vorzeigebeispiel ist deswegen interessant, weil es von den Medien lange Zeit nicht beachtet wurde. Die Wahlen im Britischen Königreich lassen sich in der Tat als erste richtige Social-Media-Wahl in Europa titulieren. Hier wurde zum ersten Mal digitales Marketing im grossen Stil angewendet. Auch spielte Facebook wieder eine entscheidende Rolle, nicht zuletzt aufgrund des politischen Werbeverbots im Fernsehen. Das soziale Netzwerk zählte damals ungefähr 32 Millionen britische Nutzer. Für die absolute Mehrheit brauchte die Konservative Partei 23 weitere Sitze. Damit diese Klientel in den entscheidenden Wahlregionen spezifisch angesprochen werden konnte, wurden grosse Summen für Facebook-Ads und Postings ausgegeben. Davon zeugt eine von der BBC veröffentlichte Rechnung. Im Frühjahr 2015 machte der staatliche Sender Überweisungen der Konservativen von monatlich 100 000 Pfund an die Facebook-Zentrale publik.[30] Insgesamt 1,2 Millionen britische Pfund liessen sich die Konservativen die Facebook-Kampagnen kosten, sechsmal so viel wie die Labour-Partei mit rund 22 000 Pfund Ausgaben. Dabei investierten die Tories 3000 Pfund pro Kandidat und Wahlkreis. Ähnlich wie die Trump-Kampagne setzten die Konservativen dabei vor allem auf Demobilisierung und Negative Campaigning. In den Werbeanzeigen wurde vor einem wirtschaftlichen Desaster gewarnt, das eine nach links gerückte Labour-Partei in Koalition mit der SNP aus Schottland anrichten würde, angepasst an Geschlecht, Alter, Interessen, Wahlbezirk und Wohlstand der jeweiligen Region.[31] Eine interne digitale Sondereinheit der Partei konzentrierte sich bei der Auslieferung der Werbeanzeigen auf diejenigen Stimmberechtigten, die in den am härtesten umkämpften Wahlbezirken lebten. Um E-Mail-Adressen zu gewinnen und mehr über die Prioritäten der Wähler zu erfahren, verwendete man Werbepostings, die mit Umfrage-Apps zu massgeschneiderten Zielseiten führten. Ein ähnliches Verfahren, wie es später die Firma Cambridge Analytica anwendete. Das Resultat laut Facebook: «Durch die Targeting-Möglichkeiten konnte die Partei 80,56 Prozent der Facebook-Nutzer in denjenigen Wahlbezirken erreichen, in denen die entscheidenden Sitze geholt werden konnten. Die Tories konnten es als erste europäische Partei trotz fehlenden zentralen Wählerregisters mit der Datenqualität und dem Know-how der US-Parteien aufnehmen», resümierte der Politologe Nick Anstead.[32] Die Labour Party verfügte zwar über die grössere Zahl von gleichgesinnten Followers und Fans. Doch setzte sie bei ihrer Social-Media-Strategie auf redaktionelle «Massenware». Inhalte wurden kaum zielgruppenspezifisch ausgespielt. Es sei wohl tendenziell schwieriger für eine Partei mit eher historisch gewachsenen Traditionen, in der Kampagnenarbeit auf neue, datenbasierte und individualisierte Techniken umzusteigen, hält der britische Politologe Nick Anstead fest. Ganz anders die Tories, die eher elitäre Organisationsstrukturen aufweisen und mit Topkadern aus dem Silicon Valley an der Spitze stark in die individualisierte Wähleransprache im Netz investierten. Craig Elder, der Digital Director der Konservativen Partei der Wahlkampagne 2015, tritt in der Facebook-Broschüre als Werbebotschafter auf: «Dank der umfangreichen Targeting-Möglichkeiten von Facebook können wir zum ersten Mal sagen, dass der digitale Aspekt einen nachweisbaren Unterschied ausgemacht hat.» Ob die Konservativen die umkämpften Wahlbezirke wirklich dank jener Investitionen gewonnen haben, wie es Facebook und die Tories postulieren? Ein solcher suggerierter Kausalzusammenhang ist haltlos, weil viele andere relevante Faktoren ausgeklammert werden, wie die Medienberichterstattung oder andere Massnahmen von Kampagnen (siehe auch Kapitel «Mit dem richtigen Hashtag die Abstimmung gewinnen?»). Allein der Glaube daran mag vielleicht zu einer selbsterfüllenden Prophezeiung geführt haben. Zumindest hat er die Kasse der Zentrale in Menlo Park mit grosszügigen Überweisungen befüllt. Ein Jahr später führte ein anderes Grossereignis zu weiteren grosszügigen Transaktionen von London nach Kalifornien: der Brexit.[33] Über 98 Prozent des Budgets hat die Leave-Kampagne allein in digitale Werbung investiert. Dies rief nun die Datenschützer auf den Plan. Im März 2017 begann die britische Datenschutzbehörde ICO gegen die involvierte Firma Cambridge Analytica zu ermitteln. Der Verdacht: Persönliche Daten könnten vom Pro-Brexit-Lager widerrechtlich verwendet worden sein – um Wähler zu beeinflussen. Das britische Datenschutzrecht erlaubt nur die Ansprache von anonymisierten Gruppen, einzelne User dürfen nicht identifizierbar sein. Facebook wähnt sich bei der Untersuchung auf der sicheren Seite, man handle gesetzeskonform.

«Niemals werden einem Werbetreibenden Daten auf Einzelpersonenebene angezeigt», sagte Anika Geisel von Facebook Berlin auf meine Anfrage.

Der britische «Watchdog», die Datenschutzbehörde, wird auch ein Auge auf die Parlamentswahlen vom 8. Juni 2017 werfen, denn es gibt Anzeichen für weitere Digitaloffensiven. Premierministerin Theresa May engagierte mit Jim Messina den Kopf hinter Camerons digitaler Kampagne von 2015.[34] Messina war ausserdem Chefstratege von Obamas Kampagne 2012. Messinas Verpflichtung zeigt, dass May ebenfalls stark auf Social Media setzen wird. Es scheint, als ob die Konservativen wieder mit derselben Taktik wie vor zwei Jahren operieren. Mit falschen Behauptungen zielen sie auf den Parteivorsitzenden von Labour. Motive erster Kampagnen sind bereits ans Tageslicht gerückt. In einer Werbekampagne sehen Facebook-User ein Video, in dem Jeremy Corbyn die Terrororganisation IRA bagatellisiert. Die Aussagen sind laut dem *Guardian* aus dem Kontext gerissen.[35] Auch die Partei von Jeremy Corbyn hat ihre Lektion von 2015 in Sachen Digitalwahlkampf gelernt. Laut der *Financial Times* hat Labour eine neue Software namens Promote entwickelt und mit der Datenbank der Partei verknüpft.[36] Mit diesen Informationen, gepaart mit Facebook-Daten, sollen Profile von potenziellen Labour-Wählern anvisiert werden. Je nach Alter, Lebenssituation, Vorlieben, Wohnort und anderen Affinitäten erhält man eine andere Kernbotschaft der britischen Sozialdemokraten angezeigt. Über 1000 unterschiedliche Variationen in Form von gesponserten Postings möchte das Digitalteam dabei permanent testen, sagen Insider der Partei. Inhaltlich werde die Person Theresa May ignoriert, nur 9 Prozent der 136 ausgespielten Werbevarianten befassen sich mit der amtierenden Premierministerin. Die britischen Sozialdemokraten visieren mit ihrer Kampagne ältere Frauen an und drohen mit der Kürzung von Renten, würden die Tories weiterhin in der Regierung bleiben, will die *New York Times* herausgefunden haben.[37]

Die Crux bei einem solchen Szenario: Ob diese vollmundig angekündigte Facebook-Bespielung eintreffen wird und in welchem Ausmass, werden wir vermutlich nicht erfahren. Denn woher soll ich wissen, welche Werbeanzeigen meinen Freunden zugespielt werden, wenn wir uns nicht aktiv über das Gesehene austauschen (eine kritische Diskussion zu diesem Thema führe ich im Kapitel «Ich sehe etwas, das du nicht siehst»).

It's the message on social media, stupid!
Wird in Zukunft also gewinnen, wer über die richtigen Daten und beste Software verfügt? Die Antwort darauf lautet Nein. Dies lässt sich – nicht ohne Ironie – mit der perfekten Datenmaschinerie der Demokraten begründen. Das Clinton-Team stand dem in Sachen Wählervermessung in nichts nach. Im Gegenteil. Nach Meinung vieler Experten führte Hillary Clinton eine Kampagne nach Drehbuch. Auch wenn die Meinungen über die Qualität der Daten parteiintern auseinandergingen, so war das Demokratenlager mit viel mehr Ressourcen und professionellem Knowhow ausgestattet.[38] Sie beschäftigte über 100 Datenspezialisten in ihrem Team. Sie gewann alle TV-Debatten, überzeugte beim Parteitag, holte mehr Spendengelder rein und schaltete viel mehr Werbung. In den 13 umkämpften Staaten hat die Clinton-Kampagne laut dem Nachrichtenmagazin *Spiegel* überall Wahlkampfbüros aufgebaut.[39] Trump verfügte nur über einen Bruchteil dieses Personals und dieser Infrastruktur. Weshalb wird dennoch immer wieder vom Scheitern der Digitalkampagne Clintons gesprochen?

Die Daten sorgten zwar für Effizienz, sie reichten aber allein nicht aus. Was fehlte? Werfen wir dafür nochmals einen Blick zurück in die Geschichte der Demokraten, um das fehlende Etwas zu eruieren: Mittels Technologien und unkonventioneller Methoden gelang es der Partei in den letzten Jahren, Spendengelder zu generieren und Unterstützer im Netz zu gewinnen. Die Demokraten setzten in den letzten Jahren neue Massstäbe im Einsatz von sozialen Medien. Das «Game» der quantitativen Kampagnenkultur wurde von Barack Obama, dem Social-Media-Präsidenten schlechthin, erfunden. Doch den Grundstein für die technologische Vorherrschaft der Demokraten legte ein anderer: Howard Dean. Obamas Wahlkampfteam konnte auf die aufgebauten Strukturen und das Vorwissen der Dean-Kampagne 2004 zurückgreifen.[40] Die demokratische Partei arbeitete dafür mit einem zentralen Dienstleister zusammen, der aus unterschiedlichen «Voter Files» von US-Behörden eine zentrale Datenbank zusammenstellte. Insgesamt 300 Personen, darunter viele Köpfe, die direkt aus dem Silicon Valley rekrutiert wurden, arbeiteten mit neuesten Statistikmethoden und sozialpsychologischen Erkenntnissen. Einige Mitglieder gehörten einer Art Sondereinheit an, die The Cave genannt wurde.[41] Sie entwickelte das Programm «Narwhal», mit dem das geräteübergreifende Surfverhalten von Social-Media-Fans analysiert werden konnte.⁴² Dieser grosse technische Aufwand liess sich nur dank hoher Kampagnenbudgets stemmen. Vier Jahre später konnte die Clinton-Kampagne vom aufgebauten Datenstamm profitieren. Auch sie lancierte massgeschneiderte Mikrokampagnen, um die potenziellen Wählerinnen und Wähler zur Abgabe ihrer Stimme zu bewegen. Laut Robby Mook, dem ehemaligen Wahlkampfmanager von Hillary Clinton, wurden 30 Prozent in Online-Werbung investiert. Das sind 10 Prozent mehr als bei Obama. Clinton wiederum bestätigte im April 2017, dass sie ihre gesamten E-Mail-Listen wiederum dem Democratic National Commitee vermache.⁴³ Das Vererben von Daten, des Wissens und natürlich auch des Personals hat somit fast eine Tradition bei den Demokraten. Diese quantitative Kampagnen-Kultur fehlte den Republikanern und auch Donald Trump.⁴⁴ Die Geschichte der Republikaner beim Einsatz von Daten und Technologien war eher von Pannen begleitet. Der republikanische Kandidat von 2012, Mitt Romney, war Opfer parteiinterner Rivalitäten, die den Aufbau einer eigenen funktionsfähigen Datenbank und Technologie behinderten. Er scheiterte mit «Orca», dem Pendant zum demokratischen «Narwhal».⁴⁵ Am Wahltag versuchte das Romney-Team mit der Software in Echtzeit unentschlossene Wähler in den Swing States mittels freiwilliger Wahlkämpfer zu mobilisieren. Doch Orca stürzte mehrfach ab, den Republikanern entgingen dadurch laut eigenen Angaben Tausende von Stimmen.⁴⁶

Das Clinton-Lager verfügte somit über beste technische Voraussetzungen im Digitalwahlkampf. Was fehlte nun? Es ist relativ simpel: die Geschichte, die man gerne freiwillig auf seinem Profil teilt. Die Technik allein kann diese nicht erzeugen, im Gegenteil: Mit ihren rein datenlastigen Wahlkampagnen schaufeln sich die Demokraten bald ihr eigenes Grab, monieren verschiedene parteiinterne Kritiker. Man habe die falschen Lehren aus dem Sieg Obamas aus dem Jahr 2008 gezogen, schreibt Marketingexperte Dave Gold in einem Artikel für das Web-Magazin *Politico*.⁴⁷ Die Demokraten hätten in den letzten Jahren jegliche Forschung der kognitiven Linguistik und politischen Psychologie ignoriert. Diese habe aufgezeigt, wie man erfolgreich emotionale Geschichten erzählt. Stattdessen lenkten die Demokraten alle Ressourcen in datengetriebene statt in botschaftsgetriebene Kampagnen. Ein verheerender Fehler, der nicht erst 2016 zu einem verlorenen Sieg geführt habe, schreibt Gold. Bereits 2010 bei den Kongresswahlen habe dieser teils technisierte blutleere

Wahlkampf viele Sitze gekostet, die man hätte gewinnen können. Mit dieser Einschätzung ist Gold nicht allein. «Die Liberalen sind gut darin, Technologien zu nutzen, aber die Konservativen wissen, wie man eine starke Botschaft verbreitet», sagt Nicole Hemmer, Politikwissenschaftsprofessorin der Presidential Studies des Miller Centers.[48] Eine ehemalige Wahlkämpferin des Obama-Teams erachtet die Technologien gar als Fluch. Kate Albright-Hanna schrieb in einem Essay, dass Big Data den Spirit der Obama-Bewegung sogar gekillt habe. «Ein Geschöpf namens ‹Digital› wurde geschaffen. Es war blutleer, technokratisch und bestand nur aus Daten.»[49] Wenn die Botschaft nicht bei den Leuten ankomme, nützten auch all die Ausgaben in Technologien nichts, sagte Mike Murphy, der Koordinator der millionenteuren Kampagne des ebenfalls glücklosen republikanischen Kandidaten Jeb Bush, gegenüber dem Webmagazin *The Atlantic*.[50]

In der Tat: Donald Trump bot mit seinem Twitter-Bombardement täglich visuell starke Narrative an: eine Mauer aufbauen, die Freihandelsabkommen kündigen, Muslime vom Land fernhalten und der Hinweis auf seinen Reichtum als Beweis für Kompetenz und Wissen, wie die Wall Street zu bändigen sei. Seine Forderungen «Build a wall!», «Drain the Swamp», «Crooked Hillary» und «Make America Great Again» verbreiteten sich wie ein digitales Lauffeuer (zur Viralität dieser Memes siehe auch das Kapitel «Die Alt-Right und die Eroberung des sozialen Netzes»). Gekoppelt mit der perfiden Demobilisierungsstrategie gegen Hillary Clinton und zirkulierenden Fake-News-Geschichten wurden sämtliche Facebook-User dauerbeschallt. Seinen Botschaften konnte man sich auf keinem Kanal entziehen. Sie stiessen ausserdem auf mehr Resonanz als diejenigen seiner Kontrahentin. Seine Tweets wurden dreimal so oft retweetet und seine Postings fünfmal so viel geteilt wie diejenigen von Hillary Clinton.[51]

Bildstarkes Material lieferte auch der in den Vorwahlen ausgeschiedene Kandidat Bernie Sanders. Er sprach unablässig vom betrogenen und korrupten System und den gierigen Banken. Amerika brauche eine politische Revolution, um mit dem Status quo zu brechen. Die Wall Street und die Reichen müssten endlich ihren Steueranteil zahlen. Die Sanders-Bewegung wollte diese Revolution der Zukunft mit dem erfolgreichen Hashtag #Feelthebern auslösen. Donald Trump stand hingegen für eine verklärte Vergangenheit mit «Make America Great Again». Beide,

Sanders und Trump, versinnbildlichten mit ihren Metaphern und Symbolen die Zukunft oder die Vergangenheit. Es war der perfekte emotionale Stoff für Social Media. Die Botschaften verfingen und wurden massenhaft immer wieder verbreitet und kommentiert, weil sie für Aufbruch und Nostalgie standen, sagt Dr. Ken Cosgrove, Professor des Department of Government der Suffolk Universität in Boston.[52] Hillary Clinton hingegen, die für grosse Teile der amerikanischen Bevölkerung den Status quo und Kontinuität verkörpert, vermochte mit der Kampagne #ImwithHer nur wenig Ebenbürtiges zu vermitteln. Die absolute Fixierung auf ihre Person stand im Zentrum. Entweder man bekannte sich als Demokrat auf Social Media explizit zu ihr, oder man schwieg.

Eine hohe Datenqualität und ihr geschickter Einsatz reichen also nicht. Es kommt auch auf die richtige Botschaft an. Microtargeting hilft lediglich dabei, eine starke Botschaft gezielt dorthin zu führen, wo sie am besten ankommt. Das vorläufige Fazit also lautet: Beim Einsatz von Daten und Technologien im Wahljahr 2016 waren beide Parteien gleichauf. Das Clinton-Lager bearbeitete die Wähler digital mit hochkarätigen Datenprofis sogar noch intensiver. Clintons Kampagne war fast perfekt. Sie verfügte über viele Daten, die Infrastruktur, das Budget und konnte auf das Vorwissen ihres Vorgängers bauen. Es fehlte nur eine wichtige Zutat: die virale Geschichte.

In Zukunft werden wir noch viel mehr solcher digitalen individualisierten Marketinginvasionen in Kombination mit öffentlichen verlautbarten Narrativen auf Social Media erleben. «Was auch immer du über die beiden dominanten Parteien denkst, keine von ihnen hat das ‹Monopol der Wählermanipulation›, und keine kann es für sich beanspruchen», schreibt O'Neil.[53] Künftig werden die Big-Data-Strategien auf beiden Seiten – bei Republikanern und Demokraten – noch schmutziger ausfallen. Wir dürfen uns somit auf weitere digitale Schlachten bei den Kongresswahlen 2018 gefasst machen (die daraus resultierende Problematik für Medien, Politik und Demokratie thematisiere ich im Kapitel «Ich sehe etwas, das du nicht siehst»).

«Sag mir, wo du wohnst, und ich sage dir, wen du wählst»

Adrienne Fichter

2017 spielte Big Data in Tür-zu-Tür-Wahlkämpfen eine grosse Rolle. So auch beim Aufbau und Wahlkampf der neuen Bewegung «En Marche!» des französischen Präsidenten Emmanuel Macron. Hinter den Kulissen zog das Unternehmen «Liegey Muller Pons» von Guillaume Liegey die Datenfäden. Ein Gespräch mit dem Politikunternehmer über die Bedeutung von Daten, Technologien und den persönlichen Kontakt mit dem Wähler.[1]

Verschiedene Studien zur Wirkung von Wahlkampftechniken zeigen: Der wirksamste Hebel bei Kampagnen sind persönliche Gespräche zwischen Wahlhelfern und Bürgern vor Ort.[2] Hier lassen sich bisher noch unentschlossene oder bereits überzeugte Bürger am ehesten für die Wahlen mobilisieren. Diese Gesprächsdisziplin wurde in den letzten Jahren dank neuer Technologien in den USA immer mehr auf Effizienz getrimmt. Mit Big Data können die Erfolgsaussichten bei Hausbesuchen berechnet und vorhergesagt werden. Dies läuft folgendermassen ab: Die Freiwilligen der Parteien lassen sich die zu besuchenden Adressen via App auf den Smartphones anzeigen. Wenn gewünscht, findet der Wahlhelfer passende Formulierungsvorschläge für die geschickte Ansprache eines konkreten Haushalts. Angeklopft wird nur bei den Bewohnern, die für die Botschaften der Partei als empfänglich eingestuft werden. Nach erfolgtem Kontakt mit den Bewohnern hakt der Freiwillige die Adresse mit einem Smiley ab. Dieser Prozess lässt sich rituell täglich wiederholen und dank der technischen Hilfsmittel zusehends optimieren. Online-Instrumente und neue Datenquellen verbessern somit ironischerweise auch die Offline-Mobilisierung.

In den Medien wurden in diesem Zusammenhang besonders die digitalen Arbeitsinstrumente des Trump-Teams gelobt. Mittels einer App konnten Wahlhelfer erkennen, welche politische Einstellung und welchen Persönlichkeitstyp die Bewohner eines Hauses haben. Wenn seine Leute also an einer Tür klingelten, dann nur bei «Trump-affinen» Haus-

1 Guillaume Liegey
Quelle: Pressematerial

halten.³ Mit solchen Verfahren operierte aber angeblich auch der Digitalstab von Hillary Clinton. Unter der Leitung der ehemaligen Google-Ingenieurin Stephanie Hannon und des Statistikers Elan Kriegel wurde die Datendisziplin gar perfektioniert: Kriegel rechnete akribisch anhand des «Ada-Algorithmus» (in Anlehnung an die Mathematikerin Ada Lovelace), welche Gehschritte sich bei persönlichen Tür-zu-Tür-Gesprächen – auch Canvassing genannt– für freiwillige Clinton-Wahlhelfer überhaupt lohnen.[4] Im Wahlkampf 2008 klopften die Helfer der Demokraten in vier von zehn Fällen an die Haustür von potenziellen Obama-Anhängern. 2012 war die Quote neun von zehn Treffer. Der datengestützte Tür-zu-Tür-Wahlkampf und allgemein die «Get out the vote»-Mobilisierung gilt als der politische Volkssport, den die Amerikaner seit je beherrschen.[5]

Dieser Canvassing-Trend schwappt nun auf Europa über. Tür-zu-Tür-Wahlkämpfe sind mittlerweile auch in Frankreich, England und Deutschland ein effektives Mittel der Wahlmobilisierung geworden. Die Parteizentralen beginnen auch hier auf professionelle Software für die Organisation der Wähleraktivierung zu setzen, wie beispielsweise auf die Technologie der Firma von Guillaume Liegey. Sein Unternehmen «Liegey Muller Pons» unterstützt mit seinem Tool «Fifty Plus One» verschiedene Parteien in Sachen datenbasierter Haustürwahlkampf. Mit der Software wurde die Bewegung «En Marche!» des französischen Präsidenten Emmanuel Macron aufgebaut. Sie spielte während der Präsidentschaftswahlen eine erhebliche Rolle. Liegey sammelte als Mitglied des Digitalstabs von François Hollande Kampagnenerfahrungen während des Wahlkampfs 2012. Ich unterhielt mich mit dem Polit-Unternehmer im März 2017.[6]

Adrienne Fichter: Auf Ihrer Website steht, Sie führten ein Campaign-Technology-Start-up, das beim Tür-zu-Tür-Wahlkampf helfen soll. Was tun Sie genau?
Guillaume Liegey: Sagen Sie, wo Sie wohnen, und ich sage Ihnen, wen Sie wählen. Wir bieten unseren Kunden für die kommenden Präsidentschaftswahlen und Parlamentswahlen in Frankreich eine Kampagnen-Software an, die genau diese Prognose liefern kann. Basierend auf verschiedenen Daten. Die Kunden nutzen diese Aussagen für E-Mail-Kampagnen oder für den Tür-zu-Tür-Wahlkampf, je nachdem, was besser passt.

Und ist Facebook auch ein Schauplatz? Betreiben Sie auch datengestützte Polit-Kampagnen mithilfe von Sponsored Postings?
Wir beackern Facebook nicht direkt mit gesponserten Werbebeiträgen. Facebook ist eine eigene Disziplin, gerade im Bereich Microtargeting. Doch zurzeit gibt es sehr viel Material bei der Textanalyse von Statusupdates, Informationen, über welche Themen auf Facebook gerade ge-

sprochen wird. Das sind wichtige Daten aus der Computerlinguistik, die wir bald in unser Modell der Vorhersage einfliessen lassen möchten. Social Media dienen uns als Datengrube, nicht als Schauplatz.

Mit welchen Daten arbeiten Sie?
Unsere Datenbank in Frankreich umfasst 68 000 Wahlkreise. Wir beziehen da die Wahlhistorie des Distrikts, die Einkommenshöhe, aktuelle Umfragewerte und viele weitere Faktoren mit ein, insgesamt 100 Variablen, auch verschiedene öffentliche Daten (Open Data) aus 36 000 Städten. Damit erstellen wir Prognosen. So kommen wir zu einer Einschätzung, in welchen Wahlbezirken sich ein Tür-zu-Tür-Wahlkampf lohnt – wo man noch unschlüssige Wähler umstimmen kann oder nur noch mobilisieren soll. Ob von Angesicht zu Angesicht oder via E-Mail. Wir haben mittlerweile an über 200 Kampagnen gearbeitet und wissen, wie wir den Erfolg unserer Arbeit messen können. Wir haben die beste Datenbank in ganz Frankreich.

Also nützen Sie eigentlich Daten, um besser offline zu mobilisieren? Liegt die Zukunft nicht in der digitalen Ansprache? Selbst in den USA wird nach der Wahl von Trump, der praktisch alle Ressourcen in die digitale Kampagnenarbeit investierte, an der Wirkung von Canvassing gezweifelt.
Die Zukunft liegt bei guten Daten, Technologien und nach wie vor bei den Menschen. Je mehr Kontakt Sie zu potenziellen Wählern haben und je mehr Sie über sie wissen, desto besser, egal ob online oder offline. Wenn Sie an eine Tür klopfen, und das machen ja bisher noch keine Roboter, und wissen, wie dieses Quartier politisch tickt, desto besser und persönlicher ist die Ansprache. Es wäre theoretisch möglich, die Informationen bis auf die einzelne Person herunterzubrechen, aber die Datenschutzrestriktionen erlauben uns dies nicht. In Frankreich muss man auch explizit dem Versand eines Newsletters zustimmen können. Das ist in Grossbritannien schon anders.

Der Tür-zu-Tür-Wahlkampf war lange eine beliebte Kampagnenmethode in den USA. Seit Neuestem wird auch in Grossbritannien oder Deutschland mit dieser Form der Überzeugungsarbeit aus den USA gearbeitet. Doch wie erfolgreich sind Sie damit in Europa? Wird hier nicht einfach die Tür zugeknallt, wenn Freiwillige anklopfen?

Alle sagen uns: Das ist doch etwas Amerikanisches. Das funktioniert hier nicht, Franzosen mögen das nicht. Offenbar geht es doch. Vor fünf Jahren haben wir damit begonnen, indem wir die Basisarbeit von François Hollande aufbauten und umsetzten. Wir hatten insgesamt 80 000 Freiwillige, die an 5 Millionen Türen klopften. Wir sammelten so an die 280 000 Stimmen. Jetzt, fünf Jahre später, reden alle Parteien von Canvassing. In Deutschland weiss man, dass ohne Daten und Technologien kein effektiver Wahlkampf geführt werden kann. Nur so kann man die Leute effektiv ansprechen. Es hat sich viel verändert. 2014 betreuten wir bei den lokalen Wahlen in Frankreich etwa 70 Kampagnen-Teams, wir rechnen damit, dass es bei den nächsten Kommunalwahlen im Jahr 2020 Hunderte von Teams sein werden auf dem Markt.

Es gab in den letzten Monaten eine grosse Debatte darüber, wie nützlich Big Data und die digitale Infrastruktur wirklich sein können für Wahlen und Referenden. In einem Interview auf politik-digital.de sagten Sie einmal, eine gute Kampagne mache etwa 3 bis 5 Prozent Differenz aus.[7]
Genau, maximal 3 bis 5 Prozent. Alle, die behaupten, sie könnten 15 Prozent herbeizaubern, lügen. Dort, wo die Wahlkreise umstritten sind, oder in sehr umstrittenen, knappen Wahlkämpfen allgemein kann das sehr entscheidend werden.

Wie teuer ist ein Tür-zu-Tür-Wahlkampf für die Parteien?
Unsere Technologien und Daten für eine Tür-zu-Tür-Kampagne liegen zwischen 5 und 10 Prozent des Kampagnenbudgets. Doch Sie müssen immer bedenken: Sie brauchen Personal, das diese datengestützte Basisarbeit professionell koordiniert. Dieser Kostenpunkt ist nicht zu unterschätzen. François Hollande hatte 15 bezahlte Mitarbeiter, die alle Freiwilligen bei der Anwendung unserer Software betreuten. Mit unserer Technologie spart man im Gegenzug wiederum beim Faktor Zeit und ist effektiver unterwegs.

Mit Emmanuel Macron koordinierten Sie die Bewegung «En Marche!». Welche Rolle spielen Sie im gegenwärtigen Wahlkampf?
Wir müssen hier zwei Phasen unterscheiden. Bei «En Marche!» bauten wir letztes Jahr zuerst die Bewegung mit auf. Dort sprach noch niemand von Macron und vom Wahlkampf. Wir organisierten «La grande marche»

mittels Tür-zu-Tür-Besuchen. Es war genau das richtige Momentum für den Start einer ausserparlamentarischen Bewegung; dem Establishment wäre das nie gelungen. Mich verbindet eine persönliche Beziehung mit Emmanuel Macron. Er wollte neue Wege im Campaigning gehen. Er begann bewusst vor dem Wahljahr mit dieser Art von Bewegung und hatte zu Beginn ein kleines Team. Deswegen wollte er zuerst den Bürgern zuhören und mit ihnen sprechen. Das Resultat war: Wir haben in persönlichen Gesprächen zu Hause 25 000 Leute erreicht. Mehrere Tausend Menschen schlossen sich «En Marche!» an. Nun kann man auf diesen Erfahrungen und den aufgebauten Strukturen aufbauen, die Teams sind eingespielt. Macron hat nun das grösste bezahlte Kampagnenteam. Und unsere Firma hilft mit der Software in der Analyse und im Targeting. Wir unterstützen aber im Übrigen auch den sozialistischen Präsidentschaftskandidaten Hamon und die Partei für die kommenden Wahlen. Und auch einige Kandidaten von Les Républicains kauften unsere Software.

Sie haben soeben ein Büro in Berlin eröffnet. Für welche Partei werden Sie bei der Bundestagswahl 2017 arbeiten?
Wir sind mit allen Parteien im Gespräch, allen ist auch bewusst, dass sie in Daten, Tools und Know-how investieren müssen. Viele wissen, dass das die Zukunft ist, und sagen das auch, vielleicht weniger öffentlich. Wir möchten am liebsten mit einer Partei arbeiten, die starke Headquarters hat, aber auch über viele gut aufgestellte Lokalsektionen verfügt, wie zum Beispiel die SPD. Nur dann funktioniert Canvassing gut, Parteizentralismus scheitert bei dieser Art von Wahlkampf. Zurzeit möchten alle deutschen Parteien auf die Entwicklung eigener digitaler Wahlkampftools setzen. Doch es gab bislang weltweit keine Partei, deren eigene Software für den datengestützten Wahlkampf wirklich geeignet und brauchbar war.

Und mit wem arbeiten Sie in der Schweiz?
Hier waren wir im Frühling 2015 für den Bürgermeister Thierry Apothéloz in Vernier tätig, das ist gleich bei Genf.

Was sind Ihrer Meinung nach die Zukunftstrends beim Einsatz von Technologien für Wahlkampagnen?
Die Gespräche aus Social Media für Zukunftsprognosen zu analysieren, d.h. mit Predictive-Targeting-Modellen zu arbeiten. Die Analyse erfolgt mit sogenannten Natural-Language-Processing-Algorithmen (NLP). Hier werden wir noch einige Entwicklungen erleben. Und: Die Sammlung und Bearbeitung von vielen Kontakten ausserhalb der Wahlkampfphasen bzw. das, was Macron mit «La Grande Marche» tat. Ich denke, dies ist ein wichtiger Schritt für eine langfristige Veränderung von Politik und um den Aufstieg des Populismus zu stoppen. Wenn Parteien endlich beginnen, auf ihre Wähler zu hören, und zwar dann, wenn sie nicht ihre Wählerstimme benötigen, können sie Vertrauen wiederherstellen.

Ich sehe etwas, das du nicht siehst
Adrienne Fichter

Die zunehmende Personalisierung in der digitalen Wahlkampfwerbung bedroht die Demokratie in mehrfacher Hinsicht. Treiber für diese Entwicklung sind wir und unsere Ansprüche an die Werbung. Es liegt daher auch an uns, Öffentlichkeit für Informationen einzufordern, weil diese eine wichtige Säule der Demokratie darstellen. Ein Appell für ein Manifest der Datentransparenz.[1]

In den vorherigen Kapiteln habe ich den Einsatz und die Wirkung von Big-Data-Kampagnen in der Politik umschrieben. Anschauungsmaterial lieferten die Wahlkämpfe in den USA und Grossbritannien. Im Folgenden möchte ich die Herausforderungen dieses Phänomens aus einer normativen und politisch-philosophischen Perspektive erörtern.

Kein medialer Nachvollzug möglich

Eine der Hauptproblematiken des Personalisierungstrends in digitalen Wahlkämpfen ist die Intransparenz. Unsichtbare Kampagnen können nie durch eine kritische mediale Öffentlichkeit begleitet werden. Früher haben Journalisten und die Bevölkerung dieselben politischen Werbeplakate und TV-Werbung gesehen und beurteilt. Das Microtargeting beim Einsatz von traditionellen Mitteln ist an und für sich nichts Neues (siehe auch Kapitel «Mit dem richtigen Hashtag die Abstimmung gewinnen?»), denn Kandidaten passen beispielsweise ihre Wahlkampfreden auch den Gegebenheiten einer Region an. Ein Bundeskanzlerkandidat wird in Sachsen-Anhalt und Baden-Württemberg unterschiedliche Themen zur Sprache bringen. Auch Zeitungsinserate werden inhaltlich unterschiedlich ausgestaltet. Doch die Medien konnten mit den Kandidaten bei ihren Wahltouren mitreisen und die Reden jeder Etappe analysieren. Zeitungsinserate können gesammelt und miteinander verglichen werden. Als Journalist kann man sich ausserdem als Mitglied eintragen lassen und gelangt so an Mitgliederpost einer Partei. Auch bei Spendenbriefen gibt es ein gewisses Mass an Personalisierung. Doch niemals wird dabei das Niveau von Programmatic Campaigning erreicht, bei dem Mitglieder immer akkurater in ihrer aktuellen Lebenssituation angesprochen werden können. Reagieren die anvisierten Zielgruppen nicht oder zu wenig auf eine ausgespielte Botschaft, dann lässt sich mit wenigen Klicks eine andere Variante testen. Eine solche Optimierung in Echtzeit ist bei Briefen natürlich nicht möglich.

Bei Big-Data-Kampagnen fehlt die Öffentlichkeit. Digitales Politmarketing findet in abgeschotteten Räumen statt, in individuellen Facebook- und Twitter-Profilen. «Die gemeinsame öffentliche Wahrnehmung wird gezielt atomisiert», schreibt der Journalist Hannes Grassegger dazu.[2] Jeder Empfänger sieht eine andere Botschaft. Diese Werbeform verstärkt somit die Filterblasenbildung. Kernmerkmale dieser digitalen Anzeigen sind ihre Einzigartigkeit, Flüchtigkeit und Vergänglichkeit. Beim Aktualisieren des Profils dürfte die Anzeige bereits wieder verschwinden – und später vielleicht nochmals auftauchen. Einige Personen sind gegenüber jeglicher Form von Werbung immun, andere wiederum werden sie wahrnehmen.

Kein Journalist wird jemals imstande sein, alle digitalen Werbeinserate zu sichten und zu sammeln. Es sei denn, aktive Bürger machten sich die Mühe, Screenshots sämtlicher Werbepostings auf Social Media an Redaktionen zu senden. Doch das ist utopisch. Auch für Demoskopen und Wahlforscher wird die Erhebung und Validierung dieser Quellen kaum möglich sein. Diese befinden sich nämlich in einer nichtöffentlichen Schattenzone des Netzwerks; man nennt diese Beiträge wie bereits erwähnt «gesponserte Beiträge» oder auch «dark posts». Und genau das macht sie gefährlich. Wolfie Christl schreibt dazu: «Wenn diese intransparente Maschine nun dazu genutzt wird, Menschen politische Botschaften zu vermitteln, unterminiert das die Demokratie – nicht nur wegen der Manipulationsmöglichkeiten, sondern auch wegen der mangelnden Nachvollziehbarkeit.»[3] Das soziale Netzwerk Twitter erlaubt mit seiner offenen Schnittstelle täglich 1 Prozent der Daten, die täglich produziert werden, herunterzuladen. Facebook bietet keine entsprechende API an und bleibt damit einmal mehr eine Blackbox. So beklagen sich die Forscher des Internet Oxford Institute John Gallacher und Monica Kaminska in einem Meinungsbeitrag beim *Guardian*, dass die Datenströme während des britischen Wahlkampfs 2017 auf Twitter nachvollzogen werden können, bei Facebook hingegen lässt sich nur mutmassen. «Während des Wahlkampfs haben wir auf Twitter Dialoge beobachten können, die wir erwartet haben. Die meisten Nutzer haben vor allem qualitative Medieninhalte geteilt, dazu einige wenige Junk-Inhalte, begleitet von ein paar wenigen Bot-Aktivitäten. Auf Facebook könnte das ganz anders ausschauen. Wir werden es wohl nie erfahren.»[4] Wir wissen nicht, ob die Clinton-Kampagne mit ähnlich perfiden Taktiken operierte wie diejenige Trumps. Es sind keine Screenshots von Werbekampagnen des Clinton-Lagers in der Öffentlichkeit aufgetaucht. Doch wir werden es nicht mit hundertprozentiger Sicherheit sagen können. Wir werden somit nicht erfahren, ob und mit welchen Motiven und Narrativen in der Facebook-Werbezone operiert wurde, um Donald Trump zu desavouieren. Wir können höchstens Annahmen treffen. Die Bewertung von datengestützten Verfahren wird dadurch immer schwieriger. Die einzige Chance besteht darin, dass Journalisten sämtliche politisch konnotierten Seiten mit «Gefällt mir» markieren, um in die anvisierten Zielgruppen verschiedener Parteien zu gelangen. Oder sie aktivieren ihr Netzwerk für die Sammlung von Beispielen. So wie dies zwei Facebook-User taten, denen im März 2017 CSU-Werbung für Russlanddeutsche angezeigt wurde.[5] Sie «likten» die Fanpage des deutschsprachigen Ablegers des TV-Senders Russia Today RT und der Partei CSU. Die eine Anzeige zeigte Seehofer, die andere Generalsekretär Andreas Scheuer. Neben Seehofer steht auf Russisch der Satz: «Wir wollen keine Republik, in der linke Kräfte und der Multikulturalismus die Vorherrschaft haben.» Die Redaktion der *Zeit* erhielt die Anzeigen zugeschickt. Der Journalist Jonas Schaible kam bei seiner Recherche zum Schluss: Die CSU geht davon aus, wer den Sender RT gut findet und russische Inhalte versteht, könnte ein potenzieller CSU-Wähler sein. Konfrontiert mit der laufenden Kampagne, antwortete die Zentrale: «Unterschiedliche Anliegen erfordern zwangsläufig auch eine passgenaue Ansprache. Das gilt für unterschiedliche Zielgruppen wie etwa auch die Russlanddeutschen.»

Auch der Netzforscher Wolfie Christl machte auf Twitter eine Werbeanzeige publik, die in seinem Newsfeed auftauchte.[6] Darauf wird der österreichischer Politiker Thomas Stelzer abgebildet, der dem neuen Bundespräsidenten Alexander van der Bellen die Hand schüttelt. Christl zeigt anhand eines Screenshots auf, weshalb er in die anvisierte Zielgruppe gelangte. Diese Information ist gleichzeitig eine Hilfe für den User, um

 **Wolfie Christl**
@WolfieChristl

 Folgen

Aha, die @oevp nützt also FB-Daten über die politische Einstellung, um als grün-affin kategorisierte User zu belästigen. Nicht blöd, aber.

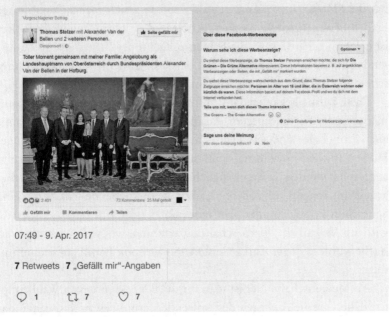

07:49 - 9. Apr. 2017

7 Retweets 7 „Gefällt mir"-Angaben

♡ 1   ⟲ 7   ♡ 7

1 Der Netzforscher und Aktivist Wolfie Christl zeigt anhand eines Screenshots, wie man herausfindet, weshalb man eine bestimmte Werbung auf Facebook sieht.
Quelle: Twitter (Screenshot)

mehr Transparenz über das persönliche Werbeprofil zu erhalten. Doch später mehr dazu.

Microtargeting wird mittlerweile professionell auch von Organisationen, Verbänden oder Stiftungen eingesetzt und zudem plattformübergreifend und geräteunabhängig angewendet.[7] Mittels Audience Network und Ad-Tracking können User des Facebook-Universums auf ihren Reisen im Netz weiterverfolgt werden. Dies zeigt ein weiterer Fall einer jungen Schweizer Journalistin.[8] Sie war schwanger und informierte sich entsprechend über Google nach verschiedenen Informationen zum Thema Schwangerschaft. Daraufhin bekam sie auf Instagram eine Anti-Abtreibungskampagne #HörstDumich einer konservativen Stiftung mit dem Namen SHMK zu Gesicht, weil ihr eigenes Surfverhalten sie «verraten» hatte. Die Stiftung kann dank Informationen des Ökosystems von Facebook, Cookies und Ad-Tracking die Zielgruppe – schwangere junge Frauen in der Schweiz, die sich im Netz informieren – ansteuern, und zwar auf den Kanälen, wo sie sich regelmässig aufhalten. «Mit Instagram hat die SHMK einen Kanal gewählt, auf dem sich mehrheitlich junge Frauen bewegen, wo sie direkt abgeholt und angesprochen werden. Dies ist insofern gefährlich, als die Frauen zunächst der einseitigen und belastenden Kampagne ausgesetzt sind, bevor sie eine für sie stimmige Entscheidung treffen konnten», schreibt Brenneisen.

Diese Beispiele kamen dank aufmerksamer Bürger und findiger Journalisten oder Digitalexperten, die allesamt Social-Media-User und damit auch Empfänger sind, ans Tageslicht. Sie wären ansonsten verborgen geblieben. In welchem Ausmass und mit welchem Erfolg diese Kampagnen ausgespielt werden, wissen lediglich die Werbekunden dank des Werbeanzeigenmanagers von Facebook. «Der Werbetreibende – das kann eine Seite eines Politikers oder aber eines Cafés oder Unternehmens sein – wird im Verlauf der Werbeschaltung erfahren, wie viele Menschen erreicht wurden», sagte Anika Geisel von Facebook Berlin auf meine Anfrage.

Als Medienschaffender ist man für die Beobachtung von Wahlkämpfen daher auf die Aussagen des Anwenders angewiesen. Und genau das führt zu einem weiteren Dilemma: Beim Einsatz von Daten auf Social Media wird entweder gerne übertrieben, oder aber man hält den Ball flach. Gesprächspartner von involvierten Big-Data-Unternehmen betonen gerne die Qualität ihrer Daten für Marketingzwecke. Oder sie geben Understatements von sich, um bloss keine Aufmerksamkeit für allenfalls zwielichtige Methoden in Sachen Datenschutz zu erregen. Dieses bewusste Hoch- und Tiefstapeln besonders in den letzten Wochen vor dem Wahltermin ist das, was Professor Dave Karpf die «Campaign Tech Bullshit Season» nennt.[9] Die Recherchemöglichkeiten sind begrenzt, weil sich alles hinter digitalen Kulissen abspielt. Die richtige Einordnung und Gewichtung von Big Data in der Politik ist unter diesen Umständen fast unmöglich. Dies verführt Medienschaffende zu einer mythischen Überhöhung von datengestützten Kampagnen und zu öffentlichkeitswirksamen Sensationsgeschichten, wie das Echo auf den Artikel im *Magazin* «Ich habe nur gezeigt, dass es die Bombe gibt» im Dezember 2016 gezeigt hat.[10]

Auch der Staat und die Forschung verhielten sich bisher passiv.[11] Zu gering war bisher das Interesse an einer öffentlichen Kosten-Nutzen-Analyse der verwendeten Verfahren.[12] Niemand ausser Facebook selbst hat die Übersicht, welche personalisierten Inhalte für die Wahlwerbung eingesetzt wurden, welche Datenkategorien für die Auswahl der Zielgruppen verwendet und wie viele Menschen auf welchen Kanälen insgesamt in einem nationalen Wahlkampf adressiert wurden. Bisher hat es die internationale Staatengemeinschaft versäumt, diese Informationen von den Plattformbetreibern einzufordern. Facebook ist nicht gezwungen, diese Datenströme für staatliche Zwecke aufzuzeichnen und zu regulieren. Niemand, weder die Parteien noch die Plattformen, sind Rechenschaft über die umgesetzten digitalen Kampagnen schuldig.

Gemeinwohl versus persönliches Wahlversprechen

Personalisierte Wahlkampagnen im Netz bedrohen auch ein zweites Wesensmerkmal der Demokratie: Politische Parteiprogramme gelten für partikulare soziale Gruppen, sie sind orientiert am Gemeinwohl einer spezifischen Klientel. Sie sind nicht an Einzelpersonen gerichtet. Nun macht es aber einen Unterschied, ob eine Partei dem ängstlichen Vater einer vierköpfigen Familie eine «verkehrsberuhigte und familienfreundliche Zone» in seinem sehr belebten und lärmigen Wohnquartier konkret verspricht oder ob sie sich generell für mehr Tempolimits und weniger Autoverkehr in einer Grossstadt einsetzt. Ein anderes Beispiel: Eine schwangere junge Frau ist als Sozialarbeiterin im Teilzeitpensum tätig. Sie abonniert und kommentiert die Fanseiten vieler neuer anlaufender Studiofilme. Sie sieht während eines Wahlkampfs zwei Werbeanzeigen in ihrem Newsfeed. In der ersten Anzeige bietet die Partei den Bau von Kinderbetreuungsstätten samt subventionierten Tarifen für den Mittelstand in ihrem spezifischen Wohnkreis an. In der zweiten Anzeige gibt die Partei das Wahlversprechen ab, die Eintritte für junge Mütter und ihre Kinder dank einer spezifischen Kulturkarte für lokale Arthouse-Filme zu vergünstigen. In diesem Fall hat die Partei Kenntnis über ihr Alter, ihre

Schwangerschaft, ihren Wohnort und ihren Filmgeschmack. Ausserdem weiss sie aufgrund verschiedener Parameter Bescheid über ihre Einkommenssituation. Wer würde solchen «Geschenken» nicht zustimmen wollen?

Die Aufgabe der Demokratie besteht darin, einen Ausgleich zwischen verschiedenen Interessen zu schaffen. Die individuellen Wahlversprechen stehen in krassem Widerspruch zum gesamtgesellschaftlichen Konsens. Die Politiker suggerieren damit, dass sie massgeschneiderte Angebote machen. Etwas, das sie nie erfüllen können. Im schlimmsten Fall kann dies Politikverdrossenheit hervorrufen, weil Lösungen kommuniziert werden, die zugeschnitten auf meine Lebenssituation sind und eine Partei diese wahrscheinlich niemals erfüllen kann. Dies schädigt auf lange Sicht die Demokratie und den gesellschaftlichen Zusammenhalt. Natürlich kann auch eine Wahlhelferin einem Bürger bei einer Standaktion mündlich unrealisierbare Versprechen machen, die natürlich ebenfalls nicht dokumentiert werden. Auf Facebook ist der Absender dieses persönlichen politischen Angebots stets die gesamte Partei.

Der Politologe Nick Anstead sagt, dass datengetriebene Kampagnen die Kommunikation zwischen Wählern und Parteien fundamental verändern werden.[13] «Es hat die politische Werbung verändert, und zwar von etwas, das öffentlich war, zu etwas, das man individuell wahrnimmt und von keinem Aussenstehenden korrigiert werden kann», sagt auch Jonathan Bright vom Oxford Internet Institute.[14] Fact-Checking wird unter diesen Umständen unmöglich, eine weitere Problematik für Medien und Forschung.

Noch sind wir in Europa nicht so weit. Die angewandten Kampagnen sind noch zu ineffizient, was unter anderem auf Datenschutzrestriktionen, fehlende verfügbare Wählerregister und niedrigere Kampagnenbudgets zurückzuführen ist. Das Know-how rund um die Digitalisierung und Personalisierung von Wahlkampfwerbung ist im Vergleich zu den USA geringer. Das wiederum ist positiv für die Demokratie, hält Anstead fest. Weil die Parteien dadurch immer noch den öffentlichen Dialog mit ihren Anhängern in Foren und sozialen Netzwerken pflegen müssen (dieses Argument wird im Kapitel «Über die Messengerisierung der Politik» weiter ausgeführt).

Wir möchten mehr Personalisierung

Doch ist auch unser Kontinent nicht vor diesen Entwicklungen gefeit: Die Personalisierung wird auch bei uns in Europa in sämtlichen Bereichen (Medien, Politik, Werbung) in den nächsten Jahren zunehmen. Weil datengetriebenes «Programmatic Campaigning» in Wahlkämpfen nichts anderes als die Evolution unserer Ansprüche in Sachen Werbung darstellt: Unpassende Werbeangebote, die keinen Bezug zu unserer Lebenswelt enthalten, werden ausgeblendet. Wir empfinden diese als störend. Warum soll es sich mit politischen Präferenzen anders verhalten? Auch in der Politik ist eine Kommerzialisierung im Gange. Im Grunde übertragen die Wahlkämpfer nur die Erfahrungen aus der Konsumwirtschaft auf die Politik. «Konsumenten erwarten heute», sagt Clintons Digitalchefin Jenna Lowenstein im Technologiemagazin *wired.de*, «dass sie eine auf sie personalisierte, zielgerichtete Nutzererfahrung haben, wenn sie eine Website besuchen. Deren Inhalt soll auf sie zugeschnitten sein, nicht aufs Internet als solches. Wir mussten also ein entsprechendes Niveau an Personalisierung erreichen, einfach weil das die Leute von uns erwarteten.»[15] Das Unternehmen «Revolution Messaging», das erst für Bernie Sanders und danach für Hillary Clinton arbeitete, sorgte für diese persönliche «User Experience». Jede Person, die auf den Websites der Kandidaten landete, sah eine andere Seite vor sich.[16]

Die zunehmende Kanalisierung der politischen Kommunikation ist nichts anderes als eine konsequente Antwort auf unser Konsumverhalten. Diese Erwartungshaltung an digitales Polit-Marketing wird in naher Zukunft auch in der Schweiz Standard sein, glauben auch Experten und Praktiker hierzulande. «Wir werden als störend empfinden, wenn politische Werbung nicht relevant für uns und unsere Lebenswelt sein wird», sagt mir Moritz Gerber, Partner von der Web-Agentur Feinheit, die Parteien und Verbände bei Digitalkampagnen unterstützt. Dieselben Vermarktungsmechanismen, wie wir sie aus der kommerziellen Welt kennen, lassen sich problemlos für die Vermarktung von Politik adaptieren. «Im Grunde genommen übertragen sich unsere Erfahrungen des E-Commerce auf die Politik», meint auch der Online-Projektleiter des Schweizer Dachverbands economiesuisse, Sushil Aerthott, im persönlichen Gespräch. Wir sind es gewohnt, Werbespots von Rasiermitteln gegen Bartwuchs und Tampons im selben TV-Werbeblock zu sehen. Doch Frauen würden es als irritierend empfinden, wenn ihnen beim Scrollen durch ihren algorithmusbasierten, individuell zusammengestellten Newsfeed ebenjene Rasiermittel ständig eingeblendet würden. Umgekehrt wiederum würden sich Männer wundern, wenn ihnen im Nachrichtenstrom ständig Werbung für einen Schwangerschaftstest angezeigt würde.

Nicht viel anders verhält es sich mit Wahl- und Abstimmungskämpfen: Damit politische Werbung uns anspricht, muss sie zu unserer Lebenswelt und unseren Präferenzen passen. «Wir entfernen uns zunehmend von der klassischen flächendeckenden Wahlwerbung und setzen auf eine immer individualisiertere Ansprache. Die Menschen wollen keine gleichförmigen Plakatkampagnen. Sie wollen persönliche Signale von der Politik bekommen, dass ihre Anliegen verstanden wurden», sagt der Geschäftsführer der Datenfirma Cambridge Analytica, Alexander Nix, in einem Interview mit der FAZ.[17] In Zukunft wird der Datenkosmos von Facebook noch mehr ausgeschöpft, potenzielle Wähler werden noch mehr ausgespäht. Weil wir dafür empfänglich sein werden.

Zeit für ein Manifest für Datentransparenz

Die Diskussion über die Auswüchse dieser Personalisierung des politischen Diskurses muss daher jetzt geführt werden. Denn wenn jeder Bürger andere politische Inhalte sieht, wird eine Debatte künftig unmöglich. Der Erfinder des Webs, Tim Berners-Lee, sieht in der Personalisierung eine der grössten Gefahren des Internets.[18] Es gilt im Auge zu behalten, ob und wie die Parteien die Informationen ihrer Mitglieder mit den Datenbanken der Online-Plattformen verknüpfen. Der (noch) fehlende Zweck heiligt die Mittel deswegen noch lange nicht. Oder anders gesagt: Der fehlende Wirkungsnachweis von Big-Data-Kampagnen legitimiert nicht deren Einsatz. Mit Nutzen-Aufwand-Rechnungen zu argumentieren ist im Fall der Demokratie unangebracht. Denn hier geht es nicht um den Absatz von Konsumgütern, sondern um die Vermittlung von politischen Botschaften. Hier wird an den Fundamenten der Demokratie geritzt: Personalisierte Digitalkampagnen behindern die Herausbildung einer Öffentlichkeit und eines politischen Diskurses. Ein Schlagabtausch von verschiedenen politischen Standpunkten wird dadurch unmöglich, weil uns die gemeinsame Informationsgrundlage fehlt.

Es ist daher an der Zeit, ein zivilgesellschaftliches Manifest für Datentransparenz in der politischen Wahlkampfwerbung zu begründen. Der

Gründer der Non-Profit-Organisation mySociety Tom Steinberg lieferte die Vorlage: Er verfasste einen Forderungskatalog an Google und Facebook.[19] Die Technologieunternehmen sollen im Rahmen der vorgezogenen Parlamentswahlen in Grossbritannien am 8. Juni 2017 sämtliche Informationen über Werbeausgaben zugänglich machen. Es liegt an uns allen, von Facebook und den Parteien Öffentlichkeit einzufordern. Die Manipulation geschieht hier subtiler, sie ist deswegen nicht weniger gefährlich. Wir müssen damit beginnen, von Facebook künftig bei jeder nationalen Wahl die Abbildung aller eingesetzten Werbevarianten einzufordern. Ausserdem sollen Informationen über die Käufer und über die anvisierten Wählerzielgruppen offengelegt werden. Digitale Verkaufswerkzeuge von privaten Technologiekonzernen sollen nicht uneingeschränkt und ohne demokratische Kontrolle und Rechenschaft politischen Akteuren zur Verfügung gestellt werden.

Facebook soll denselben öffentlichen Druck zu spüren bekommen wie beim Thema Fake News. Der Konzern wird nämlich kaum einfach so seine Geschäftsgeheimnisse preisgeben. Auch sollen sich sämtliche politischen Akteure auf einen Kodex verpflichten, indem sie Transparenz herstellen oder auf den Einsatz von Big-Data-Kampagnen in gewissen Bereichen verzichten. Der Wahlkampfberater Johannes Hillje plädiert im Gespräch mit mir ebenfalls für Selbstregulierung der Parteien. Demokratische Grundprinzipien dürfen bei Social-Media-Kampagnen nicht gebrochen werden. Die Grüne Partei Deutschland habe sich deswegen einen Kodex auferlegt. Für Hillje ist klar: «Es liegt in unserer Verantwortung, das Internet zur Förderung der Demokratie zu nutzen und nicht zu seinem Schaden.»

So weit die Forderungen an die Parteien und die Technologieunternehmen. Doch was können wir Bürgerinnen und Wähler tun bis dahin? Sind wir diesen Anzeigen hilflos ausgeliefert? Am Werbemodell von Facebook werden wir vorerst wenig ändern können. Es lohnt sich, achtsam zu sein und sich als bewussten User immer wieder zu vergegenwärtigen, weshalb man als Empfänger einer Kampagne «auserkoren» wurde. Dabei kann man sich gewisser Kniffe bedienen, wie dies der Netzaktivist und Forscher Wolfie Christl im obigen Tweet aufzeigte. Klickt man bei einem Werbeposting rechts oben auf den Pfeil, so lässt sich die Option «Warum wird mir diese Werbeanzeige angezeigt?» anwählen. Und schon erhält man Informationen über sein persönliches Werbeprofil, das offenbar zu den Wunschkriterien der Partei oder des Kandidaten passt. Facebook hat ausserdem jeden User politischen Themen und Gruppen zugeordnet, auf Basis der mit «gefällt mir» markierten Seiten und Statusmeldungen. Informationen über sein eigens angelegtes politisches Werbeprofil findet man in den Einstellungen unter «Interessen»: Dort gibt es eine Übersicht über alle Kategorien, denen man zugeteilt wurde. Die zugewiesenen Kategorien lassen sich manuell entfernen. Ebenso kann am selben Ort die Ausspähung im gesamten Netz deaktiviert werden. Dadurch wird verhindert, dass Werbetreibende mein Surfverhalten ausserhalb von Facebook rekonstruieren können.

Auch die digitale Zivilgesellschaft ist zwischenzeitlich aktiv geworden und hat im Mai ein entsprechendes Hilfsangebot kreiert: Mit dem Tool «Who Targets me», einer Chrome-Erweiterung, erfahren britische Facebook-User, von welchen Parteien sie im Wahlkampf ausgespäht werden.[20] Beobachtern von Wahl- und Abstimmungskämpfen – ob das nun Medienschaffende oder Forscherinnen sind – sei ausserdem geraten, mit einem spezifischen Facebook-Profil für berufliche Zwecke sämtliche politischen Fanpages zu abonnieren. So erhöht man die Wahrscheinlichkeit, in die Zielgruppen der Parteien zu gelangen und die entsprechenden Werbeanzeigen zu sichten.

Molly Sauter, eine Forscherin am MIT Centre for Civic Media, hat in ihrem Blog Verschleierungstaktiken aufgezeigt, mit denen sich das Tracking-Prinzip unterwandern lässt.[21] Der Gedanke dahinter: Die Rechner kennen uns Menschen bekanntlich nur als Datenkombinationen. Drehen wir also den Spiess um und manipulieren diese Kombinationen. Mit der Installation von Browser-Erweiterungen wie AdNauseam[22], FaceCloak[23] oder TrackMeNot[24] werden falsche Suchverläufe oder «Datenlärm» kreiert. Damit sendet man widersprüchliche Signale an Google, Facebook und Konsorten. Das Resultat: ein diffuses, unbrauchbares Werbeprofil. Diese Methoden schützen uns zwar nicht vor Werbung, doch die Werbeanzeige wird relativ beliebig und irrelevant ausfallen. Facebook verfügt nun zwar über Informationen über mich, doch diese sind «fake».

Diese Strategien helfen sicher kurzfristig. Sie stiften Verwirrung und führen das System ad absurdum. Doch langfristig müssen wir die Spielregeln beeinflussen können, indem wir mit Technologiekonzernen in einen Dialog treten, denn diese Regeln beeinflussen unsere Demokratie.

Ansonsten liegt die Beweislast bei den Annahmen über uns – nämlich ob sie stimmen mögen oder nicht – stets bei uns, und zwar in allen Lebensbereichen. Ob bei Wahlen, Kreditvergaben oder bei der Strafverfolgung (siehe auch Kapitel «Von (A)pfelkuchen bis Z(ollkontrolle): Warum Algorithmen nicht neutral sind»). Als Facebook-User sollte man sich stets bewusst sein: Jede Interaktion mit Profilen und Seiten wird aufgezeichnet, sie zahlt in das für uns eigens kreierte Werbekonto ein. Auch Parteien bilden derzeit eine neue und stets wachsende Kundengruppe für Facebook. Die Politik hat erst begonnen, dieses Feld zu beackern. Die Personalisierung im politischen Marketing bedroht unser politisches System in mehrfacher Hinsicht: durch die Intransparenz, durch den fehlenden medialen Nachvollzug und durch die Produktion von individuellen Wahlversprechen. Wir müssen daher dort Öffentlichkeit einfordern, wo die Säulen der Demokratie betroffen sind: bei den Informationen. Nur so können wir verhindern, dass wir noch mehr in politische Parallelwelten abdriften.

Über die «Messengerisierung» der Politik

Adrienne Fichter

Messenger-Apps werden immer beliebter. Die Verlagerung der Kommunikation in geschlossene Kanäle bietet Vorteile. Verschiedene politische Bewegungen können sich schneller organisieren. Gleichzeitig führt dieser Entzug privater Meinungen zum Tod der digitalen politischen Öffentlichkeit. Ein Beitrag über die Chancen und Gefahren der «Messengerisierung» für die Politik.

Das mobile Netz ist dank der weiten Verbreitung von Smartphones in westlichen Ländern allgegenwärtig. Die Beliebtheit von sogenannten Messenger-Apps wie WhatsApp, Facebook Messenger und WeChat steigt weltweit. Die Kehrseite dieser Entwicklung: Es findet ein Rückzug aus den öffentlichen Zonen statt. Im Vergleich zum Vorjahr haben Facebook-Nutzer im Jahr 2016 rund 30 Prozent weniger eigene Inhalte öffentlich geteilt. Dazu zählen alle mögliche Postings von Ferienfotos über Katzenvideos bis zu Medienartikeln. Zu diesem Ergebnis kommt ein Bericht der Marketingfirma MVRCK.[1] Insbesondere jüngere Social-Media-Nutzer haben begonnen, sich von Facebook zurückzuziehen. Oder aber sie wenden sich neuen Gefässen wie den «geschlossenen Gruppen» zu (was ich unter dem «Messengerisierung»-Trend subsumiere). Trotz Verlagerung von öffentlichen Zonen zu WhatsApp, Instagram oder Messenger: Wir verbringen zwei Stunden täglich im Ökosystem von Facebook, das jene Messenger-Apps entwickelt oder zugekauft hat. Das «Zeitmonopol» des sozialen Riesen ist unangetastet, unser «Suchtproblem» bleibt bestehen. Doch könnte diese Entwicklung für Marc Zuckerberg in einem kommerziellen Desaster enden. Denn die «populärsten Messenger (Messenger und WhatsApp) gehören zum Facebook-Imperium, jedoch lässt sich mit ihnen aktuell noch nicht annähernd das erwirtschaften, was Facebook mit seinem guten alten News Feed verdient», kommentiert der Digitalexperte Martin Giesler den anhaltenden Trend.[2] Die Überlegung ist einleuchtend: Im persönlichen Chat wäre dauernde Werbeunterbrechung irritierend. Facebook wird sich hüten, der wachsenden Zahl von

Messenger-Usern Anzeigen einzublenden. Gleichzeitig schrumpft das Publikum der Netzwerke, in denen Werbekampagnen eingeblendet werden könnten. Dies könnte früher oder später die zahlreichen Werbekunden verärgern. Doch was bedeutet die Messengerisierung unserer zwischenmenschlichen Kommunikation genau im politischen Kontext? Diese Frage möchte ich in diesem Kapitel etwas vertiefen.

Reaktion auf das Klima in der politischen Diskussion

Diese «Rückzugsmanöver» sind eine Antwort auf die Auswüchse in den Kommentarspalten und Social Media. Dort wurde in den letzten Jahren der Nährboden für diese Gefechte gesät: Falschnachrichten, menschenähnliche Roboterprofile und ein aufgeheiztes Diskussionsklima führen dazu, dass sich immer mehr Nutzer in ihren sozialen Komfortzonen nicht mehr wohlfühlen. Die Newsfeeds wurden in den letzten Jahren regelrecht politisiert (siehe auch Kapitel «Journalismus zwischen Fake News, Filterblasen und Fact-Checking»). Eine Studie des Pew Research Centre zeigte, dass eine Mehrheit der Social-Media-Nutzer während des US-Wahlkampfs unter der aggressiven Stimmung in ihren Netzwerken gelitten hatte. Die User nahmen Facebook und Konsorten als politische Kampfzone wahr. 83 Prozent der Befragten in den USA möchten jedoch nicht mit politisch konträren Sichtweisen oder aggressiven Äusserungen konfrontiert werden, wenn sie durch ihren Feed scrollen.[3] Sie versuchen diese Postings weitgehend zu ignorieren. Über die Hälfte der befragten Nutzer empfinden die Gespräche auf Social Media als gehässiger, weniger respektvoll und weniger zivilisiert als andere Formen des politischen Dialogs. Und ein Drittel begann seinen Newsfeed aufgrund der angezeigten politischen Inhalte zu kuratieren. Bei Freunden mit pointierten politischen Aussagen, die der eigenen Haltung widersprechen, greifen diese Personen auf die Option «Weniger davon» zurück. Nur eine Minderheit der befragten Nutzer geht freiwillig auf konträre Standpunkte ihres Freundeskreises ein. Es zeigt sich, dass der Facebook-Newsfeed langfristig immer weniger als Plattform der politischen Auseinandersetzung taugt, weil Meinungsverschiedenheiten immer weniger toleriert werden.

Eine Verlagerung auf Snapchat, WhatsApp und FB Messenger könnte aus einer normativen und politisch-philosophischen Perspektive noch fatalere Folgen haben. Sichtweisen zu einem Thema werden so unsichtbar. Der Öffentlichkeit wird die Meinung entzogen. In geschlossenen Anwendungen könnten politische Monokulturen gedeihen. Hier ist man unter seinesgleichen. Der digitale öffentliche politische Diskurs stirbt dadurch. Ab wann lässt sich überhaupt von einer Öffentlichkeit reden?

Förderung des Filterblasentrends

Historisch gesehen bildete sich eine frühbürgerliche Öffentlichkeit in den Salons und Kaffeehäusern des 18. Jahrhunderts heraus. In den darauffolgenden Jahrhunderten stellten vorwiegend die Massenmedien Öffentlichkeit her, wobei das Publikum in der Mehrzahl aus passiven Lesern bestand. Der Siegeszug von Blogs, Suchmaschinen und sozialen Medien im 21. Jahrhundert läutete das Zeitalter der digitalen Netzwerkmedien ein.[4] Sie brachten eine Auflösung von Publikationshierarchien mit sich, da nun jeder zum potenziellen Inhaltsproduzenten avancieren konnte. Netzaktivisten hofften, eine kritische Internet-Gegenöffentlichkeit heranbilden zu können. Doch die normativen Ideale der Öffentlichkeit wie eine breite Beteiligung der Bevölkerung oder die Kraft des besseren Arguments haben sich auf Facebook, Twitter und anderen Plattformen nur unzureichend durchgesetzt. Der Diskurs ist fragmentiert: Es gibt verschiedene Profil- und Kommentaröffentlichkeiten. Dabei profitieren diejenigen Exponenten, die am meisten Lärm machen (siehe Kapitel «Ein Sammelbecken für Populisten»). Doch immerhin vermochten wir uns so ein Stimmungsbild zu gewissen Themen zu verschaffen und können auch die Überlegungen des twitteraffinen US-Präsidenten live mitverfolgen.

Der gegenwärtige Trend zur «Messengerisierung» würde diese Errungenschaften wieder zunichtemachen, denn er verletzt eine gemäss dem Philosophen Jürgen Habermas unabdingbare Voraussetzung für die Herstellung von Öffentlichkeit: das Prinzip der Schrankenlosigkeit. Niemand darf prinzipiell vom Diskurs ausgeschlossen werden. Ebenso wäre ein weiteres konstituierendes Merkmal von Öffentlichkeit nicht mehr erfüllt: dass ein Sprecher mit einem Publikum kommuniziert, dessen Grenzen er nicht bestimmen kann.[5] Auf den Messenger-Plattformen schottet man sich indes bewusst ab und kennt seinen Empfängerkreis. In einer geschlossenen Gruppe auf Facebook müssen Nutzer einen Antrag stellen. Der Vorteil dabei ist, dass die Administratoren die Kontrolle über ihre Mitglieder und die Regeln der zwischenmenschlichen Kommunikation definieren können. Dies begünstigt die Durchsetzung von einfachen Regeln und Netiquette. Doch die geschlossenen Gruppen befördern auch die Homogenisierung und Separierung von anderen politischen Communities. Wesentliches Merkmal ist die Abschottung nach aussen. In einer eigenen Gruppe werden kritische Voten vielleicht geduldet. Doch meist sortieren sich politisch andersdenkende Personen selber aus, indem sie auf Facebook eine geschlossene Gruppe, die ihrer Meinung widerspricht, gar nicht erst aufsuchen. Oder sie erhalten dermassen viel Gegenwind auf ihre Beiträge, dass sie sich innert kurzer Zeit selbst verabschieden. Kurz: Die «Messengerisierung» befördert den Filterblasentrend der sozialen Medien sowie die zunehmende Personalisierung der politischen Kommunikation (siehe auch Kapitel «Big Data im Wahlkampf – Mythos oder Waffe?»).

Im Schutzraum dieser Apps kann ich mich ungestört mit Gleichgesinnten austauschen. Es gelten eigene Konventionen und Regeln. Kein Algorithmus sortiert vor oder filtert eintrudelnde Beiträge aus. Verbale Angriffe von unbekannten Nörglern sind per se ausgeschlossen. Die privaten Gespräche sind dann vielleicht auch politischer Natur. Doch sie bleiben privat. Indem der Öffentlichkeit die Meinung entzogen wird, stirbt auch der Traum der Internetpioniere: das Netz als freie und vitale Arena für Debatten. Das Ideal des virtuellen Markplatzes, wo sachlich und deliberativ politische Meinungen nach dem Vorbild der Antike debattiert werden, rückt damit in weite Ferne. Medien, Politologen und andere Beobachter haben auch hier keine Chance, geäusserte Standpunkte nachzuvollziehen, da diese verborgen bleiben.

Weshalb wir Trump und Twitter brauchen

Weshalb der Öffentlichkeitsaspekt so wichtig ist für das Funktionieren einer Demokratie, möchte ich anhand des sozialen Netzwerks Twitter aufzeigen. Der Kurznachrichtendienst ist bekanntlich das Lieblingsmedium des US-Präsidenten. Twitter ist aufgrund seines Chronologieprinzips und seiner Offenheit einer der wenigen filterfreien (nicht algorithmusbasierten) und frei zugänglichen Kommunikationskanäle. Donald Trump hat den Kurznachrichtendienst popularisiert. Seine «Krawallrhetorik» im Rahmen von 140 Zeichen ist berüchtigt. Kein Tag verging im Sommer 2016, ohne dass der damalige Kandidat Seitenhiebe und Retourkutschen verteilte. Eine tägliche Telenovela zwischen ihm, den Massenmedien und seiner Kontrahentin Hillary Clinton wurde den Zuschauern feilgeboten. Die Mainstream-Medien gierten geradezu nach seinen Statements auf Twitter. Indem sie seine Tweets in ihre Berichterstattung integrierten, multiplizierten sie seine Botschaften für ein Massenpublikum. Mit seinen Polemiken auf Twitter war Trump zudem der interessantere Stichwortgeber für die Massenmedien als Clinton. Die mediale Aufmerksamkeit bescherte ihm laut Schätzungen Gratis-Wahlkampfwerbung in der Höhe von 2 Milliarden Werbefranken.[6] Besonders sein Nutzungsverhalten warf immer wieder neue Fragen auf bei den Medienschaffenden und war regelmässig Gegenstand verschiedener Analysen. Gemäss einer Auswertung der *New York Times* hat der US-Präsident seit der Ankündigung seiner Kandidatur 329 Personen oder Institutionen direkt angegriffen und beleidigt.[7] Anfang Februar 2017 waren 70 Prozent der amerikanischen Bürger der Meinung, dass der US-Präsident aufgrund seiner unkontrollierten verbalen Eskapaden nicht mehr twittern solle. Im Minutentakt betreibt der Twitter-Präsident Wirtschaftspolitik und internationale Diplomatie und verwirrt damit Establishment und Medien gleichermassen.

Doch wir wissen mittlerweile: Der US-Präsident benutzt seinen Kanal, um laut zu denken. Es handelt sich dabei nicht um offizielle Stellungnahmen des Weissen Hauses, sondern oft um seine spontanen, manchmal unausgegorenen Gedanken, die er mit seinen Followern teilen möchte.

Statt bei Amtsantritt Medienkonferenzen abzuhalten, verbreitet Trump seine Ansichten im Amt ungefiltert durch den Kurznachrichtendienst. Journalisten und Beobachter kommen daher nicht umhin, seinen Account zu abonnieren. Nicht zuletzt auch aufgrund der manchmal willkürlichen und beliebigen Ausschlüsse aus Pressekonferenzen. Es war daher auch eine gute Entscheidung des Unternehmens Twitter, das Benutzerkonto von Donald Trump trotz der Forderungen der Netzgemeinschaft nicht zu deaktivieren. Der CEO Jack Dorsey sagte in einem Interview: «Ich glaube, es ist wichtig, dass wir diese Kanäle der mächtigen Entscheidungsträger beibehalten, ob wir mögen, was sie schreiben, oder nicht, denn ich weiss nicht, wie wir sie sonst zur Verantwortung ziehen können.»[8] Der offene Kommunikationskanal dient dem Präsidenten als

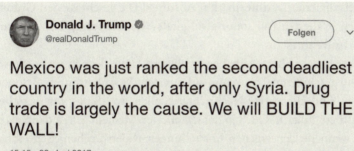

1   Mit seinem persönlichen Twitter-Account kommentiert Donald Trump aktuelle Ereignisse. Meist attackiert er die Qualitätsmedien.
    Quelle: Twitter

Sprachrohr und Medienschaffenden als direkter Zugang zum Weissen Haus. Blieben seine Gedanken verborgen, so würde dies den Präsidenten für Journalisten, Forscher und Beobachter womöglich noch unberechenbarer machen.

Wo Fake News munter gedeihen

Mit der «Messengerisierung» wird die Polarisierung im sozialen Netz immer weniger sichtbar. Extreme Meinungen verlagern sich in dunkle Ecken. Messenger-Apps und Facebook-Gruppen sind Sammelbecken für Personen, die ihre teils extremen Ansichten aufgrund verschiedener Normen nicht öffentlich äussern möchten (siehe auch Kapitel «Die Alt-Right und die Eroberung der sozialen Netzwerke»). Gemäss einem Buzzfeed-Bericht vom 24. Januar 2016 beispielsweise organisierten sich Trump-Anhänger im Netz, um den französischen Präsidentschaftswahlkampf «aufzumischen».[9] Über eine Chat-Gruppe tauschten sie Anleitungen und Materialien für gezielte Falschnachrichten und Memes gegen die etablierten Parteien aus. In den Augen dieser Trump-Anhänger ist die Gesellschaft zu weit ins Liberale abgedriftet. Ihr Ziel ist es, Chaos weltweit mittels digitaler Desinformation zu stiften. Die geschlossenen Gruppen dienen in diesem Fall somit als digitales Trainingscamp zur Züchtung von «Troll-Fabriken».

Falschnachrichten gedeihen in diesem Umfeld noch mehr, sie werden im geschützten Cocon nun auf privatem Weg übermittelt. Besonders beliebt sind alternative Nachrichtenquellen und Blogs von Verschwörungstheoretikern. «Quellen der ‹etablierten Medien› gelten dann als Lügen, wenn sie den eigenen Vorstellungen widersprechen», schreibt ein Reporter bei Vice, der während mehrerer Wochen in rechtsextremen Facebook-Gruppen mit anderen Mitgliedern im Rahmen eines Experiments interagierte und deswegen anonym bleiben wollte. Er beschreibt im Text den Propagandarausch, in den die Mitglieder der Gruppe durch gegenseitiges Liken und Bestärken hineingeraten. Medien haben keine Chance, hierher vorzudringen und die frei erfundenen propagandistischen Geschichten zu dekonstruieren. Die jüngst beschlossenen Massnahmen gegen Fake-News-Anbieter greifen hier nämlich nicht. Fact-Checking-Organisationen können lediglich Inhalte überprüfen, die auf Profilen und Pages öffentlich geteilt wurden. Sie sind dabei auf die Mithilfe der Community angewiesen. Wird ein Posting von vielen Usern als «Falschnachricht» deklariert, so nehmen sich Facebook und die Partnerorganisationen dieses Tatbestands an. Im geschlossenen Raum aber sind Gleichgesinnte «unter sich». Es ist eher unwahrscheinlich, dass User in diesem Umfeld die Inhalte ihrer «Gruppen-Kumpel» als Falschnachrichten deklarieren. Der grosse Teil des «Falschnachrichten-Markts» findet im nicht sichtbaren Teil von Facebook statt; Fake News zirkulieren besonders in geschlossenen Gruppen und Messenger-Apps.[10] Eine «Messengerisierung» der digitalen Demokratie behindert damit die Entstehung einer informierten und aufgeklärten Netzöffentlichkeit. Stattdessen wuchern abgeschottete und aufgeheizte politische Parallelwelten.

Facebook-Gruppen fördern die Vernetzung von Gleichgesinnten
Dem «Dark Social»-Bereich – wie er von Marketingexperten aufgrund der fehlenden Messmöglichkeiten auch genannt wird – lässt sich aber auch einiges Positives abgewinnen: Nach Jahren der völligen digitalen Entblössung findet endlich ein Umdenken statt. Besonders jungen Social-Media-Usern fehlte lange das Bewusstsein für entsprechende Einstel-

lungen der Privatsphäre. Das führte zu vielen kompromittierenden Situationen, in der Schule, bei der Arbeit oder zu Hause. Wir erinnern uns an Beispiele, wo Tausende von jungen Menschen bei einem Teenager-Geburtstag erschienen sind, weil sie auf Facebook ihre Freunde eingeladen hatten. Ausserdem scheint sich bei vielen politischen Akteuren ein Bewusstsein für abhörsichere Kommunikation allmählich durchzusetzen. Die Grüne Partei Deutschland beispielsweise kooperiert im Hinblick auf die Bundestagswahlen im September 2017 mit dem Schweizer Messaging-Dienst Threema.[11] Ziel und Zweck ist, eine sichere innerparteiliche Kommunikation mit rund über 1000 Helfern und Kandidaten zu gewährleisten, in denen man auch über Argumentarien zu Fake News gebrieft wird. Die Grüne Partei ist dabei nicht allein. «Es ist kein Geheimnis, dass viele Politikerinnen und Politiker Threema oder Threema Work als bevorzugten Messenger für die ‹politisch-berufliche› Kommunikation nutzen – nicht nur in Deutschland, sondern auch in Bundesbern», sagte der Pressesprecher Roman Flepp auf meine Anfrage.

Der Rückzug in private politische Räume bietet in Sachen politische Mobilisierungsstrategien Vorteile. Erfolgreiche Aktionen der Zivilgesellschaft hatten hier ihren Ursprung. Ein Beispiel aus der jüngsten Vergangenheit illustriert dies: Einer der grössten Protestmärsche in der amerikanischen Geschichte wurde in solchen Schutzräumen organisiert, der Women's March. Ausgelöst hat ihn ein einziges Facebook-Posting der Clinton-Anhängerin Teresa Shook, einer pensionierten Juristin, die sich selbst als unpolitisch bezeichnet. Geschockt über das Wahlergebnis vom 8. November 2016 machte sie einen Beitrag auf einer der Clinton-Fanseiten.[12] Ein Marsch der Frauen müsse nun vorbereitet werden. Viele ihrer Freunde stimmten zu, doch wollte niemand den Lead übernehmen. Daraufhin entschloss sie sich, eine geschlossene Facebook-Gruppe zu organisieren, die die Demonstration vorbereiten sollte. Als sie am nächsten Morgen aufwachte, musste sie 10000 Beitrittsanfragen bestätigen. Entscheidungen rund um die Vorbereitungen zum Women's March vom 21. Januar 2016 wurden also in einer geschlossenen Facebook-Gruppe abgewickelt. Erst in einem zweite Schritt wandte sich das Komitee mit der Kommunikation an die breite Öffentlichkeit und mobilisierte auf anderen Kanälen.

Chatbots als Trainingszentrum für politische Kompetenz?

Widmen wir uns noch einem künftigen Szenario der Messengerisierung der Politik, das ebenfalls ambivalente Folgen haben kann. Die Beschäftigung mit (Meinungs-)Robotern. Seit Facebook seinen Messenger als eigene App ausgelagert hat und die Schnittstelle für den Bau von Eigenanwendungen öffnete, boomen die Chatbots. Mittlerweile kümmern sich Zehntausende Bots der unterschiedlichsten Unternehmen als Service- und Betreuungskanal für Kunden oder als publizistisches Gefäss für Leser um die Belange und Anliegen der User[13] (siehe auch Kapitel «Warum Social Bots keine Gefahr für die Demokratie sind»). Mark Zuckerberg will den Messenger als Kommunikationsservice ausbauen, wie er im April 2017 an der Entwicklerkonferenz von Facebook F8 ankündigte.

Auch auf das politische Terrain haben sich einige Pioniere vorgetastet. Der Resistbot beispielsweise verknüpft amerikanische Facebook-User mit den jeweiligen lokalen Kongressabgeordneten. Der Bot benachrichtigt interessierte Bürgerinnen und Bürger über bevorstehende wichtige Geschäfte im Rat. Seit seiner Lancierung im März wurden 800 000 Faxseiten mit Facebook-Nachrichten an Kongressabgeordnete zu den Themen Gesundheitsreform, Steuern und Immigration verschickt.[14] Die Nachrichten kamen mehrheitlich von demokratisch gesinnten Usern – wie es der Name des Bots schon suggeriert. Mit dem Resistbot soll die Opposition gegen die Agenda von Donald Trump organisiert werden.

Das Schweizer Fernsehen konstruierte einen Abstimmungsbot und lancierte diesen im Januar 2017. Die virtuelle Figur «janino» liefert Informationshäppchen zu den Vorlagen.[15]

Viele der existierenden Prototypen von Polit-Assistenten befinden sich derzeit noch in einem rudimentären Stadium. Von «künstlicher politischer Intelligenz» kann kaum die Rede sein. Doch in Zukunft wird die Antwortqualität persönlicher ausfallen, Machine Learning noch besser werden. Die Konversation wird nicht mehr über Text, sondern wie beim Assistenten Siri mündlich verlaufen. Der persönliche, smarte Abstimmungschatbot weiss dank meiner Historie, wie ich beim letzten Mal abstimmte. Er wird mir darauf basierend Abstimmungsempfehlungen abliefern oder mich zum politischen Schlagabtausch herausfordern. Die Vorteile dieses virtuellen Debattentrainings liegen auf der Hand. Bei zu-

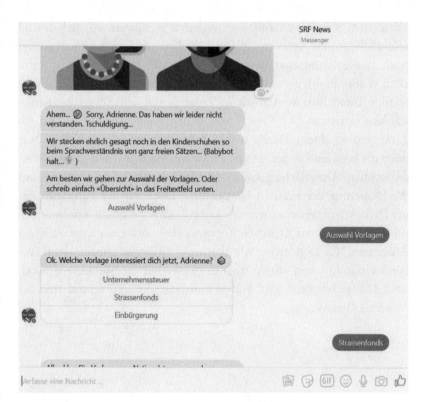

2 Ein Chat zwischen der Autorin und dem Abstimmungs-Chatbot von SRF. «Janino» ist noch nicht semantisch intelligent genug für richtige Konversationen.

nehmender Interaktion mit politischen Chatbots würden wir lernen, an unserer politischen Rhetorik zu feilen. Doch wirft auch diese Entwicklung einige Fragen auf, die wir zum heutigen Zeitpunkt noch nicht beantworten können, wie: Werden wir kompetenter und sachkundiger debattieren – oder eher intoleranter bei abweichenden Antworten, die nicht der gewohnten Robotermorm entsprechen? Wird der Umgang in der politischen Öffentlichkeit zivilisierter? Oder gibt es keine Öffentlichkeit mehr, weil wir lieber mit Robotern über Politik diskutieren?

Fazit: Der Trend zur Personalisierung der politischen Wahlkampfwerbung und zur Filterblasenbildung in den sozialen Medien wird derzeit verstärkt durch eine weitere Entwicklung, die «Messengerisierung» der Kommunikation. Sie eröffnet Chancen, birgt aber auch Risiken für die Demokratie: Es könnte sein, dass wir immer mehr politische Fragen auf bilateralem Kommunikationsweg verhandeln. Kommentarspalten und öffentliche soziale Netzwerke dienten Medien und Forschern soeben erst noch als Stimmungsbarometer für gesellschaftliche Trends. Diese virtuellen «Labor-Biotope» trocknen immer mehr aus. Setzt sich der gegenwärtige Trend fort, werden wir in Zukunft vermehrt in geschlossenen Kanälen «chatten». Die Vielfalt von bestehenden Meinungen und Argumenten zu einem Thema würde dadurch nicht mehr sichtbar. Nur noch die beliebtesten und frechsten Memes werden «nach draussen» an die sichtbare Oberfläche gespült (siehe auch Kapitel «Die Alt-Right und die Eroberung der sozialen Netzwerke»). Doch für das Funktionieren der Demokratie brauchen wir eine gemeinsame öffentliche Kommunikationssphäre, und wir brauchen Kenntnis aller vorhandenen politischen Positionen. Nur so gelangen wir überhaupt zu einem gemeinsamen Problemverständnis und wissen über die Diversität der Meinungen zu einem Thema Bescheid. Das sind Voraussetzungen, die zentral sind für eine freie Demokratie.

Warum Social Bots keine Gefahr für die Demokratie sind
Martin Fuchs

Können kleine und autonom agierende Computerprogramme unsere Meinung manipulieren, Börsenkurse beeinflussen und vielleicht sogar Wahlen gewinnen? Spätestens seit dem letzten US-Präsidentschaftswahlkampf sind Social Bots in aller Munde. Ihr Einfluss ist jedoch schwer zu bewerten, und es ist zu mehr Gelassenheit in der Diskussion um die Macht von Bots geraten, denn einige von ihnen können sogar unser Leben verbessern.

Ein kleines Gedankenexperiment zu Beginn: Stellen Sie sich vor, die deutsche Bundeskanzlerin, Dr. Angela Merkel (CDU), würde einen Twitter-Account starten, dort wochenlang ihre Botschaften twittern und Dialoge mit Bürgern führen. Etwa: «Sie sollten nicht so extremistisch sein.» Erst nach Monaten würde bekannt, dass nicht die Kanzlerin und ihr Team dort kommunizieren, sondern ein Roboter, der die täuschend echten Botschaften und Gespräche im Duktus der Kanzlerin komplett automatisiert und ohne Wissen der Regierung versendet hat. Dieser Roboter hätte zudem vor ein paar Jahren noch einen Pornokanal bespielt und dort als erotischer Avatar schlüpfrige Botschaften an die liebestollen Nutzer versendet. Und keiner der inzwischen mehr als 8000 Twitter-Follower hätte all dies bemerkt. Dystopie? Weit gefehlt. Genau dies ist in Argentinien bereits passiert. Journalisten starteten einen Account im Namen der Expräsidentin Cristina Fernández de Kirchner.[1] Sie wollten damit testen, wie einfach es ist, einen politischen Social Bot zu starten, wie dieser für die politische Kommunikation genutzt werden kann und ob die Öffentlichkeit bemerkt, ob dahinter ein realer Nutzer oder nur ein Skript steckt. Und tatsächlich wurde die Echtheit im Lauf des gesamten Experiments nicht infrage gestellt. Am Ende folgten dem Account viele politische Protagonisten und Journalisten, ohne den Wahrheitsgehalt der Nachrichten in Frage zu stellen. Die Botschaften in den Tweets setzte das Programm automatisch aus einem Fundus von Reden und Interviews der Expräsidentin zusammen. Somit wirkten sie vertraut und entsprachen der bisherigen Kommunikation auf anderen offiziellen Kanälen. Ein einfaches kleines Experiment, das eindrucksvoll zeigt, dass Social Bots heute ohne grossen Aufwand reale Personen möglichst echt imitieren können und nur mit erheblichem Aufwand von normalen Nutzern identifiziert werden können.

Bots (von englisch «robots», Roboter) sind kleine Computerprogramme, die eigenständig automatisierte und standardisierte Aufgaben übernehmen können. Sie werden im Internet schon lange eingesetzt, z. B., um Suchmaschinen zu optimieren und neue Suchergebnisse zu referenzieren. Ohne Bots wären die heutigen leistungsstarken Suchmaschinen, die wir täglich nutzen, nicht denkbar. Eine Studie des IT-Unternehmens Incapsula geht davon aus, dass aktuell 61 Prozent des Datenverkehrs bei Suchmaschinen auf Bots zurückgehen.[2] Und Untersuchungen der IT-Sicherheitsfirma Imperva belegen, dass 52 Prozent des gesamten weltweiten Web-Traffics von Bots erzeugt werden.[3] Sie sind also mittlerweile für mehr Verkehr im Internet verantwortlich als die rund 3,5 Milliarden realen Internetnutzer. Sie gehören zu unserem Alltag wie E-Mails und Zähneputzen. Bisher haben wir davon aber noch nicht viel mitbekommen.

Auch Unternehmen und Medien setzen immer stärker auf Chat-Bots, um so beispielsweise Kundendialoge effizienter zu betreuen. So kann man z. B. bei der Fluggesellschaft KLM seine komplette Flugbuchung via Bot im Facebook-Messenger vornehmen. Im chinesischen Netzwerk WeChat hat sich in den vergangenen Jahren ein ganzes Ökosystem von Tausenden Bots entwickelt, über die man Bankgeschäfte abwickeln, Pizza bestellen oder Immobilien kaufen kann. Facebook arbeitet an ähnlichen Ideen und Einsatzmöglichkeiten. Verlage und Journalisten wollen ebenfalls mithilfe von «Conversational Journalism»-Ansätzen neue Zielgruppen erreichen. So startete im letzten Jahr in Deutschland die App Resi: Sie verbindet Chatten und Informieren, indem sie Nutzern passgenau Nachrichten zu einem nachgefragten Thema in den Chatverlauf liefert. Auch die Zeitung *Die Welt* und *funk*, das öffentlich-rechtliche Jugendangebot von ARD und ZDF (Novi-Bot), experimentieren mittlerweile mit ähnlichen Angeboten.

All diese Bots versuchen Dienstleistungen zu erbringen, die automatisiert erfolgen können. Sie sollen Nutzenden einen konkreten Mehrwert liefern. Sie werden auch «good bots» genannt. Daneben treiben aber auch immer mehr «bad bots» ihr Unwesen, sogenannte Social Bots, auf

Deutsch Soziale Roboter. Diese kleinen, aber zunehmend intelligenteren Software-Programme verhalten sich so, als seien sie reale menschliche Nutzer. Sie mischen sich in politische Diskurse ein und versuchen diese zu manipulieren. Meist treten sie massenhaft auf und werden dann auch Bot-Armee genannt.

Spätestens mit dem US-Wahlkampf und dem Brexit sind Social Bots auf der öffentlichen Agenda angekommen. Jahrelang wurden sie zuvor fast unbemerkt in Wahlkämpfen und in politischen Debatten z.B. in Lateinamerika eingesetzt. Doch mit den für viele Europäer unerklärlichen Wahlausgängen in den USA und in Grossbritannien erlebte die Debatte um den Einfluss von Bots auf die Meinungsbildung einen wahren Hype. Einer der Ausgangspunkte war die Studie zweier Soziologen von der Universität Oxford und der Budapester Corvinius-Universität. Sie untersuchten während des Brexit-Wahlkampfs die Verteilung von Hashtags auf Twitter und kamen zum Schluss, dass über die Hälfte der Tweets dem Pro-Brexit-Lager (#voteleave, #takecontrol), aber nur 15 Prozent dem Kontra-Lager (#strongerin, #remain) zuzuschreiben waren.[4] Dann versuchten die Wissenschaftler zu ermitteln, wie viele Bots an den Tweets beteiligt waren, und fanden überraschend heraus, dass nur 1 Prozent der an der Diskussion beteiligten Nutzerprofile für über 30 Prozent aller Tweets verantwortlich war. Lediglich eine sehr kleine Gruppe von «Nutzern» dominierte also die gesamte Diskussion. Die Vermutung der Forscher ist, dass es sich wenigstens bei einem Teil der sehr aktiven Nutzer um Bots handeln müsste. Insgesamt ermittelten sie, dass bei beiden Lagern etwa 15 Prozent der Tweets von Bots oder zumindest von teilweise automatisierten Nutzerkonten stammten.

Daraus leiteten die Forscher einen wahrnehmbaren Einfluss von Social Bots auf die Meinungsbildung und den Wahlausgang für den Brexit ab. Wie gross dieser Einfluss aber real war, ist nicht wirklich belastbar nachzuweisen. Zum einen spielen in die Wahlentscheidung immer viele Faktoren hinein, ein einzelner Faktor ist zudem selten alleiniger Grund für eine Entscheidung. Zum anderen twitterten auch viele kommerzielle Spam-Social-Bots die zum Brexit-Zeitpunkt viel genutzten Hashtags wie #remain, um eine bessere Sichtbarkeit für ihre Angebote zu erhalten. Und ein weiterer Faktor ist die Interpretation durch Medien, die diese Stimmungen in ihrer Berichterstattung aufnehmen. Doch dazu später mehr.

Doch wie genau versuchen Bots die Meinungsbildung im Netz zu manipulieren?

Der normale Nutzer erkennt Social Bots kaum. Ihre Profilbilder sind oft real existierende Profilfotos aus dem Internet oder belanglose Comiczeichnungen, die Biografie ist sinnvoll ausgefüllt. Und bevor die Bots richtig aktiv werden, haben sie sich oft schon mit anderen realen Nutzern vernetzt und mit harmlosen Postings eine digitale Historie angelegt. Schätzungen gehen von über 100 Millionen Fake-Accounts auf allen grossen Social-Media-Plattformen aus. Bis zu 20 Prozent aller Twitter-Accounts werden schon heute Social Bots zugeordnet. Leider fehlen hier belastbare Zahlen, da nicht alle aktuellen über 300 Millionen Twitter-Accounts untersucht werden können und Social Bots dank künstlicher Intelligenz (KI) zudem immer intelligenter werden und somit nicht mehr so einfach mit den aktuellen Systemen identifiziert werden können. So wurde zum Beispiel beobachtet, dass Social Bots, die bisher ununterbrochen 24 Stunden am Tag Tweets absendeten, nun auch einen Tag-Nacht-Rhythmus imitieren können und in der Nacht nicht twittern, um so zu suggerieren, dass es sich hier um einen realen Nutzer handelt, der zu dieser Zeit normalerweise schläft.

Bots kann jeder programmieren, der Programmiercode ist auf Plattformen wie GitHub für jeden auch ohne grosse Programmierkenntnisse abruf- und nutzbar. Oder man kauft sich Bots direkt bei Programmierern ein. Für wenige Tausend Euro bekommt man 10 000 Social Bots für alle möglichen Netzwerke, die dann für die Manipulation eingesetzt werden können.

Doch was sind die Motive dahinter? Und welche Strategien werden angewendet? Die simpelste Methode, um die öffentliche Wahrnehmung zu beeinflussen, ist das Verfälschen von Fan- und Followerzahlen. Politiker und Parteien können ihre Relevanz erhöhen, indem sie Social Bots nutzen, um schnell grosse Anhängerschaften aufzubauen. Beobachtet wird auch das umfassende «durchliken» von Postings auf Facebook und das automatisierte Abrufen von YouTube-Videos. Damit wird eine Beliebtheit der Inhalte erzeugt, die so gar nicht existiert. Und als Nebeneffekt belohnt der Algorithmus der Netzwerke die beliebten Inhalte mit einer verbesserten Platzierung in den Newsfeeds. Die Inhalte erhalten dadurch also mehr Sichtbarkeit, und zwar viel mehr, als wenn nur reale Nutzer diese konsumieren würden. Die offensichtlichste Strategie ist der dirckte Versuch, die Argumente und Positionen des «Auftraggebers» durch Kommentare und Tweets in den Diskurs einzubringen. Dabei posten Social Bots dort automatisiert Gegenargumente, wo bestimmte Stichworte fallen. US-Klimawandelleugner nutzten diese Methode zum Beispiel, um allen Menschen, die zum Thema Klimawandel twitterten, einen Tweet zu senden, in dem eine Studie zitiert wird, die besagt, dass es keinen Klimawandel gibt. Alternativ wird diese Methode auch benutzt, um einen politischen Diskurs erst gar nicht entstehen zu lassen oder zu unterbinden. So beobachtete Professor Simon Hegelich von der Hochschule für Politik in München unter anderem auf dem Facebook-Account der CSU, wie Social Bots versuchten, Meinungen zu beeinflussen. Unter den Beiträgen der Partei tauchten immer wieder thematisch nicht zum Beitrag passende fremdenfeindliche Kommentare auf, die Hegelich ziemlich sicher Social Bots zuordnen konnte. Oft reicht schon ein einziger Bot-Kommentar aus, damit sich andere, echte Benutzer zu Hasstiraden hinreissen lassen – oder sich genervt abwenden. Eine sachliche Diskussion über ein kontroverses Thema wird so unmöglich.

Am subtilsten und daher gefährlichsten ist aber die Strategie, Trends zu beeinflussen und irrelevante Themen und Positionen auf die politische Agenda zu heben. Dazu benutzen Bots bereits etablierte Hashtags oder setzen massenhaft Tweets und Postings ab – auch solche fremdenfeindlicher Art – mit einem neuen, eigenen Schlagwort wie z.B. #RapeFugees und #RefugeesNotWelcome. Weil Social-Media-Trends für Politik und Medien ein immer wichtiger werdender Seismograf für Stimmungen und Diskussionstrends sind, erhalten von Social Bots gesetzte Themen plötzlich eine Relevanz, die ihnen eigentlich gar nicht zustehen sollte. Sie dringen somit in die Mitte der Gesellschaft vor. Wie schnell das geht, zeigte die *Wirtschaftswoche*-Chefredaktorin Miriam Meckel, die einen Hashtag definierte und ihn mit weniger als 20 Twitter-Kontakten und ein paar Tweets in die deutschen Twitter-Trends hievte. Dies war zwar eine von Menschen koordinierte und orchestrierte Aktion. Doch man stelle sich nur vor, wie die Multiplizierung durch Bots ausgefallen wäre. Simon Hegelich vermutet, dass sogar der Grossteil des Twitter-Traffics inzwischen von Social Bots kommt und dass generell jede politische Debatte von ihnen beeinflusst wird. Dies gilt nicht nur für Twitter, sondern für alle sozialen Netzwerke. Twitter wird auch an dieser Stelle nur immer gerne als Referenz herangezogen, weil das Netzwerk am offensten gestaltet ist und die Platzierung von Social Bots am einfachsten funktioniert. Wissenschaftler können bei diesem Schauplatz am besten das Wirken der Programme beobachten und nachverfolgen. Selbst auf Facebook oder in stark geschlossenen Netzwerken wie Snapchat wurden bereits Social Bots beobachtet, wenn auch bei Zweiterem bisher noch ohne politischen Bezug.

Die politischen Potenziale von Social Bots

Die Technologie hinter Bots ist neutral. Die Diskussion über das Phänomen wird aber schwerpunktmässig nur zu den möglichen Bedrohungen geführt, wodurch die Chancen in der aufgeregten Debatte oft zu kurz kommen. Politische Akteure sollten mit der Technologie experimentieren und diese insbesondere auch in Wahlkämpfen einsetzen – transparent und offen, für jeden Nutzer erkenntlich, wer dahintersteckt und welche Ziele der Bot verfolgt.

Ich möchte nun einige Beispiele aus dem politischen Umfeld aufführen, die zeigen, welche Potenziale für die politische Kommunikation in Bots stecken.

Factchecking

Hillary Clinton startete im Wahlkampf einen Bot, der als Fact-Checker agierte. Jeder Nutzer konnte sich mit Eingaben und selbstgewählten Themen Original-Statements von Donald Trump zusenden lassen. In der Antwort war dann auch immer gleich die Originalquelle (Videos, Audioaufzeichnungen) der Aussagen verlinkt, sodass auch Trump-Anhänger sehen konnten, dass ihr Kandidat diese meist skurrilen Aussagen wirklich gemacht hatte. Das Ziel bestand darin, Trump-Anhänger anzusprechen und ihnen zu zeigen, wie «ihr» Kandidat wirklich über ihre Themen denkt.

Transparenz

Fast schon ein Klassiker sind Bots, die anonyme Änderungen in Wikipedia öffentlich machen. So twittert der Account @bundesedit automatisiert Änderungen von Artikeln, die anonym aus den IT-Netzwerken von

Bundestag, Bundesministerien, Bundesämtern und anderen Bundeseinrichtungen vorgenommen wurden. Auch wenn die anonyme Änderung allein erst einmal nichts per se negatives ist, da natürlich auch Behörden und Parteien Änderungen selbst an ihren Artikeln vornehmen können, schafft dieser Bot Transparenz. Er zeigt, was und – vor allem – von wem geändert wurde. Diese Informationen sind insbesondere bei aktuellen Debatten spannend.

Ein anderes Beispiel ist ein Twitter-Bot, der Diktatoren-Flugzeuge und deren Flugbewegungen überwacht. Der «GVA Dictator Alert» verschickt automatisiert Tweets, sobald ein Flugzeug eines Diktators in Genf startet oder landet. Hinter dem Bot steckt der Schweizer Journalist François Pilet. Ziel des Bot-Erstellers ist es, Transparenz in die geheimen und teilweise kriminellen Aktivitäten von Diktatoren zu bringen und somit die Recherchen anderer Journalisten mit diesem Service zu unterstützen.

Service

Der Deutsche Bundestag ist bisher noch nicht aktiv in sozialen Medien vertreten. Die Informationen aus dem Parlament erhält man bisher lediglich über die aktive Abfrage von Pressemitteilungen und den Besuch der Website. Um aktuelle Informationen zeitnah auf Twitter zu erhalten, erstellte ein anonymer Nutzer den Account @HIBTag (Heute im Bundestag). Dieser Bot twitterte seit 2009 bis Ende 2016 Links zu Gesetzesentwürfen, Beschlussempfehlungen, Unterrichtungen und weiteren Dokumenten, die auf den Websites aktuell eingestellt wurden. Über 27 000 Follower, darunter viele Mitglieder des Bundestags, nutzen diesen Dienst, um zeitnah informiert zu bleiben.

Wien gilt als digitale Vorzeigekommune. Nicht überraschend ist es daher, dass sie auch die erste deutschsprachige Kommune ist, die einen Chatbot startete, den sogenannten WienBot. Dieser ermöglicht es den Bürgern, dem Facebook-Messenger Fragen über die Stadt zu stellen, die dieser dann 24 Stunden am Tag sieben Tage die Woche automatisiert beantwortet. Bisher sind gut 200 «Stories» hinterlegt, die auf den häufigsten Suchanfragen auf der Website basieren und zu denen der Bot aufbereitete Informationen geben kann. Bei allen anderen Fragen durchsucht er die Website der Stadt nach Antworten und postet die Ergebnisse als

Antwort. So hilft er den Bürgern unter anderem, beim komplexen Thema «Richtig parken» den Überblick zu behalten und somit Falschparken zu verhindern, indem er auf Nachfrage die allgemeinen Parkzeiten der Bezirke liefert.

Konversation

Millionen Menschen würden gerne einmal mit Papst Franziskus oder dem US-Präsidenten persönlich sprechen. Nicht jedem ist dies vergönnt. Digital ist dies nun immerhin möglich: Das Weisse Haus veröffentlichte im Oktober 2016 einen Chat-Bot, mit dem die Bürger dem Präsidenten Nachrichten über den Facebook-Messenger zukommen lassen können. Zehn Nachrichten aus den Chats pro Tag beantwortete auch Obama. Wenig später startete auch der Chat-Bot des Papstes, dieser geht sogar noch einen Schritt weiter. Ebenfalls im Facebook-Messenger werden hier konkrete Fragen an den Papst in der Art des amtierenden Papstes beantwortet, teilweise mit kurzen GIFs oder auch Audioelementen. Dies ist auch für Nichtkatholiken eine sehr niedrigschwellige und unterhaltsame Möglichkeit, sich über Glaubensfragen auszutauschen.

Social Bots – Gefahr für die kommenden Bundestagswahlen und die Demokratie?

Prognosen sagen Social Bots für die nächsten Jahre ein noch stärkeres Wachstum voraus. Und die Bots werden immer schlauer. In letzter Zeit wurden Chat-Bots beobachtet, die sinnvolle und durchaus längere politische Diskussionen führen können, ohne dass sich der «Besitzer» des Bots nur eine Sekunde darum kümmern muss (siehe auch Kapitel «Über die ‹Messengerisierung› der Politik»). Im US-Präsidentschaftswahlkampf haben Social Bots versucht, eine positive Stimmung für Donald Trump in der spanischsprachigen Community zu verbreiten, um dort verloren gegangenes Vertrauen zurückzugewinnen.[5] Dabei wurde auch massenhaft Fake News verbreitet. Abwegige und unseriöse Informationen erhielten somit eine breitere Wahrnehmung als auf Fake-News-Websites.

Auch im kommenden Bundestagswahlkampf 2017 werden mit hoher Wahrscheinlichkeit Social Bots gezielt eingesetzt werden – auch wenn alle grossen Parteien inklusive der AfD laut öffentlichen Bekundungen davon absehen. Letztlich kann aber jeder Bürger aus dem In- oder Ausland Bots mit wenigen Kenntnissen programmieren bzw. kaufen und für die Meinungsmanipulation in Deutschland einsetzen. Ob die Parteien selbst Social Bots verwenden, ist daher nicht wirklich relevant. Als Zeichen für einen fairen demokratischen Diskurs im Netz und als Appell an die eigenen Mitglieder waren die Aussagen von Entscheidungsträgern zum Thema Bots aber wichtig.

Bislang gibt es keine belastbaren Zahlen und Studien für Deutschland und Europa, die die aktuelle Verbreitung und den Einsatz von Social Bots aufzeigen und deren mögliche Gefahr messbar machen. Vieles in diesem Bereich ist bisher noch unerforscht, und die Wechselwirkung von Manipulation und Wahlergebnis kann nicht seriös vorhergesagt werden. Dieses Dilemma fasst Prof. Dirk Helbing (auch Koautor dieses Buchs) passend mit diesem Bild zusammen: «Social Bots sind wie Doping. Wir alle wissen, dass es gefährlich ist, aber es lässt sich nur schwer nachweisen.»[6]

Bots werden zu einer wirklichen Gefahr für die Demokratie, wenn Medien, Politik und Wähler nicht genügend sensibilisiert sind und über die Gefahren dieser Formen von Manipulation nicht aufgeklärt werden. Die Bevölkerung fürchtet sich vor den Roboterprogrammen. Laut einer repräsentativen Umfrage des Online-Meinungsforschungsinstituts Civey sagen 62,7 Prozent der Deutschen, dass Bots, die automatisiert Informationen verbreiten, eine Gefahr für die Demokratie darstellen.[7]

Die Gesellschaft sollte sich noch intensiver mit Bots auseinandersetzen

Deshalb ist es wichtig, dass die Gesellschaft das Phänomen versteht und sich mit ihm aktiv auseinandersetzt – möglichst breit und in vielen gesellschaftlichen Bereichen. Hierfür habe ich fünf Handlungsempfehlungen formuliert:

1. Sensibilisierung: Wie bei allen neuen Phänomenen ist es wichtig, dass sowohl politische Entscheider als auch Beobachter um die Möglichkeiten und Wirkungsmacht von Bots Bescheid wissen. Hier muss relativ schnell eine Sensibilisierung der Akteure auf allen Ebenen erfolgen: bei Journalisten, Mandatsträgern, Mitarbeitern und natürlich Wählern. Besonders Medienschaffende sind angehalten, Twitter-Trends auf «Echtheit» hin zu überprüfen, statt sie blind zu übernehmen. Die Diskussionen der letzten Monate waren ein guter Auftakt. Ich wünschte mir, dass die weitere Auseinandersetzung mit dem Thema etwas weniger von Hysterie geprägt sein wird und auch die positiven Aspekte von Bots stärker bearbeitet werden. Ebenso wie die Heranbildung von Persönlichkeit gehört die Erlangung digitaler Medienkompetenz in jeden Kindergarten, jede Schule und auch viel stärker in die Erwachsenenbildung.

2. Tools: Schon länger haben sich spezialisierte Dienste wie «Bot or Not» zur sicheren Erkennung von Bots etabliert. Auf Basis von Spracherkennung und semantischer Kategorisierung erkennen diese Muster und können so Bots identifizieren. Da das Gros der Tools bisher nur für englische Bots funktioniert, sollten Dienstleister die Services für den deutschsprachigen Raum weiter ausbauen. Jeder Nutzer muss über eine schnelle und einfache Möglichkeit zur Identifizierung von Bots verfügen, um Klarheit über sein Gegenüber zu erhalten und damit die Botschaften für sich einordnen und bewerten zu können.

3. Austausch: Parteien und politische Akteure sollten sich trotz aller Konkurrenz stärker zum Thema Bots austauschen. Aktuelle Angriffe, entdeckte Bot-Armeen und auffälliges Fan- und Followerwachstum sollten zeitnah öffentlich gemacht werden, und zwischen den demokratischen Akteuren sollte ein System des Austauschs etabliert werden. Das Phänomen wird man nur einhegen können, wenn die gesamte Gesellschaft sich diesem widmet; Parteigrenzen sind auf diesem Weg eher hinderlich.

4. Netzwerke: Aus ureigenem Interesse sollten auch die Plattformen selbst alles tun, um Bot-Netzwerke zu enttarnen und zu entfernen. Kein Werbekunde hat Interesse, seine Werbung Robotern auszusetzen. Das Geschäftsmodell funktioniert nur, wenn die Netzwerke sicherstellen können, dass die Werbung auch von realen Personen gesehen und geklickt wird. Zudem müssen die Netzwerke mehr Aufklärungsarbeit für die Nutzer leisten und das Thema aktiver kommunizieren, denn nur mithilfe der Nutzer lässt sich das Problem umfassend bekämpfen.

5. Regulierung: Wie bei fast jedem neuen digitalen Phänomen waren die Forderungen nach neuen und schärferen Gesetzen, die Social Bots verbieten, schnell formuliert. Die Kategorisierung der Entwicklung von Bots als Straftatbestand forderten unter anderem die Länder-Justizminister von Hessen, Sachsen-Anhalt und Bayern. Nur wird diese leider nichts bringen, da die Hintermänner der Bots nicht identifiziert werden können und die Gesetze nur innerhalb der nationalen Grenzen durchgesetzt werden können. Statt neuer Gesetze sollte die Politik eher klare Forderungen an die Netzwerke formulieren. Hierher gehören etwa Ziele, wie die Transparenz bei Social Bots zu erhöhen oder Accounts, die eindeutig als Bots identifiziert wurden, klar als solche zu deklarieren. Technisch ist dies heute bereits problemlos möglich.

Von A(pfelkuchen) bis Z(ollkontrolle): Weshalb Algorithmen nicht neutral sind

Anna Jobin

Algorithmen sind nicht neutral, sondern bilden Wertvorstellungen ab. Oft sind wir uns deren Einflusses jedoch gar nicht bewusst und können somit auch keine Mitsprache einfordern. Dies wäre aber zentral in einer Gesellschaft, in der der Informationskonsum und die Informationsverarbeitung zunehmend automatisiert sind.

Seine Reise in die USA im Frühjahr 2017 wird der britische Journalist Benjamin Zand wohl nicht so schnell wieder vergessen. Beim Transit wird er zweimal einer Sonderkontrolle unterzogen, und hinterher veröffentlicht er die Nacherzählung seiner Erlebnisse auf Twitter. Sein Austausch mit den Sicherheitsangestellten soll wie folgt abgelaufen sein: Beim ersten Umsteigen wird Zand angehalten und ausgefragt. «Es ist wegen ihrer iranischen Wurzeln.» Zand ist perplex: Er ist britischer Staatsbürger mit gültigem US-Visum. Eine Angestellte tröstet ihn: «Ich bin auch aus dem Iran.» «Ich bin aus Liverpool», entgegnet der Journalist. Später wird er ein zweites Mal ausgesondert. Er solle sich aber «keine Sorgen machen», wird ihm von den Sicherheitsbeamten gesagt, «es ist nur wegen des Algorithmus».[1]

Am Ende darf Zand weiterreisen und scheint ausser einer längeren Wartezeit, einer persönlichen Anekdote und einem beunruhigenden Erlebnis keinen grösseren Schaden erlitten zu haben. Ob das Geschehen weitere Folgen gehabt hat? Für die Angestellten? Für den Algorithmus? Wir wissen es nicht, und das ist der springende Punkt: Von Algorithmen vorgenommene Entscheidungsprozesse sind inzwischen tief mit unserem Alltag verwoben. Aber oft kennen wir weder ihre Funktionsweise noch ihre Kriterien. Und ohne die Bemerkung der Angestellten wüsste der Journalist nicht einmal, dass er Opfer eines algorithmischen Entscheidungsprozesses geworden war.

Vor über 30 Jahren publizierte der Technikhistoriker Melvin Kranzberg seine Thesen zur Technologie,[2] wovon die erste lautet: «Technologie

1 Der Tweet des Journalisten Benjamin Zand

ist nicht gut oder schlecht und erst recht nicht neutral.» Seit einigen Jahren hören wir vermehrt von Algorithmen – ein Thema, das sich offenbar immer grösserer Beliebtheit erfreut. Die Diskussionen darüber sind oft polarisiert: Während in den Augen der einen Algorithmen die Verantwortung für so vieles in unserem täglichen Leben tragen – und sie daher konsequent als entweder heilbringende Technologie oder Sündenbock beschrieben werden –, vertreten andere die Meinung, Algorithmen seien nichts Neues, schon immer da gewesen und einfach zu einer modischen Bezeichnung von grundsätzlich agnostischer Computertechnologie geworden. Inspiriert von Kranzbergs These möchte ich im Folgenden diese Technologie hinsichtlich ihres heutigen sozialen Kontexts genauer beschreiben. Denn jenseits von Extrembeispielen nehmen algorithmische Prozesse in unserem Alltag tatsächlich einen wichtigen Platz ein. Sie berechnen Wettervorhersagen, handeln mit Aktien, steuern Verkehrsampeln und vieles mehr. Ihre Auswirkungen reichen von banal bis lebensentscheidend. Was all diese Prozesse jedoch gemeinsam haben, ist die Tatsache, dass uns durch ihren Einsatz Entscheidungen aus der Hand genommen werden. Gerade wenn Demokratie als Ausdruck von kollektivem Entscheiden verstanden wird, lohnt es sich also, genauer hinzusehen.

Mehr als ein Rezept

Um «Algorithmus» zu erklären, wird oft mit der Begriffsherkunft beginnend Muhammed Ibn Musa al-Kwarizmi, dem arabischen Mathematiker persischen Ursprungs aus dem 9. Jahrhundert, Tribut gezollt, aus dessen Namen das Wort entstanden ist. Kurz danach folgt die Erklärung, dass es sich um eine Prozedur handelt, um einen klar geregelten Ablauf mit Input und Output. Wenn im Zusammenhang mit Algorithmen ein potenzieller Kritikpunkt zugegeben wird, betrifft dies oft den Dateninput: Eine suboptimale Eingabe könne sich auf die Ausgabe auswirken, aber ein Algorithmus sei dabei «nur» eine ausführende Kraft und – wenn richtig gewählt – unfehlbar. «Algorithmus» beschreibt also eine Prozedur, die zwar nicht per se digital sein muss, jedoch oft mit den Instruktionen eines Computerprogramms gleichgesetzt wird, denn die Funktion von Computerprogrammen ist es, Algorithmen anzuwenden. Deswegen wird im heutigen Wortgebrauch (und im vorliegenden Text) meistens aufs Attribut «digital» verzichtet, obwohl – oder gerade weil – es implizit vorausgesetzt wird. Nicht selten werden Algorithmen erklärt, indem auf die Analogie des Rezepts verwiesen wird – nicht nur hinsichtlich der Prozedur, sondern auch wegen dessen Neutralität. Wie beim Rezept werde eine Anleitung Schritt um Schritt ausgeführt, und aus Milch, Mehl und Äpfeln entsteht ein Kuchen.

Diese Analogie ist zwar nicht unzutreffend, aber mangelhaft. Im Zeitalter von Prozeduren wie Machine Learning (ML) sind Algorithmen nicht mehr einfach nur Rezepte. Wenn es schon eine Küchenanalogie sein soll, dann sind Algorithmen eher das gesamte Kochen. Warum? Ein Algorithmus muss nicht so linear sein wie die meisten Rezepte, denn gerade Machine Learning ist nicht von A bis Z vorprogrammiert. ML-Algorithmen gehen entweder von einem Ausgangspunkt und einem Lernprozess aus, dessen Ende nicht immer vorhersehbar ist. Dies geschieht zum Beispiel, wenn ML-Algorithmen mit Daten gefüttert und angewiesen werden, Korrelationen herauszuarbeiten. Die Analogie aus der Küche ist hier tatsächlich näher beim Kochen als Ganzes als beim einzelnen Rezept: Wer die Anweisung erhält, mit Milch, Mehl und Äpfeln etwas Schmackhaftes zu kochen, wird nicht zwangsläufig einen Apfelkuchen backen ... Oder es wird ein Ziel definiert, zum Beispiel ein Schachspiel zu gewinnen, und der Weg dahin wird den ML-Algorithmen überlassen. Die genaue Prozedur, das exakte Rezept, ist nicht im Voraus bekannt. So kann ein Apfelkuchen nicht nur mit verschiedenen Zutaten, sondern auch durch unterschiedliche Verarbeitungsarten hergestellt werden.

Ein wichtiger Unterschied betrifft allerdings die Möglichkeit der Verbesserung. Ob ein Apfelkuchen mehr oder weniger schmackhaft ist, wird sofort festgestellt. Bei Nichtgelingen werden in Zukunft bessere Zutaten oder ein alternatives Rezept benutzt. Damit Algorithmen und ihr Dateninput verbessert werden können, müssen aber die Resultate erst einmal scheitern, und dieses Scheitern muss festgestellt werden. Das geht natürlich nur, wenn zwischen Anwendung und Herstellung durchgehend kommuniziert wird, was selten der Fall ist. Dazu kommt, dass ein Output für Aussenstehende, für uns Menschen, manchmal nicht einmal als Ergebnis einer automatisierten Prozedur erkennbar ist. Der Vorschlag, einen Algorithmus zu ändern, ist unter diesen Voraussetzungen weniger intuitiv als jener, ein Kuchenrezept zu verbessern.

Informationen werten, sortieren, filtern

Nun agieren Algorithmen natürlich auch in anderen Lebensbereichen als der Nahrungsherstellung. Sie verarbeiten Informationen und fällen Entscheidungen. Wenn Algorithmen als Prozeduren verstanden werden können, was soll denn damit anders sein als z. B. mit Flowcharts, die Geschäftsprozesse beschreiben? Auch da wird ja von einem Input, einer Aktion und einem Output ausgegangen. Mit Algorithmen, so höre ich oft, haben wir Entscheidungsprozesse einfach vom Menschen zur Maschine delegiert und automatisiert. Dazu gehören aber zwei wichtige Punkte erläutert, denn die Implikationen einer solchen Delegation sind nicht trivial. Ob ein Mensch entscheidet oder eine Maschine, ist ein fundamentaler Unterschied.

Erstens ist es für Aussenstehende anders, ob eine Handlung, die sie betrifft, von einem Menschen oder einer Maschine ausgeht. Erinnern wir uns ans Ausgangsbeispiel: Ob und wie an der Flughafensicherheitskontrolle interveniert wird, scheint nicht von Menschen, sondern von einem Algorithmus bestimmt zu werden. Wären es Menschen, könnte Zand, der britische Journalist, darauf bestehen, mit ihnen zu diskutieren, sich zu beschweren usw. Wenn es dann hiesse: Nicht die Angestellten entscheiden, sondern die Vorgesetzten, könnte Zand verlangen, mit diesen zu sprechen, oder sich über sie beschweren. Natürlich wird solchen Forderungen nicht immer Folge geleistet – ist aber die Entscheidung an einen Algorithmus delegiert worden, sind Forderungen obsolet. Mit einem Algorithmus kann man nicht verhandeln. Und wo das Sicherheitspersonal oder andere Entscheidungsträger ihre Handlungen auf Anfrage begründen müssten, liegt die Beweislast in diesem Fall umgekehrt: Zand sah sich genötigt zu rechtfertigen, warum er *keiner* Sonderkontrolle unterzogen werden sollte. Tatsächlich gilt hier nicht mehr die Unschuldsvermutung für einzelne Menschen, sondern es müsste erst die Fehlbarkeit des algorithmischen Systems aufgezeigt werden.

Zweitens denke man an den offensichtlichen Handlungsspielraum von Menschen auch bei sehr rigide definierten Prozessen. Sie müssen ihnen nicht blind Folge leisten und können sich über sie hinwegsetzen. Das kann natürlich je nach Umständen als positiv oder als negativ angesehen werden. Wenn Menschen in Entscheidungsrollen befangen sind oder ihre Entscheidungen von Vorurteilen beeinflusst sind, dann könnte doch ein automatisierter Prozess theoretisch für Gleichbehandlung sorgen? Was auf den ersten Blick einleuchten mag, ist bei näherem Hinsehen jedoch nicht korrekt. Denn wo entschieden wird, werden Werte gewichtet, und eine in jeder Hinsicht neutrale Entscheidung gibt es nicht. Algorithmen bilden Wertvorstellungen ab – egal, ob diese Abbildungen als solche durchdacht und gewollt sind oder nicht.

Beispiele dafür gibt es viele, und zu jenen mit der grössten Reichweite zählen wohl die der beliebten Onlinedienste Google und Facebook. Der Facebook-Feed zum Beispiel, die Kolonne mit Publikationen meiner Facebook-Bekanntschaften, zeigt mir Inhalte sortiert nach einer gewissen algorithmischen Logik. Diese Logik beinhaltet wiederum bestimmte Werte. Würde die Sortierung der Inhalte nach dem Prinzip, mit welchen Bekannten ich am meisten auf der Plattform interagiere, erfolgen, würde die Interaktion priorisiert. Gewisse Verbindungen wären demnach wichtiger als andere. Würde strikt nach dem Publikationsdatum sortiert, wäre klar, dass der Algorithmus das Kriterium «Neuigkeit» höher gewichtet als «Wichtigkeit». Der Algorithmus ginge davon aus, alle meine Bekanntschaften würden mich gleichermassen interessieren. Die Frage hier ist nicht, ob diese Sortierung gut oder schlecht ist, sondern dass sie in keinem Fall neutral ist.

Obwohl die exakte Funktionsweise als Geschäftsgeheimnis verborgen bleibt, sind einige der Grundkriterien bekannt. Diese Kriterien wurden früher von einem Sortieralgorithmus namens Edgerank angewendet und werden inzwischen durch Machine-Learning-Algorithmen ausgewertet. Diese bewerten zum Beispiel, auf welches Format von «Neuigkeiten» meiner Freunde ich verhältnismässig oft reagiere. Wenn ich Links öfter als Fotos anklicke, werde ich zukünftig relativ gesehen mehr Links als Fotos zu Gesicht bekommen. Andere Parameter betreffen nicht die Klickrate, sondern die Verweildauer. Andere wieder stützen sich nicht einmal auf meine eigene Nutzungshistorie, sondern auf jene von anderen Facebook-Nutzern. Und wieder andere stützen sich nicht einmal auf meine eigene Nutzungshistorie, sondern auf jene von anderen, deren Facebook-Nutzung laut Algorithmus Ähnlichkeiten mit meiner Nutzung aufweist.

Das Ziel von Facebook ist klar, auch wenn es den Usern anders verkauft wird: Idealerweise ist der Informationsfluss so gestaltet, dass ich mich so oft, lange und aktiv wie möglich auf Facebook aufhalte. Wie dies umgesetzt wird, hängt von der personalisierten Optimierung ab. Und dafür werden angeblich vom System angeblich weit über hundert Parameter berücksichtigt.

Es ist somit offensichtlich, dass das Resultat, nämlich die Prominenz und Reihenfolge der Informationen in meinem Facebook-Feed, die Folge von zahlreichen Entscheidungen ist – sowohl von menschlichen als auch algorithmischen. Zu den menschlichen Entscheidungen gehören einerseits die strategischen Beschlüsse, die der börsennotierten Firma Facebook dienen. Dazu zählt zum Beispiel alles, was den Einbezug von Werbung und bezahlten Publikationen betrifft. Auch das Design, die vorhandenen Funktionen, der Einsatz gewisser Algorithmen und Daten wird von Menschen entschieden. Andererseits fliessen auch die Nutzungsinformationen der Interaktionen mit dem Output dieser Algorithmen wiederum als neuer Input ins algorithmische System ein. Was genau mir nun diese Algorithmen in meinem Newsfeed anzeigen werden, hat so niemand bestimmt. Es kann wohl auch von niemandem mehr in der Programmierabteilung einfach nachvollzogen werden. Denn es ist das Resultat einer Abfolge automatisierter, ineinandergreifender Entscheidungsprozesse, Prozesse, die nicht unbedingt gut oder schlecht sind – und schon gar nicht neutral.

Wer einen Apfelkuchen isst, so darf angenommen werden, ist sich bewusst, dass dieser nach einem Rezept gebacken wurde. Sind wir uns der

Gegenwart von algorithmischen Prozeduren ebenso bewusst? Eine Forschungsgruppe der University of Illinois hat dazu eine empirische Studie durchgeführt und ist zu einem überraschenden Ergebnis gekommen: Ein Grossteil der untersuchten Nutzerinnen und Nutzer wusste nicht, dass ihr Facebook-Feed algorithmisch sortiert war und ihnen daher nicht immer alle Neuigkeiten ihrer Bekanntschaften angezeigt wurden. Wenn sie Informationen nicht zu Gesicht bekamen, nahmen sie eher an, die publizierende Person hätte sie ausgeschlossen, als dass sie algorithmische Sortierung in Betracht gezogen hätten.[3]

Diese Erkenntnis ist bedeutend, denn Facebook ist binnen kurzer Zeit für viele zu einem zentralen Ort des Informationskonsums geworden (siehe auch Kapitel «Journalismus zwischen Fake News, Filterblasen und Fact-Checking»). Inmitten von Publikationen von Selfies und Katzenfotos finden sich auch Links zu Zeitungsartikeln und anderen journalistischen Beiträgen. Ob wir wissen, dass viele Informationen rausgefiltert worden sind, oder ob wir denken, wir würden in unserem Facebook-Feed alles zu sehen kriegen, macht da einen grossen Unterschied.

Noch-nicht-Wissen gesucht

Auch bei Google können wir uns fragen, welche Informationen wir aufgrund algorithmischer Prozesse *nicht* erhalten. Und ebenso gilt es, zu thematisieren, inwiefern wir uns dessen bewusst sind oder nicht. Zugegeben, der Fokus auf von Google nicht zugänglich gemachte Informationen mag auf den ersten Blick seltsam anmuten. Denn im Grossen und Ganzen verdanken wir der Suchmaschine ja das Gegenteil: eine einfache Art, sich inmitten der Onlinedatenflut zurechtzufinden und relevante Informationen innerhalb von Sekundenbruchteilen abrufen zu können. Mit seinen über 90 Prozent Marktanteil in Westeuropa, wo ein grosser Teil der Internetnutzenden diese Funktion auch regelmässig nutzt, ist Google sogar eine der wichtigsten Websites zur Informationssuche. Welche Resultate uns Google anzeigt, ist – wie im vorherigen Beispiel des Facebook-Feeds – von zahlreichen Parametern und ineinandergreifenden Prozessen abhängig. Das Ziel für Google ist dabei, die für bestimmte Suchbegriffe in einem bestimmten Moment für eine bestimmte Person am besten zutreffende Trefferliste zu generieren und mit gewinnoptimierter Werbung zu paaren.

2 Im Netz gibt es kaum Informationen über Joan Bowies Aufnahme von *Standing There*. Deswegen kann auch Google keine geeignete Antwort auf die entsprechende Sucheingabe liefern.
Foto: *Anna Jobin*

Um als passendes Suchresultat überhaupt angezeigt werden zu können, muss die Information natürlich in einem bestimmten Format vorhanden sein und als relevant eingeschätzt werden. Ein einleuchtendes Beispiel: Wenn online keine referenzierte Information über Joan Bowies Aufnahme von *Standing There* vorhanden ist, kann mir auch Google keine zusätzlichen Informationen zu meiner Vinyl-Single geben. Die Resultate bei einer Suche danach – Künstlerin und Titel in Anführungszeichen – beschränken sich da auf ein paar wenige Links zu einem Onlineforum, wo sich offenbar jemand, ironischerweise, im Jahr 2009 nach zusätzlichen Informationen zu dieser Single erkundigt.

Keine oder absehbar wenige Suchresultate zu erhalten ist aber nicht nur selten, es ist auch nicht gravierend, da ich ja weiss, welche Informationen fehlen. Wenn aber Google jemandem mitteilt, die Suchalgorithmen hätten «ungefähr 185 000 000 Ergebnisse» gefunden, dann bleiben davon in den meisten Fällen mindestens 184 999 990 unbeachtet, denn kaum jemand klickt auf die zweite Resultatseite. In diesen Fällen wissen wir oft nicht, was uns entgeht. Vor allem, wenn wir die Suchmaschine in ihrem eigentlichen Sinne verwenden, nämlich um Informationen zu einem Thema zu suchen – und nicht um, beispielsweise, eine Rechtschreibung zu testen oder eine ganz bestimmte Website aufzurufen, ohne deren Internetadresse ins entsprechende Feld einzugeben – dann können wir ja per Situationsdefinition nicht wissen, was wir noch nicht wissen.

Wenn wir Google verwenden, um uns über ein bestimmtes Thema zu informieren, müssen wir uns ganz darauf verlassen, dass uns die Algorithmen die relevantesten Ergebnisse zuerst anzeigen – und gemäss mehreren Studien tut dies auch ein Grossteil der Internetnutzenden: Die Suchmaschine wird weitreichend als neutrale Plattform verstanden, die uns bei der Informationsermittlung eine grosse Hilfe ist. Um sich im Web zurechtzufinden, ist sie tatsächlich sehr hilfreich, denn ohne Google wären die meisten Websites nur auf viel umständlicherem Weg erreichbar. Eine neutrale Plattform ist Google aber nicht, denn um Relevanz festzulegen, trifft die Suchmaschine jeweils in Bruchteilen von Sekunden unzählige algorithmische Entscheidungen. Dazu werden, wie erwähnt, sowohl individuelle Parameter wie auch auf aggregierten Daten basierende Kriterien in Betracht gezogen, um treffende Resultate zu gesuchten Begriffen zu liefern. Und solange Webinhalte mit den gesuchten Begriffen existieren, werden sie im Normalfall als Suchresultat gezeigt.

Hier könnte man nun ausführen und diese mehr oder weniger subtilen Parameter und Kriterien diskutieren, die Webinhalte zu relevanten Suchergebnissen machen: prominente Verlinkung, Wichtigkeit der Suchbegriffe und deren semantische Verwandte, und so weiter. Ein ganzer Berufszweig baut auf der strategischen Inbezugnahme dieser Faktoren auf und ist unter dem Begriff der Suchmaschinenoptimierung (SEO, für englisch «Search Engine Optimization») bekannt. Der Punkt hier ist aber ein anderer: Wenn ich Informationen zu einer bestimmten Stichwortgruppe suche, dann erhalte ich genau das, nämlich Informationen zu dieser Stichwortgruppe. Was ich nicht erhalte, sind ergänzende oder gar anderweitige Informationen. Das hat a priori nichts mit der sogenannten Filterblase zu tun, jener prominenten These, die eine durch Personalisierungsmechanismen sich selbst verstärkende Ökologie der Ideologie beschreibt, auch wenn die Wirkung der Filterblase vielleicht zusätzlich aktiv ist (siehe auch dazu Kapitel «Journalismus zwischen Fake News, Filterblasen und Fact-Checking»). Nein, die Schwierigkeit von Google, mir bei meiner Informationssuche ergänzende Informationen anzuzeigen, liegt daran, dass dies – aus nachvollziehbaren Gründen – kein Ziel einer

Suchmaschine sein kann, die die Informationsflut bewältigen will. Denn ihre Algorithmen sind nicht daraufhin angelegt, mir Inhalte zu zeigen, nach denen ich nicht explizit suche.

Was an und für sich banal klingt, wird sofort weniger offensichtlich, wenn man «googeln» – bezeichnenderweise auch schon zu einem Verb geworden – mit anderen Formen der Informationsbeschaffung vergleicht. Informiere ich mich anhand anderer Medien, wie zum Beispiel Zeitungen oder den Fernsehnachrichten, dann wird zwar die Angelegenheit, die mich interessiert, angesprochen, aber ich erhalte auch jede Menge zusätzlicher Informationen. Frage ich in der Bibliothek nach Informationen zu einem Thema, erhalte ich mehrere Quellen und verschiedene Arten der Abhandlung. Auf der ersten Resultateseite von Google hingegen bin ich kaum mit komplementären Informationen konfrontiert.

Dies kann weitreichende Konsequenzen haben. Ein dank der kalifornischen Forscherin Safiya Noble prominent gewordenes Beispiel[4] ist jenes von Dylan Roof, der 2015 in einer rassistisch motivierten Tat neun afroamerikanische Kirchgänger erschossen hat. In einem Schreiben, das als sein Bekenntnisschreiben ausgelegt werden kann, beschrieb Roof, wie er dank bestimmter Google-Resultate rassistisch «geläutert» worden sei. Einige seiner Suchbegriffe zu einem aktuellen Thema, naiv ins Suchfeld getippt, tauchen verhältnismässig häufig in bestimmten rassistischen Ideologien auf und werden von Google daher mit diesem Kontext assoziiert. Und was für Roof als simple Informationssuche begann, führte ihn – ohne dass er dies gewollt oder gar gewusst hätte – aufgrund ideologisch gefärbter Suchbegriffe und deren Gewichtung recht schnell in eine immer rassistischer werdende selbstverstärkende Spirale von Resultaten.

Die reine Existenz von Webinhalten mit fremdenfeindlichen Lügen und Halbwahrheiten ist dabei eines der Probleme. Aber ein anderes ist die Tatsache, dass Googles Algorithmen auf eine Themenrelevanz ausgerichtet sind, die entgegengesetzte Informationen unsichtbar macht und diese auf den Suchresultatsseiten weit nach hinten verdrängt. Die ausgewogene Informationsbeschaffung von Roof ist so u.a. daran gescheitert, dass Roof gar nicht wusste, welche Informationen er *nicht* erhielt. Dieselbe Logik wirkt natürlich auch in anderen Fällen: Wer sich über den Klimawandel informieren will und seine Informationssuche mit «Is climate change a hoax?» (Ist Klimawandel ein Schwindel?) beginnt, wird sehr prominente Quellen finden, die dieser Wortwahl entsprechen und behaupten, «climate change» sei tatsächlich ein «hoax». Dasselbe gilt, um ein anderes weit bekanntes Beispiel zu nennen, auch für die Google-Suche «Impfen Gefahr» (oder «Impfen gefährlich»), deren sichtbare Resultate den wissenschaftlichen Konsens zu diesem Thema kaum akkurat widerzuspiegeln vermögen. Eine ebenso grosse Problematik wie der Inhalt der Informationen, die wir algorithmisch ermitteln, stellen auch jene Informationen dar, die wir eben nicht erhalten – und dies oft, ohne dass wir uns dessen bewusst sind.

Natürlich sind daran nicht einfach die Algorithmen – in diesem Fall jene von Google – schuld, denn das hiesse, zwei wichtige potenzielle Erklärungen ausser Acht zu lassen: Zum einen könnten obige Beispiele ebenso gut als Probleme der «information literacy» (Medienkompetenz) oder «digital literacy» (Digitalkompetenz) verstanden werden, denn wer besser sucht, findet auch besser. Zum anderen könnte ja der Einfluss der Algorithmen argumentativ damit entschärft werden, dass zwischen Algorithmus und Daten unterschieden wird – und für die Existenz von verschwörungstheoretischen Webinhalten sind ja die Suchalgorithmen nicht verantwortlich. Beide Ansätze verdienen es, etwas genauer unter die Lupe genommen zu werden.

Digitalkompetenz oder Algorithmenkonformität?

Auf den ersten Blick überzeugend klingt das Argument, dass mit «richtigem» Suchen die «richtigen» Inhalte gefunden würden, und dazu gehörten die Wahl der «richtigen» Suchstichworte sowie die Evaluation der vorgeschlagenen Resultate. Wenn die Menschen nur «richtig» suchten und die angezeigten Informationen kritisch abwägten, würde sich die Frage, welche Informationen dabei nicht erscheinen, erübrigen. Aber gerade was die Stichwortsuche angeht, wirft dies die ernsthafte Frage auf: Wie können Suchende erkennen, dass ihre Stichworteingabe nicht ideal war, wenn doch reichlich Suchresultate dazu gefunden wurden!

Insofern kann der Informationskonsum via Google auch nicht mit traditionellem Medienkonsum gleichgesetzt werden, denn selbst wer sich für ein einziges Medium entscheidet, weiss von der Existenz von Alternativen. In unseren Breitengraden blüht – trotz möglichen und oft berechtigten Kritikpunkten – eine relativ vielfältige Medienlandschaft.

Die Suchmaschine Google hingegen besitzt in ihrem Bereich de facto ein Monopol. Andere Websuchmaschinen haben in Westeuropa, wie schon erwähnt, verschwindend kleine Marktanteile, und alternative Arten der Aufbereitung von Onlineinformationen – wie zum Beispiel Web Directories, Bookmarking, Wikis usw. – sind für Durchschnittsnutzende von marginaler Bedeutung. Für den Zugriff auf neue Onlineinformation gibt es also kaum eine Alternative zu Google und dessen Stichwortsuche. Und somit auch keinen Weg zu wissen, ob gewisse Stichworte auch tatsächlich optimal mit den tatsächlich gesuchten Informationen korrelieren.

Und dann kommen auch hier wieder die Algorithmen ins Spiel, denn die Wahl der Suchstichworte hängt in keiner Weise ausschliesslich von den Suchenden ab. Da wäre zum Beispiel «autocomplete», die automatische Vervollständigung, die manchmal schon nach dem Eintippen des ersten Buchstabens Vorschläge von bestimmten Stichworten oder Stichwortgruppen zur Suche anzeigt. Diese Vorschläge basieren laut Google auf der aktuellen Sucheingabe, auf dem Volumen (oder dessen rapidem Anstieg) der Suchanfragen anderer Leute in geografischer Nähe und eventuell auf der eigenen Suchhistorie. Das heisst, die vorgeschlagenen Stichwortvervollständigungen sind sowohl personalisiert als auch mehrheitsorientiert. Dies sind natürlich an sich legitime Kriterien, aber es darf dabei nicht vergessen gehen, dass es auch andere Kriterien gäbe, an denen sich ein Prozess der Informationsbeschaffung orientieren könnte.

Schon während der Eingabe der Suchbegriffe, noch vor der eigentlichen Recherche oder dem Anzeigen von Resultaten, wird also der Prozess der Informationsbeschaffung durch ein algorithmisches System beeinflusst.[5] Wenn die automatische Vervollständigung für «wetter zü» «wetter zürich morgen» lautet, hält sich die Auswirkung dieses Vorschlags zugegebenermassen mit grosser Wahrscheinlichkeit in Grenzen – obwohl auch schon in solch harmlosen Fällen bemerkt werden muss, dass sich das Anklicken von Vorschlägen aufs Suchvolumen bestimmter Wortkombinationen auswirken kann, was dann wiederum die Vorschläge legitimiert. In weniger harmlosen Fällen wird vielleicht das Interesse jener, die eigentlich die deutschen Singlecharts googeln wollen, nach Eingabe von «d-e-u-t-s-c-h-e s-i-n» mit Suchvorschlägen wie «deutsche sind unfreundlich» oder «deutsche sind nichtimmigranten mehr nicht» in eine Neugier auf Vorurteile oder polemische Aussagen umgeleitet. Wie auch bei den Suchresultaten versucht Google zwar, je nach Gesetzgebung und kultureller Sensibilität bestimmte Suchvorschläge von der Automatik auszuschliessen, beispielsweise explizit «sexuelle» Begriffe. Aber dass die automatische Vervollständigung auf die Wortwahl und manchmal sogar auf die zu erfolgende Suche Einfluss nehmen kann, liegt auf der Hand. Und die automatische Vervollständigung ist dabei nur eine von mehreren Google-Funktionen, die die Internetnutzenden auf der Suche nach Informationen schon bei der Wahl der Stichworte algorithmisch unterstützen. Ein weiteres Beispiel dafür ist die Stichwortliste «Ähnliche Suchanfragen», die auf der Resultatseite zur Verfügung steht.

Dies zeigt, dass Algorithmen und von Menschen ausgeführte Handlungen nicht immer zwei separate Aktionen, sondern in vielen Fällen ineinandergreifende Prozesse sind. Es ist daher unpassend zu behaupten, einzelne Internetnutzende seien völlig frei und unabhängig in ihren Entscheidungen und bräuchten bloss zu lernen, wie «richtig» mit der Technologie umzugehen sei. Damit werden Menschen darauf reduziert, sich für die Algorithmen zu optimieren. Anstatt die Technologie der menschlichen Welt anzupassen, wird so algorithmenkonformer Input erzwungen. Und eine solche Konditionierung unseres Verhaltens steht in klarem Widerspruch zur freien und unabhängigen menschlichen Handlung.

Im Übrigen ist die Evaluation von Suchresultaten nicht immer so einfach und eindeutig, wie sie von manchen «Digital literacy»-Advokaten propagiert wird. Natürlich können einige Grundsätze in bestimmter Hinsicht helfen – es lohnt sich zum Beispiel immer, die Adresse (URL) genauer unter die Lupe zu nehmen –, aber gerade Google hat mit einer jahrelangen, konstanten optischen Annäherung der Suchmaschinenwerbeanzeigen an die Suchresultate das Seinige dazu beigetragen, dass viele Nutzende heute Werbung nicht mehr von sogenannt organischen Resultaten unterscheiden können.

Das Datenargument
Auch die Entgegnung, es handle sich in den vorliegenden Fällen lediglich um ein Datenproblem, das aber mit den Algorithmen an sich nichts zu tun habe, ist so nicht richtig. Obschon Algorithmen formell «nur» eine Prozedur beschreiben, wird beim Beispiel der Suchmaschine Google klar, dass die algorithmischen Systeme und deren Daten im angewandten Fall eine Symbiose bilden.

Erstens sind Daten nicht völlig unabhängig von den Algorithmen, in denen sie Verwendung finden, wird doch nicht nur der Input selbst, sondern auch die Art des Inputs im Code spezifiziert. Denn obwohl bei einem theoretisch abstrakten Algorithmus Formate keine Rolle spielen, müssen digitale Algorithmen zur Verwendung programmiert werden. Und ein programmierter Algorithmus enthält beispielsweise – explizit, oder schon nur durch die verwendete Programmiersprache – immer auch Definitionen über akzeptierte Inputformate. Wenn die korrekte Information in einem für ihn unlesbaren Datenformat daherkommt, kann auch der beste Computeralgorithmus nichts damit anfangen. Zweitens beeinflusst gerade beim Machine Learning die in den Inputdaten enthaltene Information den Algorithmus selbst – das ist kein Nebeneffekt, sondern es ist der Kernpunkt dieser Technologie. Denn ein «selbstlernender» Algorithmus analysiert Daten und stellt dabei iterativ Muster und Zusammenhänge fest, die seine weiteren Aktionen beeinflussen. Der Aktionspfad ist dabei nicht von vornherein festgelegt, sondern ergibt sich aus den Inputdaten und deren Analyse.

Daten und Algorithmen sind miteinander verflochten – das lässt sich auch anhand der oben erwähnten SEO erklären: Hinter dieser Optimierung steckt die Grundidee, Webinhalte so aufzubereiten, dass sie möglichst prominent als Suchresultate aufgelistet werden. Vereinfacht gesagt besteht das Ziel darin, die eigene Website für Googles Algorithmen leicht erkennbar und auffindbar zu machen und der Suchmaschine zu signalisieren, welchen Suchstichworten die Seite entspricht.

Nun ist die Anzahl und Kombination der tatsächlich gesuchten Stichworte zwar immens, aber endlich, und besonders bei den gängigsten Suchbegriffen herrscht grosse Konkurrenz zwischen einzelnen Websites, denn auf der ersten Resultatseite von Google sind – wenn man von bezahlter Werbung absieht – nur zehn Plätze frei. Auf der einen Seite versuchen die SEO-Leute Webinhalte so aufzubereiten, dass sie für Googles Algorithmen als relevant eingestuft werden – wenn möglich relevanter als jene der Konkurrenz. Und auf der anderen Seite wird bei Google hart daran gearbeitet, dass die angezeigten Resultate tatsächlich relevant für die gesuchten Stichworte sind. Dadurch, dass für eine gegebene Website die selbst wahrgenommene oder gewünschte Platzierung nicht immer mit der Wichtigkeit übereinstimmt, die die Google-Algorithmen ihr zuschreiben, findet nun ein Katz-und-Maus-Spiel statt: Websites werden so sehr wie nur möglich an die Relevanzkriterien der Suchmaschine – seien diese nun offiziell bekannt oder nur angenommen – angepasst, und Google verändert und verfeinert gleichzeitig seine Algorithmen und Relevanzkriterien konstant, um sie so unmanipulierbar wie möglich zu machen. Die Suchmaschinenalgorithmen konditionieren hier klar ihren eigenen Input.

Gesellschaftliche Werte, gesellschaftliche Verantwortung

Natürlich beschränkt sich das Vorhaben, den Output von Algorithmen zu den eigenen Gunsten ausfallen zu lassen, nicht auf den Bereich der SEO. Algorithmische Prozesse fällen Entscheidungen in vielen Lebensbereichen. Und wo entschieden wird, gibt es fortwährende Versuche, diese Entscheidungen zu beeinflussen – das hat nichts mit Google oder Facebook oder deren Algorithmen zu tun. Was aber neu ist im Zeitalter von digitalen algorithmischen Systemen, ist das Ausmass der automatisierbar gewordenen Entscheidungsprozesse. Dazu kommt, dass viele dieser Prozesse mit unserem Zugang, dem Konsum, sowie der Verbreitung und Verarbeitung von Wissen und Information verbunden sind. Insofern ist auch unser Verhältnis zur Informationsbeschaffung anfälliger für Formen der automatisierten Beeinflussung geworden.

Gerade für die Demokratie kann dies weitreichende Konsequenzen haben. Denn diese Regierungsform stützt sich auf die Prämisse von informierten Bürgerinnen und Bürgern. Die Beispiele sind hier vielfältig: Da wäre zum einen die höchst umstrittene personalisierte digitale Politwerbung, die einzelne Menschen – in enormem Ausmass – mit auf sie persönlich abgestimmten Botschaften erreichen kann, ohne dass diese Botschaft je im öffentlichen Raum auftauchen und diskutiert werden muss (siehe auch Kapitel «Ich sehe etwas, das du nicht siehst»). Das ist eine noch nie da gewesene Situation, die demokratische Grundwerte infrage stellt. Zum anderen können Algorithmen zur Auswertung von Stimmpräferenzen benutzt werden, und zwar so, dass sich die politische Kampagnenarbeit auf bestimmte Lokalitäten ausrichtet – diese Überlegung gab es zwar schon vor den digitalen Algorithmen, aber erst die automatische Datenverarbeitung hat eine solche Auswertung flächendeckend möglich gemacht (siehe Kapitel «Big Data im Wahlkampf – Mythos oder Waffe?»).

Ein weiteres Beispiel stellen Propagandabotschaften dar, die mehr oder weniger automatisiert grossflächig und in unvorstellbaren Volumen – sei es in Kommentarspalten von Websites etablierter Publikationen oder auf sozialen Onlinenetzwerken – verbreitet und wiederholt werden können. Gewissen politischen Standpunkten kann so künstlich grössere Sichtbarkeit verschaffen werden (siehe Kapitel «Warum Social Bots keine Gefahr für die Demokratie sind»). Dabei sind zwar immer auch Menschen im Spiel, denn die Verbreitung ist selten vollautomatisiert. So hat zum Beispiel der Journalist Adrian Chen eine breite Öffentlichkeit über «russische Twittertrolls» informiert: Leute der russischen Internet Research Agency, die manuell politische Onlinepropaganda erstellen und verbreiten.[6] Auch sogenannte Klickfarmen gehören erwähnt, wo vorwiegend in Entwicklungsländern unterbezahlte Angestellte am digitalen Fliessband «like», «follow» und «retweet» klicken. Aber diese menschlichen Handlungen werden klar durch die automatisierten Funktionsweisen der Plattformen begünstigt.

Mit den neuen Möglichkeiten algorithmischer Manipulation sind neue Formen der politischen Einflussnahme käuflich geworden. Kampagnen mit grossem Budget sind da natürlich im Vorteil. Und laut der Mathematikerin Cathy O'Neil findet sich diese Logik auch im Machtgefälle sozialer Gruppen wieder. In ihrem Buch *Weapons of Math Destruction* zeigt sie deutlich auf, wie sich der Einsatz von Algorithmen überproportional negativ auf arme und marginalisierte Volksschichten auswirkt, da bestehende Diskriminierungen verstärkt werden.[7] Der Grund dafür sind die in Algorithmen und Daten verankerten Wertvorstellungen, die oft menschliche Vorurteile widerspiegeln.

Algorithmen sind nicht gut oder schlecht, aber die Werte, die sie – mit Absicht oder ungewollt – abbilden, können es sein. Dies ist inzwischen auch grossen technischen Verbänden bewusst geworden, denn im März 2017 hat zum Beispiel die Computer Society des IEEE (kurz für «Institute of Electrical and Electronics Engineers») die Erarbeitung eines Standards angekündigt, der Methoden und Prozesse zur «Eliminierung von negativem Bias bei der Herstellung von Algorithmen» zertifizieren wird.

Die Association of Computing Machinery (ACM) ist noch einen Schritt weiter gegangen, indem sie im Januar desselben Jahres sieben «Prinzipien für algorithmische Transparenz und Verantwortung» publizierte, die zwar auch die Herstellung thematisieren, sich aber von Anfang an an alle richten, die algorithmische Systeme besitzen, entwerfen, implementieren oder nutzen. Auch Gesetzgeber werden explizit aufgerufen, sich für Personen und Gruppen einzusetzen, die von algorithmischen Entscheiden betroffen sind. Die Prinzipien der ACM reichen von Erkenntnis über Rechenschaftspflicht bis hin zu Prüffähigkeit von Modellen, Algorithmen, Daten und Entscheidungen. Sie verfolgen den vorbildlichen Ansatz, Menschen trotz der technischen Komplexität von algorithmischen Systemen gewisse Handlungsfähigkeiten zurückzugeben.

Wären all diese Prinzipien umgesetzt, wüsste nicht nur der britische Journalist Benjamin Zand, warum ihm ein Algorithmus eine Sonderkontrolle auferlegt hat, sondern die Flughafensicherheitsbeamten hätten ihm auch den Grund nennen und Zand hätte dagegen Einspruch erheben können. Und wer weiss, vielleicht wäre Zand gar nicht erst in eine Sonderkontrolle geraten ...

Algorithmen sind nicht neutral, denn schon lediglich ihr Einsatz kann weitreichende Folgen haben. Einerseits ermöglichen sie uns die Verarbeitung von Informationen in einem gewaltigen Ausmass. Präzise Wettervorhersagen zum Beispiel wären ohne Algorithmen, die eine Vielzahl komplexer Wetterdaten von mehreren Stationen verarbeiten und anhand historisch informierter Modelle auswerten, kaum möglich. Andererseits kann sich uns durch die Automation von Prozeduren auch eine Vielzahl von weiteren Möglichkeiten entziehen, ohne dass wir uns dessen bewusst sind. Wenn es nur noch Apfelkuchen zu essen gäbe – und mag das Rezept noch so köstlich sein –, würden wir irgendwann bei der Menüplanung mitreden wollen. Es empfiehlt sich, dies auch beim Einsatz von Algorithmen zu tun. Denn letztlich ist es eine gesellschaftliche Entscheidung, welche Prozesse automatisiert und welche Werte dabei vertreten werden sollen.

Katz-und-Maus-Spiele im chinesischen Internet
Adrian Rauchfleisch und Mike S. Schäfer

Für nahezu jedes westliche soziale Netzwerk gibt es ein chinesisches Äquivalent, das den Markt dominiert. Trotz der starken Kontrolle und Zensur finden chinesische User dort gewisse Freiräume oder schaffen sie sich selbst. Dieser Beitrag beleuchtet die Rolle und Regulierung von Social Media im Reich der Mitte und ihren Einfluss auf die Demokratisierungsprozesse.

Welchen Einfluss hat das Internet auf Demokratisierungsprozesse? Das war und ist eine der zentralen Fragen der vergangenen 20 Jahre. In der Frühphase des Internets, in den 1990er-Jahren, meldeten sich dazu vornehmlich Optimisten zu Wort. Sie betonten, das neue Medium werde der Menschheit neue Freiheiten geben, die Partizipation am politischen Prozess vereinfachen und so nachhaltige Demokratisierungseffekte haben. Beispielsweise verkündete John Perry Barlow 1996 in der *Declaration of the Independence of Cyberspace*: «We are creating a world where anyone, anywhere may express his or her beliefs, no matter how singular, without fear of being coerced into silence or conformity.»

Pessimisten verwiesen schon in dieser Frühphase auf die Problematiken des Internets – nicht zuletzt auch darauf, dass kommerzielle Einflüsse und Machtstrukturen, die in der Offline-Welt existierten, sich auch bald schon online niederschlagen würden. Die möglichen Probleme einer solchen Kommerzialisierung standen besonders in westlichen Demokratien im Zentrum akademischer sowie politischer Debatten. Der anfängliche Optimismus ist inzwischen selbst im Westen verflogen – wie ist es dann erst um das Potenzial des Internets in autoritären Staaten bestellt? Die Frage lohnt sich, weil in diesen Ländern besonders deutlich wird, wie tief greifend der Einfluss des Internets auf Demokratisierungsprozesse sein kann und ob er positiv oder negativ ist.

China als Spezialfall

Neben den Interessen von Zivilgesellschaft und Industrie spielen in autoritären Ländern staatliche Interessen eine zentrale Rolle: Die Kontrolle über Medien sowie Informationstechnologien sind für die Regierungen dieser Länder überlebensnotwendig. China ist diesbezüglich der wohl prominenteste Fall. Das Land hat eines der am stärksten überwachten Mediensysteme der Welt. Fernseh- und Hörfunksender sowie Zeitungen werden im «Freedom oft the Press»-Ranking des NGO Freedom House als «unfrei» eingestuft; nur zwölf Länder weltweit schneiden schlechter ab als das Reich der Mitte.[1] In chinesischen Massenmedien sind offene Debatten über eine Reihe von Themen nicht möglich. So können beispielsweise die verbotenen drei «T» – die Proteste auf dem Tiananmen-Platz, die Unabhängigkeit Taiwans sowie der Status Tibets – nicht angesprochen werden.

Das Internet könnte diesbezüglich grundsätzlich Abhilfe schaffen – zumal es in China eine zentrale Rolle spielt. Im Vergleich zu Ländern wie der Schweiz ist die Internet-Durchdringung in China, die 2014 bei 47,9 Prozent lag, zwar noch gering (siehe Abbildung 1). Aber als Internetpopulation hat das Reich der Mitte die Schweiz schon 1998 abgehängt, nur zwei Jahre nach der kommerziellen Öffnung des chinesischen Internets. Mittlerweile sind über 650 Millionen Chinesen online (siehe Abbildung 2). Mit anderen Worten: Veränderungen des chinesischen Internets betreffen fast 10 Prozent der Weltbevölkerung. Generell hat das Internet in Schwellenländern wie Indien oder Indonesien an Bedeutung gewonnen, auch wenn die Internetpenetration noch tief ist. Daher lohnt sich der Blick über den Schweizer Tellerrand hinaus nach Asien.

Aber auch im chinesischen Internet finden sich intensive Kontroll- und Zensurbemühungen, die zudem dadurch erleichtert werden, dass für chinesische User der Zugang zu Online-Angeboten aus dem Ausland limitiert wird. Dank der «Great Firewall of China» sind Chinesen statt auf Google, Facebook oder Twitter auf die Suchmaschine Baidu, den Chat-Dienst Weixin oder das Microblogging-Angebot Sina Weibo angewiesen.

Trotz der starken Kontrolle und Zensur finden chinesische User aber auch gewisse Freiräume oder versuchen sie selbst zu schaffen. Einige dieser Freiräume sind landesspezifisch und nur in China zu beobachten, andere kommen auch jenseits Chinas vor. Die kontinuierlichen Versuche

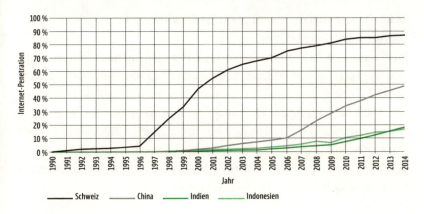

1 **Relative Internet-Penetration**
Quelle: eigene Darstellung

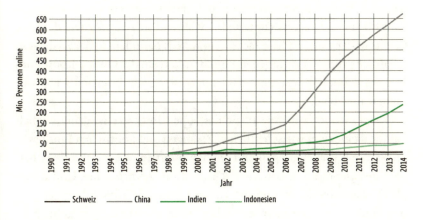

2 **Absolute Anzahl Personen mit Internetzugang**[2]
Quelle: eigene Darstellung

des chinesischen Staats, diese Freiräume zu minimieren, führen zu einem Katz-und-Maus-Spiel zwischen staatlich gelenkten Kontrolleuren, Internetnutzern und kommerziellen Anbietern als dritter Kraft.

Abschalten, zensieren, beeinflussen: Die Entwicklung der Internetregulierung in China

Freiheiten und Einschränkungen im chinesischen Internet haben sich über die vergangenen Jahrzehnte entwickelt und waren eng mit der technischen Entwicklung und der politischen Situation des Landes verbunden. Die Entwicklung der technologischen Infrastruktur des Internets in China, seine soziale Einbettung und die staatlichen Regulierungs- und Kontrollbemühungen lassen sich dabei in Phasen unterteilen. Diese wiederum lassen sich nach Regulierungsbemühungen und den Mustern der Nutzung sozialer Netzwerke unterscheiden.

Vom offenen zum kontrollierten Internetzugang

Dem US-Rechtswissenschaftler John Palfrey zufolge lassen sich entlang verschiedener durch Regierungen einsetzbarer Regulierungen des Internets vier Phasen ausmachen: «open Internet», «access denied», «access controlled» und «access contested».[3] Während sich Länder wie die USA bereits in der vierten Phase (access contested) befinden, in der zivilgesellschaftliche Akteure aktiv gegen Einschränkungen der Online-Kommunikation ankämpfen, lassen sich für China bislang nur die ersten drei dieser Phasen aufzeigen.

Kennzeichnend für die Phase des «open Internet» ist grundsätzlich das Ideal eines von wirtschaftlichen Zwängen und politischen Einflüssen grösstenteils unabhängigen und offenen Internets, wie es John Perry Barlow in seiner eingangs zitierten «Declaration» herbeisehnte. Und wenngleich das chinesische Internet aus technischen Gründen von Beginn weg unter einer gewissen staatlichen Kontrolle stand, gab es auch in China eine solche Phase, die jedoch von kurzer Dauer war.

Die Geschichte des Internets in China begann 1986 mit der Einrichtung des China Academic Network (CANET), an dem die Universität Karlsruhe beteiligt war. Am 20. September 1987 wurde die erste internationale E-Mail in englischer und deutscher Sprache aus China versendet.[4] Wortlaut der Nachricht war «Across the Great Wall we can reach every corner in the world»[5] – ein Zeichen der Aufbruchsstimmung, die zu dieser Zeit in einem China herrschte, das sich nach den langen Jahren der Abschottung nun (vermeintlich) der Welt stärker öffnete.

Zwischen 1987 und 1995 – als schliesslich eine breite Öffentlichkeit

Zugang zum Internet erhielt – wurde das Internet in China kaum reguliert.[6] In diesen Zeitraum fielen auch die Studentenproteste 1989 auf dem Tiananmen-Platz in Peking, die gewaltsam niedergeschlagen wurden. Der Soziologe Craig Calhoun war vor Ort und beschrieb eindrücklich, welche Rolle Medien bei den Protesten spielten: Nach der Niederschlagung verbot der chinesische Staat Nachrichten über das Ereignis.[7] Informationen über die Proteste waren – neben Augenzeugenberichten vor Ort – nur über ausländische Fernsehsender zugänglich, die in internationalen Hotels verfügbar waren. Auch Faxmaschinen spielten eine Rolle. Sie ermöglichten den Austausch mit Chinesen im Ausland. Das aus dem CANET hervorgegangene ChinaNet[8] – ein rein akademisches Netzwerk, das Studenten und Akademiker miteinander verband – spielte während der Proteste zwar keine grosse Rolle, hatte aber bei der Mobilisierung im Vorfeld geholfen. Obwohl bei den Protesten nur ein sehr kleiner Teil der Bevölkerung mobilisiert werden konnte und die genannten Informationstechnologien nur wenigen Menschen zugänglich waren, sind Online-Communities und internationale Vernetzung auch schon relevant.

Die Errichtung der «Great Firewall»

Mit der kommerziellen Öffnung des Internets in China 1995 wurde auch die staatliche Regulierung intensiviert. Diese konzentrierte sich zu Beginn vor allem auf technische Aspekte, mit dem Ziel, den Zugang der chinesischen Bürger zu aus Regierungssicht problematischen Inhalten von vornherein zu verhindern – eine Grundvoraussetzung für die von Palfrey beschriebene «Access denied»-Phase.

Diesen technischen Regulierungen, die vornehmlich zwischen 1996 und 2000 etabliert wurden, lag die Direktive zugrunde, dass jeder ausländische Datentransfer über das nationale Netzwerk des Ministeriums für Industrie und Informationstechnologie abgewickelt werden müsse.[9] Dies sollte dem chinesischen Staat eine flächendeckende Kontrolle des Datentransfers in und aus dem chinesischen Internet ermöglichen. Ab 1999 erliess das Ministerium für Radio, Film und TV zudem erste Regeln, die konkrete audiovisuelle Online-Inhalte betrafen.[10] Anbieter mussten eine Lizenz beantragen, und die Inhalte beschränkten sich auf Programme, die im chinesischen Radio oder TV liefen. Es entstand ein umfassendes und zunehmend elaborierteres technisches Kontroll- und Filtersystem, das bis heute fortbesteht.

Allerdings wurde das Filtersystem bis heute durch weitere Massnahmen flankiert und flexibilisiert – China hat die von Palfrey definierte «Access controlled»-Phase erreicht. Charakteristisch dafür sei, so Palfrey, dass die Filterung und Blockierung von Inhalten flexibler sei, die Inhalte also etwa themenbezogen, zeitlich begrenzt oder nur regional blockiert werden. Ein Beispiel ist die temporäre Blockierung von Plattformen durch die chinesischen Behörden vor dem 20. Jahrestag der Studentenproteste auf dem Tiananmen-Platz. Zudem werden nicht nur Zugänge und konkrete Inhalte technisch gesperrt, sondern der chinesische Staat versucht mit der Vergabe von Lizenzen, der Förderung einer (vermeintlichen) Selbstregulierung und der Bekämpfung von angeblicher Online-Kriminalität den Zugang zum Internet zu kontrollieren.[11] Dies richtet sich zum einen auf Unternehmen, denen abverlangt wird, dass sie als problematisch angesehene Inhalte zensieren. Diese werden also nicht mehr zentral durch einen «great firewall» o. Ä. geblockt, sondern zeitlich und plattformspezifisch eingeschränkt. Die Massnahmen zielen aber zum anderen auch auf individuelle Nutzer, die etwa mittels der Registrierungspflicht unter realem Namen (real name registry), anhand deren sich Online-Kommentare klar realen Personen zuordnen liessen, direkt kontrolliert werden sollen.[12]

Ein gutes Beispiel für die Regulierung von Inhalten lässt sich in The Telecommunications Regulations of the PRC aus dem Jahr 2000 finden, die sich auch an Serviceanbieter wie Sina richten, die u.a. die Plattform Sina Weibo betreiben.[13, 14] In Artikel 57 wird aufgezählt, welche Inhalte nicht verbreitet und reproduziert werden dürfen. Unter anderem werden Staatsgeheimnisse, Gerüchte sowie Informationen betreffend die nationale Sicherheit genannt. Ähnliche Aufzählungen lassen sich auch in anderen Gesetzen finden, die zu einem späteren Zeitpunkt veröffentlicht wurden und für Sina als Unternehmen ebenfalls relevant sind. Ihnen gemein und problematisch ist, dass Staatsgeheimnisse und nationale Sicherheit in diesem Kontext nicht abschliessend definiert werden. Beispielsweise wird in Artikel 8 des «Law on the Protection of State Secrets of the PRC» zwar vordergründig via Subparagrafen definiert, was ein Staatsgeheimnis ist (z.B. «secrets concerning major policy decisions on State affairs»).[15] Als problematisch erweist sich jedoch der letzte Subparagraf, in dem «other matters that are classified as State secrets by the State secret-guarding department» genannt werden – ein Subparagraf, der dem nationalen State Secrets Bureau praktisch die unlimitierte Macht gibt, jegliche Information als Staatsgeheimnis zu klassifizieren. Ein ähnlicher Auffangparagraf lässt sich auch im «State Security Law of the PRC» finden.[16] Falls ein Bürger oder eben Internetnutzer wegen Staatsgeheimnissen verfolgt wird, darf nicht bekannt gegeben werden, um welche Staatsgeheimnisse es sich handelt. Dies öffnet Willkür Tür und Tor und führt letztlich zu einer grösseren Selbstzensur aufseiten der Anbieter (z.B. Sina) und Nutzer, da nie wirklich klar ist, ab wann man gegen welche Gesetze verstossen hat. Im schlimmsten Fall müssen Anbieter wie Sina mit der Schliessung ihrer Plattform rechnen, und Nutzer können mit bis zu drei Jahren Gefängnis bestraft werden.

Das Ende westlicher Social Media – der Beginn der Weibo-Ära

Obwohl es schon in den Jahren zuvor Sperrungen einzelner westlicher Anbieter wie Google in China gab,[17] kam es 2009 zu einem besonders tief greifenden Einschnitt in die Netzfreiheit, der das chinesische Internet bis heute massgeblich prägt. Im März wurde YouTube geblockt, da tibetische Unabhängigkeitsgruppen Videos auf der Plattform veröffentlichten, die die gewaltsame Niederschlagung eines Protests in Tibet darstellten.[18] Kurz vor dem 20. Jahrestags der Studentenproteste auf dem Tiananmen-Platz im Juni wurde der Zugang zu Twitter gesperrt, um zu verhindern, dass kritische Informationen dort wie ein Lauffeuer diffundieren und zur Mobilisierung neuer Proteste beitragen könnten.[19] Der Bann betraf auch einheimische Plattformen wie den chinesischen Twitter-Klon Fanfou, der für einen längeren Zeitraum eliminiert wurde. Spätestens nach den Unruhen in Xinjiang im Juli 2009, bei denen es zu gewaltsamen Ausschreitungen zwischen der Han-Bevölkerung und der uighurischen Minderheit kam,[20] war klar, dass westliche Anbieter wie Facebook, Twitter sowie alle Dienste von Google in China nicht mehr freigeschaltet werden würden.[21]

Das Ende westlicher Social Media in China war gleichzeitig ein zentraler Katalysator des Erfolgs von Sina Weibo. Die Firma Sina rief im Anschluss an die Sperrung westlicher Dienste im Juli 2009 die Plattform Weibo ins Leben und konnte das entstandene Angebotsvakuum füllen.

Ähnlich verhielt es sich mit Baidu, das Google weitgehend ersetzte, dem YouTube-Pendant Youku und dem Facebook-Ersatz Renren. Für nahezu jeden westlichen Service gibt es mittlerweile ein chinesisches Äquivalent, das den Markt in China dominiert.

Sina ist auch als Unternehmen ein spezieller Fall. Seine Erfolgsgeschichte begann 1999 mit der Gründung des Online-Portals sina.com, das auf die Distribution von Online-Nachrichten spezialisiert ist. Sina war eine der ersten chinesischen Firmen, die im Jahr 2000 an einem ausländischen Aktienmarkt eingetragen wurden, obwohl die Internet-Service-Industrie in China insbesondere bei Investitionen aus dem Ausland strengen Regulierungen unterliegt. Daher organisierte sich Sina als «variable interest entity» (VIE) – eine Struktur, die auch als «Sina model» bekannt wurde und von vielen anderen chinesischen Firmen übernommen wurde, um ausländische Investitionen anzuwerben.[22] Dieses Konstrukt erlaubt es den Firmen, die chinesische Regulierung bezüglich ausländischer Investitionen zu umgehen. Die Firma bleibt rechtlich in chinesischer Hand, kann aber dennoch an ausländischen Börsen gehandelt werden. Sina ist am NASDAQ als eine auf den Cayman Islands registrierte Firma eingetragen.

Bei Weibo – Sinas prominentester Plattform, die heute 282 Millionen aktive Nutzer pro Monat aufweist und auf der chinesische Prominenz und Celebrities fast ausnahmslos Konten haben – handelt es sich um eine Mischung aus Twitter und Facebook. Einerseits sind die Zeichenzahlen, die Nutzer pro Nachricht verschicken können, wie auf Twitter auf 140 Zeichen limitiert – aber mit 140 chinesischen Zeichen kann mehr Inhalt transportiert werden als im Deutschen oder Englischen. Vielleicht reicht es nicht für «a short story or novel»,[23] wie es der Künstler Ai Weiwei behauptete, aber eine Studie zeigte, dass in einer chinesischen Nachricht mit 140 Zeichen etwa viermal mehr gesagt werden kann als mit der gleichen Anzahl Zeichen auf Englisch.[24] 2016 hob Sina dann die Zeichenlimitation auf.[25]

Auf Weibo finden sich überwiegend unpolitische Themen. Die Plattform wurde aber auch wegen kritischer Debatten bekannt, die vorher so in der Öffentlichkeit nicht möglich waren. Ermöglicht wurden diese durch eine spezifische, für westliche Betrachter ungewöhnliche Verquickung von kommerziellen Interessen und demokratisierenden Tendenzen.

Die Entwicklung der Regulierungsmassnahmen: Zensur, «real name registration» und drakonische Strafen

Zensur und die Unterdrückung kritischer Stimmen waren bereits gängige Methoden im chinesischen Internet, als der Aufstieg Weibos begann. Wegen der schnellen Verbreitung von Nachrichten auf Weibo erweist sich das Zensieren auf der Plattform jedoch als schwierig und wurde von der Betreiberfirma Sina zudem bewusst untergraben. Sina ist als kommerziell geführte Firma auf Werbeeinnahmen angewiesen, die sie nur generieren kann, wenn genügend Nutzer auf der Plattform aktiv sind. Daraus entsteht eine Überschneidung der Nutzerinteressen mit den kommerziellen Interessen der Firma, die der Soziologe Guobin Yang schon früh erkannte: «Between online activism and the market there exists an unusual synergy.»[26]

Dennoch muss Sina bestimmte Inhalte staatlichen Vorgaben gemäss selbst zensieren, um zu vermeiden, dass die Plattform selbst als Ultima Ratio vom chinesischen Staat abgeschaltet werden kann. 2012 etwa wurde Weibos Kommentarfunktion temporär gesperrt, damit Gerüchte und vermeintlich «illegale Inhalte» gelöscht werden konnten.[27]

Zensur wird dabei aber nicht flächendeckend, sondern gezielt eingesetzt. So gibt es etwa geografische Unterschiede – Regionen wie Tibet sind beispielsweise stärker von Zensur betroffen.[28] Hinzu kommt, dass die Zensur im Lauf der Jahre raffinierter wurde, indem gewisse Nachrichten nicht mehr gelöscht werden, aber nur für den Verfasser sichtbar sind.[29] Kritik auch an staatlichen Akteuren wird bis zu einem gewissen Grad zugelassen, aber Aufrufe zu Protesten werden rigoros zensiert.[30]- Zudem sind die Reaktionszeiten der Zensoren verringert worden: Eine Studie zeigte, dass 30 Prozent aller heiklen Nachrichten innerhalb von 5 bis 30 Minuten nach Veröffentlichung und 90 Prozent innerhalb von 24 Stunden gelöscht werden.[31] Generell informiert der Staat Anbieter wie Sina über Memos darüber, welche Themen zensiert werden sollen. Ein Beispiel ist ein peinlicher Versprecher von Präsident Xi Jinping auf dem G20-Gipfel im September 2016. Er wollte klassische chinesische Literatur in seiner Rede zitieren, sagte aber statt «Nachsichtig gegenüber den Bauern zu sein» (宽农 kuānnóng) «die Kleidung ausziehen» (宽衣 kuānyī) – wobei 宽衣 Teil von 宽衣解带 (kuānyī jiědài/«die Kleidung ausziehen») ist, was im Chinesischen als Euphemismus für «sich ausziehen und Sex haben» gilt.[32] Plattformbetreiber wie Sina wurden danach instruiert, alle Nachrichten im Zusammenhang mit dem Versprecher zu löschen.[33]

Neben der Zensur von Inhalten versucht der Staat mit der sogenannten Real Name Registration die Anonymität der Nutzer aufzuheben: Schon zu Beginn der Internetentwicklung verfolgte der Staat das Ziel, möglichst alle Nutzer namentlich zu registrieren. 2012 wurde versucht, dies auf Sina Weibo durchzusetzen und Nutzer dazu zu zwingen, eine Pass- oder Telefonnummer bei der Registrierung anzugeben. Diese Aufgabe wurde an Sina delegiert, vom Unternehmen aber nicht vollumfänglich durchgesetzt. Einerseits gibt es auch heute noch über 100 Millionen SIM-Karten in China,[34] die nicht mit einem realen Namen registriert sind.[35] Andererseits bieten einzelne Firmen eine Umgehung der Registrierung auf Weibo gegen Bezahlung an.[36] Als der Chat-Dienst Weixin an Popularität gewann, wurde auch für diese Plattform 2014 die Registrierung mit Realnamen eingeführt. Solange aber in China nicht registrierte SIM-Karten erhältlich sind, wird die Schlagkraft dieser Regulierung begrenzt bleiben.

Was die Real Name Registration nicht erreichen konnte, wurde 2013 durch eine neue Auslegung des Artikels 246 des chinesischen Strafgesetzbuchs zu erreichen versucht. Schwerwiegende Fälle von «Diffamierungen» werden demzufolge offiziell, das heisst ohne Antrag durch die betroffene Person, vom Staat verfolgt und mit bis zu drei Jahren Gefängnis bestraft. 2013 publizierte das höchste Gericht in China eine neue Auslegung zur Frage, was denn «schwerwiegende Fälle» in Social Media seien.[37] Diffamierende Aussagen im Internet gelten neu als schwerwiegend, wenn sie 5000-mal von Nutzern gesehen oder 500-mal geteilt wurden. Diese Minimalanforderungen sind auf Weibo mit über 100 Millionen täglichen Nutzern schnell erreicht, speziell bei bekannten Nutzern, die mehrere Millionen Follower haben.[38] Diese Form der Regulierung mit potenziell drakonischen Strafen scheint wirksam, da sie die Nutzer zur Selbstzensur zwingt. In letzter Konsequenz könnte so eine Nachricht, in der sich ein Nutzer über den Versprecher von Xi Jinping lustig macht, mit bis zu drei Jahren Haft bestraft werden, falls sie mindestens 500-mal geteilt wird.

Überwachung auf Weixin

Trotz der starken staatlichen Einflussnahmen seit 2013 ist Weibo auch heute noch eine bedeutende Plattform in China. Die aktuell wohl wichtigste Plattform ist aber Weixin (auch im Ausland als WeChat bekannt) mit 889 Millionen aktiven Nutzern pro Monat.[39] Im Gegensatz zu Weibo handelt es sich dabei um eine App, die für mobile Nutzung entwickelt wurde. Zu Beginn war die Plattform noch vergleichbar mit WhatsApp, mittlerweile ist sie jedoch ein unangefochtener Allrounder geworden.

Auf Weixin können ähnlich wie auf Sina Weibo auch Stars oder Medienaccounts gefolgt werden – der Hauptfokus der App liegt aber auf der interpersonellen Kommunikation. Es können Gruppenchats mit maximal 100 Nutzern erstellt werden. Ab 100 Nutzer können in China nur weitere Nutzer hinzugefügt werden (bis maximal 500), falls die Accounts dieser neuen Nutzer mit einer Bankkarte gekoppelt sind.[40] Dies ist einerseits im Interesse des Staats, weil die Nutzer damit identifizierbar werden, andererseits hat aber auch Tencent als Betreiberfirma Interesse an dieser Information, da auf Weixin oftmals kommerzielle Transaktionen durchgeführt werden.

Angesichts der beschränkten Nutzerzahlen und der Geschlossenheit des Mediums verbreiten sich Informationen auf Weixin langsamer als auf Weibo – Weixin stellt also keinen Ersatz für Weibo dar, sondern eine komplementäre Plattform, die eine andere Art der Kommunikation fördert. Auch in dieser halböffentlichen Kommunikation auf Weixin gibt es aber Zensur. In Gruppenchats werden Nachrichten mit kritischen Wörtern zensiert, z.B. «六四» (liùsì; 64), das für den 4. Juni 1989 steht, oder «民主运动» (Mínzhǔ yùndòng; Demokratiebewegung).[41] In der privaten Kommunikation zwischen nur zwei Nutzern können diese jedoch frei verwendet werden. Dadurch wird verhindert, dass in einer Versammlungsöffentlichkeit über kritische Themen gesprochen wird und sich diese Informationen schnell verbreiten können. Nutzer, die einen Account unter einer chinesischen Nummer haben, werden sogar zensiert, wenn sie die App ausserhalb Chinas nutzen.[42] Es wird dann beispielsweise nicht mehr angezeigt, ob eine Nachricht von einem anderen Nutzer empfangen wurde. Auf diese Weise bleibt auch intransparent, wann Nachrichten zensiert wurden.

Dass Nutzer heikle Begriffe privat verwenden dürfen, kann dazu führen, dass diese sich in Sicherheit wiegen. Aber auch ihre Kommunikation wird überwacht. So wurden chinesische Bürger, die während der «Occupy Central»-Proteste in Hongkong 2014 Fotos machten und diese über WeChat teilten, nach ihrer Rückkehr nach China von der Polizei befragt und teilweise inhaftiert.[43] Internationale Bekanntheit erlangte der Fall von Miao, der Assistentin einer *Zeit*-Journalistin in China. Zum Verhängnis wurde Miao, dass sie die Proteste in Hongkong öffentlich unterstützte und Fotos auf WeChat verbreitete.

Mesh-Netzwerke und App-Regulierung

Dem politischen Regulierungsdrang der chinesischen Regierung kam zupass, dass digitale Kommunikationsformen stark von technischer Infrastruktur abhängig sind. Sie versucht daher, das Internet unter staatliche Kontrolle zu bringen. Darauf wiederum reagieren politische Aktivisten und versuchen, diese Limitation zu umgehen.

Während der «Occupy Central»-Proteste in Hongkong sowie des «Sunflower Movement» im unabhängigen und demokratischen Taiwan 2014 wurde etwa die mobile App FireChat von den Protestteilnehmern verwendet.[44] Im Gegensatz zu Weixin oder WhatsApp muss diese App nicht auf das Internet als technische Netzwerkstruktur zurückgreifen, sondern verwendet ein sogenanntes Mesh-Netzwerk. Dabei verbinden sich Mobiltelefone über Bluetooth oder WLAN direkt mit anderen Geräten im Umkreis von bis zu 70 Metern.[45] Ein Netzwerk kommt zwar nur zustande, wenn sich die beteiligten Nutzer räumlich nahe genug beieinanderbefinden – etwa bei Konzerten oder eben Massenprotesten –, kann dafür aber auch weiterbestehen, wenn das Internet oder gar das Mobilfunknetz ausgeschaltet würden. Derartige Netzwerke sind zudem prinzipiell für jeden offen. Somit können auch staatliche Akteure die Kommunikation in diesen Netzwerken verfolgen, aber eben nicht zensieren oder unterbinden.

Der nächste Schritt im Katz-und-Maus-Spiel zwischen Protestierenden und Staat war folglich, dass staatliche Regulierer versuchten, nach den Ereignissen in Taiwan und Hongkong im Jahr 2014 Apps sowie App Stores stärker zu regulieren. Die offizielle Begründung ist, dass Apps Terrorismus förderten, illegale Informationen und Pornografie verbreiteten und die nationale Sicherheit gefährdeten. App-Anbieter sind daher angehalten, die reale Identität von Nutzern zu erfassen und deren Log-Daten

60 Tage zu speichern.[46] Eines der ersten bekannten Opfer dieser im Sommer 2016 publizierten Regulierung war im Dezember des Jahres die App der *New York Times*, die auf behördliche Anweisung von Apple aus dem chinesischen App Store entfernt wurde.[47]

Seit Januar 2017 müssen sich App Stores zudem offiziell registrieren.[48] Vordergründig argumentieren staatliche Akteure hier mit dem Konsumentenschutz – und viele chinesische App Stores sind in der Tat mit Malware verseucht –, aber das Gesetz nennt auch die Verhinderung «illegaler Informationen» als Problem. Damit deutet sich bei den App Stores die gleiche Abfolge der Regulierung an, die sich auch bei Sina Weibo zeigte: eine Kontrolle der Inhalte im ersten Schritt, gefolgt von der Regulierung der Anbieter in einem zweiten Schritt. Sollten diese Massnahmen nicht fruchten, dürfte im dritten Schritt den Nutzern selbst die Androhung drakonischer Strafen drohen.

Propaganda 2.0

«The age of new media, with its characteristic fragmentation of public discourse and decentralization of control, has made the lives of propaganda officials toiling in stuffy offices of authoritarian governments considerably easier.»[49]

Der chinesische Staat wendet aber nicht nur restriktive Massnahmen an, um öffentliche Meinungsäusserungen der Bürger einzuschränken, sondern versucht auch selbst aktiv, die öffentliche Meinung durch Propaganda zu beeinflussen. Der chinesische Präsident Xi Jinping rief 2013 zum «Public Opinion Struggle» auf, und offizielle Vertreter beschreiben Social Media als wichtiges Schlachtfeld im Kampf um die öffentliche Meinung.[50]

Dabei wird unter anderem versucht, durch den Einsatz von bezahlten Kommentarschreibern – der nach ihrem Lohn benannten 50 Cent Party – im Sinne der Regierung Einfluss auf Onlinedebatten zu nehmen.[51] Ihr Einfluss bleibt allerdings möglicherweise limitiert und auf lange Sicht ineffizient.[52] Denn bezahlte Kommentatoren müssen laufend neue Accounts erstellen und können daher keine Reputation aufbauen, was sie wiederum daran hindert, grosse Follower-Zahlen zu erreichen.

Dennoch haben diese Bemühungen gerade auf Weibo zugenommen – auch weil die Plattform von Regierungsvertretern als zentraler Ort

1987	1995		2009	2013	2016
Erste E-Mail aus China ins Ausland	Kommerzielle Öffnung		Sina Weibo wird gestartet	Supreme Court: Diffamierung	Regulierung von Apps
1990		2000		2010	

3 Zeitachse der Internetentwicklung in China
Quelle: eigene Darstellung

der öffentlichen Meinungsbildung beschrieben wurde.[53] Zudem werden weitere Propagandastrategien eingesetzt. Xi Jinping selbst beispielsweise war recht erfolgreich auf Weibo, indem er ganz in der Manier amerikanischer Präsidenten plötzlich an öffentlichen Orten auftauchte und von zufällig anwesenden Personen fotografiert wurde. 2013 stattete er einem chinesischen Schnellimbiss einen Überraschungsbesuch ab und wartete wie ein normaler Bürger in der Schlange vor der Kasse.[54] 2014 folgte dann trotz starken Smogs in Beijing ein Überraschungsspaziergang durch einen Hutong.[55] In beiden Fällen verbreiteten sich Fotos seiner Auftritte im Internet und speziell auf Weibo. Seine Auftritte sollten Bürgernähe demonstrieren und gleichzeitig von den Problemen im Bereich Lebensmittelsicherheit sowie Umweltverschmutzung ablenken.

Kritik unter schwierigen Bedingungen: Kritische Öffentlichkeiten trotz Zensur und Kontrolle
Die Kommunikation auf chinesischen Social Media ist in ihrem Ausmass und ihrer Diversität – wie in westlichen Ländern auch – enorm. Weite Teile dieser Kommunikation sind apolitisch, und zu vielen politischen Themen wiederum entstehen keine umfassenden Debatten, weil sie schnell und effektiv zensiert werden.[56] Aber dennoch haben Studien eine beträchtliche Zahl von Fällen dokumentiert, in denen Themen von kollektiver Bedeutung und mit politischer Brisanz in Social Media in einer Weise debattiert wurden, die den Kerndimensionen von politischer Öffentlichkeit entspricht: Sie werden thematisch offen bzw. teils kritisch (Offenheit) und/oder von einer grossen Zahl beteiligter Akteure (Partizipation) und/oder dauerhaft (Beständigkeit) thematisiert und beinflussen punktuell sogar die politische Agenda.[57] Keine dieser Formen chinesischer Social-Media-Öffentlichkeiten erfüllt alle drei Öffentlichkeitskri-

terien – Offenheit, weitreichende Partizipation und Beständigkeit – in vollem Umfang. Aber jede von ihnen erfüllt eines oder mehrere dieser Kriterien in einem gewissem Mass. Dies wurde anhand von Sina Weibo anschaulich beschrieben.[58,59]

Themenöffentlichkeiten

Einerseits kann zu einer Reihe brisanter Themen auf der Plattform nicht oder nur stark eingeschränkt kommuniziert werden. Beiträge, die etwa die etablierte Einparteienherrschaft offen infrage stellen, Korruption unter politischen Eliten öffentlich machen wollen, die Proteste auf dem Tiananmen-Platz 1989 bzw. deren Niederschlagung durch die chinesische Regierung thematisieren oder den Status von Taiwan als unabhängigem Land kommentieren, werden sofort oder nach kurzer Verzögerung zensiert. Andererseits existiert jedoch eine Reihe von Themen, über die auf Weibo offen diskutiert werden kann, zu denen also Themenöffentlichkeiten bzw. «issue publics» entstehen.[60] Dabei handelt es sich nicht nur um apolitische, lebensweltliche Themen, sondern durchaus auch um Gegenstände von kollektiver Relevanz, die Konsequenzen für die politische Verwaltung auf lokaler, regionaler und teils sogar nationaler Ebene haben.

Das prominenteste Beispiel sind Umweltthemen, die in China zum Aufkommen einer «green» oder «environmental public sphere» geführt haben.[61,62] Themen wie die Luftverschmutzung in chinesischen Städten, Lebensmittelsicherheit oder der Klimawandel können auf Weibo mehr oder weniger offen debattiert werden.[63] Einer der Hauptgründe dafür ist die offizielle Anerkennung dieser Probleme durch die chinesische Regierung.[64] Da Themen wie Luftverschmutzung und Lebensmittelsicherheit für die Bevölkerung im Alltag direkt erfahrbar sind, können diese Themen schwer von der Regierung ignoriert werden.

Diese Debatten enthalten sowohl kritische Einschätzungen der Situation als auch Kritik gegenüber politischen Entscheidungsträgern und werden teils von staatlichen Medien aufgegriffen.[65] So kritisierte etwa der chinesische Immobilienmagnat Pan Shiyi in seinen Weibo-Posts die Ungenauigkeit der offiziellen Messungen der Luftverschmutzung in chinesischen Städten – aber als Reaktion wurden seine Beiträge nicht zensiert, sondern die chinesische Regierung veröffentlichte bessere Messungen.[66]

Selbst unter Xi Jinpings Regierung hat diese Themenöffentlichkeit grossen Einfluss, wie das Beispiel des im Internet veröffentlichten Dokumentarfilms *Under the Dome* zeigte. Dieser von der ehemaligen Journalistin Chai Jing selbst produzierte Film, in dem es um Umweltverschmutzung geht, wurde 2015 von chinesischen Netizens über 100 Millionen Male in den ersten 24 Stunden im Internet geteilt.[67] Obwohl der Dokumentarfilm die Luftverschmutzung extrem kritisch beurteilt, wurde er von staatlichen Akteuren und Staatsmedien zunächst begrüsst. Einige Tage später reagierte der Staat dann aber mit Zensurmassnahmen, die weitere Diskussionen im Internet über den Film unterbinden sollten. Trotzdem wurde der Film letztlich von über 200 Millionen Nutzern geschaut, und Chai Jing erreichte, dass das politische System auf dieses Thema reagierte.

Themenöffentlichkeiten dieser Art – gerade rund um den Themenkomplex Umwelt oder Lebensmittelsicherheit – existieren in chinesischen Social Media in grosser Zahl, wie besonders der chinesischstämmige Soziologe Guobin Yang zeigt.[68] Sie genügen auch anspruchsvollen Kriterien von Öffentlichkeit, bestehen sie doch aus lang andauernden, oftmals intensiven Debatten über Probleme von allgemeinem Interesse, an denen eine grosse Zahl von Bürgern mit sehr unterschiedlichen Argumenten und Bewertungen teilnimmt. Sie machen das Handeln politischer, wirtschaftlicher und weiterer Entscheidungsträger transparent, ermöglichen dabei ein Mass an Offenheit und Kritik, das ausländische Beobachter überraschen mag, und entfalten, wie gezeigt, durchaus politische Wirkungen.

Neben diesen eher positiv konnotierten Themen gibt es aber auch eine stark nationalistische Social-Media-Öffentlichkeit, die es immer wieder schafft, die politische Agenda zu beeinflussen. Teils historisch bedingt und teils angestachelt durch die Regierung in den Jahren nach den Studentenprotesten von 1989, hat sich eine starke nationalistische Öffentlichkeit entwickelt.[69] Zwischenfälle wie zum Beispiel der Inselstreit um die Diaoyu-Inseln mit Japan führten 2012 zu starken nationalistischen Protesten, dies sowohl online als auch offline. Bis zu einem gewissen Grad lässt die Regierung auf Weibo und in der Offlinewelt diese Proteste zu, versucht dann aber nach einer ersten Phase, in der sich Nutzer gewissermassen abreagieren konnten, oftmals gezielt und durch den Einsatz von Zensur die öffentliche Meinung wieder zu besänftigen.[70]

Temporäre Öffentlichkeiten

Neben «Themenöffentlichkeiten» gibt es auf Weibo «temporäre Öffentlichkeiten», die sich die Art und Weise zunutze machen, wie auf der Plattform zensiert wird. Zensur auf Weibo ist eine Kombination aus Vor- und Nachzensur: Zum einen werden Inhalte von Beiträgen automatisch mit einer schwarzen Liste abgeglichen. Enthalten sie Themen und Schlagwörter, die aus Sicht der Zensoren als problematisch gelten, werden sie gar nicht erst veröffentlicht oder dann aufgehalten, bis der Beitrag von Sina genehmigt wurde.[71] Zum anderen gibt es auf Sina Weibo eine ausgeprägte Nachzensur. Veröffentlichte Beiträge werden von menschlichen Zensoren beobachtet und gegebenenfalls nachträglich entfernt. Besonders effektiv ist die Zensur, wenn sich die Zensoren auf ein Ereignis vorbereiten können, wie dies zum Beispiel für die Jahrestage der Proteste auf dem Tiananmen-Platz der Fall ist. Weniger effektiv ist sie allerdings bei überraschenden, plötzlichen Ereignissen, die keine Zeit zur Vorbereitung lassen. Dann kann die hohe Verbreitungsgeschwindigkeit von Inhalten auf sozialen Medien dafür sorgen, dass sie eine grosse Zahl von Personen erreichen und von diesen kommentiert und wiederum weiterverbreitet werden können – es entstehen temporäre Öffentlichkeiten.

Ein Beispiel für eine solche temporäre Öffentlichkeit war ein Bombenanschlag am Beijing International Airport: Am Abend des 20. Juli 2013 zündete ein junger Mann im Rollstuhl eine Bombe vor dem Arrival Gate des Flughafens, verletzte sich selbst schwer und verursachte ein mehrstündiges Chaos, durch das der Flugverkehr teilweise lahmgelegt wurde.[72] Schon zehn Minuten nach der Explosion erschienen die ersten Bilder des Mannes mit der Bombe auf Weibo, aufgenommen von Zeugen der Explosion mit ihren Smartphones. Die Zensoren löschten die Bilder nach kurzer Zeit von der Plattform – aber zu spät: Die Explosion war bereits ein populäres Thema auf Weibo, das sich schnell weiterverbreitete. Andere Nutzer hatten die ursprünglichen Bilder bereits gesichert und erneut auf Weibo gepostet. Die Lawine zusätzlicher Posts war für die Zensoren nicht rechtzeitig zu stoppen und zeigte Wirkung: Eine Stunde nach dem Vorfall berichtete die englischsprachige chinesische Tageszeitung *China Daily* über den Vorfall und bezog sich in ihrem Bericht unter anderem auf die Bilder des ursprünglichen Weibo-Beitrags. Später fanden die Bilder durch einen gleichermassen auf Weibo und

Twitter aktiven chinesischen Bürgerjournalisten ihren Weg in internationale Medien wie BBC und *Sky News*.

Temporäre Öffentlichkeiten sind aber, wie ihr Name schon sagt, nicht langlebig. Ihre Stärke ist die Schnelligkeit, mit der Inhalte online verbreitet werden können – bzw. mit den Worten Zhu Ruifengs, des Betreibers einer chinesischen Whistleblowing-Homepage: «Our hopes in this country are in the Internet. Weibo's ability to transmit information is too quick.»[73] Aufgrund dieser Schnelligkeit können in temporären Öffentlichkeiten auf Weibo auch von staatlicher Seite als heikel angesehene Themen angesprochen werden – die zum Beispiel das Verhalten nationaler Politiker und die Grundfesten des chinesischen politischen Systems infrage stellen. Sie können sehr grosse Teilnehmerzahlen erreichen, gerade wenn sie von prominenten Nutzern und/oder Massenmedien initiiert und teilweise mehrere Tage aufrechterhalten werden.[74]

Verschlüsselte Öffentlichkeiten

«Verschlüsselte Öffentlichkeiten» machen es möglich, auch Ereignisse zum Gegenstand zu machen, die eigentlich tabu sind. Die Proteste auf dem Tiananmen-Platz etwa können in chinesischen Social Media, wie beschrieben, nicht explizit diskutiert werden. In verschlüsselter Form kann man sie aber durchaus thematisieren. Dies geschieht häufig als direkte Reaktion auf die Zensur, d.h. als bewusster Versuch, diese zu umgehen, indem man Sachverhalte bildlich oder sprachlich codiert. Dieses Vorgehen findet sich auf Weibo, aber auch auf anderen Plattformen wie Weixin.

Im Fall der Tiananmen-Proteste entsteht eine solch verschlüsselte Öffentlichkeit jedes Jahr. Zum Jahrestag des Ereignisses versuchen Nutzer an die Proteste zu erinnern, was den Zensoren bewusst ist und sie in erhöhte Alarmbereitschaft versetzt. Da explizite Erwähnungen der Vorfälle blockiert oder umgehend entfernt werden, nutzen die Weibo-User verschlüsselte Darstellungen in ihren Posts, um an die Proteste zu erinnern. 2013 wurden z.B. Bilder des «Tank Man» – der sich 1989 mehreren chinesischen Panzern allein in den Weg stellte – auf Weibo veröffentlicht, wobei jedoch die Panzer im Bild durch gelbe Gummienten ersetzt wurden (vgl. Abb. 4). Weitere Versionen des Bildes verwendeten Lego- und Angry-Bird-Motive anstelle der Panzer. Und diese Versuche blieben nicht

4 Verschlüsseltes Bild des Tank-Man, das anlässlich des Jahrestags der Tiananmen-Proteste 2013 auf Weibo publiziert wurde.

ohne Erfolg: Während explizite Erwähnungen des Jahrestags von Beginn an verunmöglicht und von der Vorzensur erfasst wurden, waren die manipulierten Bilder für einige Zeit auf Weibo verfügbar.

Das wohl bekannteste Beispiel für eine solche bildliche Codierung ist das sogenannte grass mud horse (草泥马; cǎonímǎ), ein Homophon des chinesischen Ausdrucks «Fick deine Mutter» (肏你妈; cào nǐ mā).⁷⁵ Dieses fiktive Tier frisst angeblich gern «Flusskrabben» (河蟹; héxiè), die wiederum ein Homophon des politisch aufgeladenen Begriffs «harmonisch» sind (和谐; héxié) – denn die Rechtfertigung der chinesischen Behörden für die Zensur online ist es, eine «harmonische Gesellschaft» (和谐社会; héxié shèhuì) gewährleisten zu wollen. Daher werden Bilder des «grass mud horse» oftmals eingesetzt, um gegen Zensur zu demonstrieren. Ein Beispiel findet sich u.a. im Kontext des zuvor beschriebenen Bombenanschlags am Flughafen Beijing: Die Weibo-Nutzerin, die die ersten Bilder des Anschlags veröffentlichte und deren Beiträge daraufhin gelöscht wurden, veröffentlichte zwei Tage später mehrere Bilder des «grass mud horse» – mutmasslich als Reaktion auf die Zensur und zweifelsohne von vielen ihrer Follower als solche verstanden.

Neben bildlichen Verschlüsselungen finden sich auch sprachliche

Katz-und-Maus-Spiele im chinesischen Internet

Codierungen: Spezifische Namen werden durch generische Namen ersetzt, es werden Homophone (ähnliche Aussprache) oder Homographe (sehen ähnlich aus) verwendet oder einzelne Bestandteile eines Worts in lateinische Schrift umgewandelt.[76] Weil sich die Nutzer der Zensurmechanismen auf Weibo bewusst sind, beginnen sie oft schon innerhalb der ersten Stunden einer Debatte über ein heikles Thema, d.h., bevor die Zensur einsetzt, diese abgewandelten Wörter zu verwenden.

Lokale Öffentlichkeiten
Ein weiterer Typus von Öffentlichkeit auf Weibo beschäftigt sich mit Themen von kollektivem Interesse und oftmals politischer Brisanz, die jedoch zum Zeitpunkt ihrer Diskussion (noch) nicht auf nationaler, sondern auf lokaler oder regionaler Ebene angesiedelt sind.

Ein Beispiel einer solchen lokalen Öffentlichkeit war der öffentliche Protest gegen eine Chemiefabrik in Maoming im Süden Chinas.[77] Erstaunlicherweise zirkulierten viele Bilder des Protests für einen gewissen Zeitraum unzensiert auf Weibo. Dies ist insofern erstaunlich, als Nachrichten über öffentliche Proteste oder Mobilisierungsaufrufe üblicherweise konsequent zensiert werden.[78] In diesem Fall konnte aber wohl über den Protest diskutiert werden, da es sich um ein lokales Ereignis handelte.

Derartige lokale Öffentlichkeiten existieren aus zwei Gründen. Erstens werden sie von der nationalen Regierung toleriert, weil Debatten über lokale oder regionale Angelegenheiten nicht direkt die nationale kommunistische Partei infrage stellen und stattdessen sogar Gelegenheiten sein können, durch Interventionen die Legitimität der nationalen Regierung zu erhöhen.[79] Zweitens sind lokale Öffentlichkeiten auch möglich, weil Zensur in China zentral organisiert wird, Zensoren in den chinesischen Metropolen mit aufkommenden lokalen Problemen oft nicht vertraut sind und ihre Aufmerksamkeit erst auf diese Probleme richten, wenn sie in grösserem Umfang diskutiert werden oder eben ein offizielles Memo publiziert wird, in dem sie eine Anweisung erhalten, was zensiert werden soll.

Lokale Öffentlichkeiten bleiben einerseits, naturgemäss, in ihrer thematischen und geografischen Reichweite und der Anzahl ihrer Teilnehmer limitiert. In ihnen können jedoch gravierende Missstände aufgegriffen, subnationale politische Akteure deutlich kritisiert und teilweise auch entsprechende politische Reaktionen herbeigeführt werden. In manchen Fällen haben Journalisten Weibo als Quelle verwendet oder sogar selbst diese Fälle auf Weibo publik gemacht. Sie sind einige der wenigen Akteure, die mit ihrer Stimme sogar die staatliche Propaganda übertönen können.[80]

Mobile Öffentlichkeiten

Mobiltelefone sind in China so weit verbreitet, dass mittlerweile mit 695 Millionen mobilen Internetnutzern mehr als die Hälfte der Bevölkerung online ist.[81] 89 Prozent aller Weibo-Nutzer greifen über ein mobiles Gerät auf die Plattform zu.[82] Viele von ihnen erhalten ihre abonnierten Weibo-Beiträge sofort nach deren Veröffentlichung als Push-Mitteilung auf ihr Mobiltelefon. Diese auf dem Endgerät offline gespeicherten Mitteilungen werden auch dann nicht gelöscht, wenn sie problematische Inhalte enthalten und die entsprechenden Beiträge online, auf der Weibo-Plattform selbst, entfernt werden. Selbst wenn Sina Weibo ein Benutzerkonto – wie das der *New York Times* – komplett löscht, bleibt es temporär auf den Mobiltelefonen im Hintergrund sichtbar, lediglich versehen mit der Meldung, das Benutzerkonto existiere nicht mehr.

Auf diese Weise können auch zu heiklen, auf Weibo selbst umgehend zensierten Themen Öffentlichkeiten entstehen, die wiederum Anschlusskommunikation produzieren. Diese Anschlusskommunikation kann einerseits interpersonale Kommunikation sein, etwa wenn Beiträge mit der Familie, Freunden und anderen diskutiert werden. Andererseits kann Anschlusskommunikation auch Weibo selbst wieder erreichen und zensierte Themen und Debatten neu beleben. Wie die Explosion am Flughafen in Beijing illustriert, erscheinen gelöschte Beiträge häufig erneut auf Weibo, weil Nutzer den ursprünglichen Beitrag auf ihren Mobiltelefonen offline speichern und ihn anschliessend ein weiteres Mal auf Weibo veröffentlichen. Derartige Re-Posts sind für Zensoren besonders schwer zu erfassen, wenn gelöschte Beiträge nicht als Texte, sondern als Screenshots wieder erscheinen, mithin als Grafiken, die durch eine automatische Schlagwortsuche nicht erfasst werden können. Menschliche Zensoren können diese Nachrichten dennoch auffinden und nachzensieren, aber nur mit entsprechendem zeitlichem Verzug.

Offline-Öffentlichkeiten können beträchtliche Wirkungen entfalten, weil sie Anschlusskommunikation ermöglichen und zugleich Zensur in einer Weise transparent machen, die es in anderen Medien nicht gibt: In traditionellen Medien ist Zensur für das Publikum nicht erkennbar, weil Artikel und audiovisuelle Inhalte vor der Publikation (vor)zensiert werden. Für Weibo-Nutzer mit Mobiltelefonen wird Zensur jedoch sehr deutlich und kann entsprechende Reaktionen auslösen. Auch auf Weixin bemerken Nutzer trotz fehlender Warnmeldungen früher oder später, ob Nachrichten zensiert wurden. Dies führt uns zum letzten Typus von Weibo-Öffentlichkeiten.

Ausblick

Den Einfluss des Internets in China zu untersuchen ist aus mehreren Gründen interessant: Erstens ist China nicht nur das bevölkerungsreichste Land der Welt, sondern hat mittlerweile auch die grösste Internetpopulation der Welt. Zweitens versucht der chinesische Staat mit Zensur, Regulierung und Propaganda, die öffentliche Meinung unter Kontrolle zu halten. Drittens steht den chinesischen Internetnutzern eine Reihe von chinesischen Plattformen zur Verfügung, die ihnen wegen der technischen Möglichkeiten gewisse Freiheiten eröffnen.

Wie gezeigt, sind diese Freiheiten aber umkämpft. Jeder neu geschaffene Freiraum wird nach einer gewissen, immer kürzer werdenden Zeitspanne durch Regulierungen beschnitten. Dies zeigte sich zu Beginn der Entwicklung des kommerziellen Internets mit der Regulierung der Inhalte, die wegen ihrer unklaren Formulierung bis heute Nutzer sowie Firmen bewusst im Unklaren lassen, was zensiert werden muss. Jede neue Plattform wurde über ihre Entwicklung hinweg regulatorisch begleitet, etwa in Form der geforderten Real Name Registry oder der Neuauslegung der «schwerwiegenden Fälle» von Diffamierung im Internet, die sich spezifisch an Plattformen wie Weibo orientierten. Die historische Entwicklung der Internetregulierung in China zeigt auf, dass der Staat zu jedem Zeitpunkt das Ziel verfolgte, die Kommunikationsflüsse zu kontrollieren und falls nötig zu zensieren. Auf technische Weiterentwicklungen wird mit neuen Regulierungen reagiert, auch wenn sich diese wie die Registrierungspflicht unter Realnamen teils nur schwer durchsetzen lassen.

Trotz dieser Einschränkungen gibt es auch heute noch gewisse Freiheiten im chinesischen Internet, die sich als Formen von Öffentlichkeit verstehen lassen. Illustrieren lässt sich dies anhand von Weibo – die meisten dieser Öffentlichkeiten finden sich ähnlich aber auch auf anderen chinesischen Plattformen. Themenöffentlichkeiten sind möglich, da der chinesische Staat gewisse Themen toleriert und ein Interesse an der Lösung der thematisierten Probleme hat. Temporäre Öffentlichkeiten sind jedoch stark abhängig von den technischen Spezifika der Plattform Weibo. Die Verbreitungsgeschwindigkeit von Nachrichten ermöglicht die Existenz dieser Öffentlichkeiten. Auf Weixin sind diese auch möglich, beschränken sich dann aber auf ein kleineres Publikum. Verschlüsselte Öffentlichkeiten sind stark an die kulturellen Spezifika der chinesischen Sprache gebunden und sind daher eigentlich unabhängig von technischer Infrastruktur. Auch auf Weixin spielen diese eine Rolle, um Vorzensur zu umgehen. Lokale Öffentlichkeiten lassen sich auch verallgemeinern. Speziell Weixin mit seinen Gruppenchats bietet lokalen Gemeinschaften die Möglichkeit, sich in Gruppenchats auszutauschen. Mobile Öffentlichkeiten sind ebenfalls unabhängig von der Plattform Weibo möglich, da sie von der – in China sehr weit verbreiteten – Verwendung mobiler Geräte abhängig sind. Auch auf Weixin ist Zensur sichtbar für Nutzer, und auch heute noch kommunizieren Nutzer über Zensurmassnahmen – man denke an das Beispiel des peinlichen Versprechers von Xi Jinping.

Insgesamt war die chinesische Regierung aber bisher recht erfolgreich dabei, im Internet und in Social Media angelegte Demokratisierungstendenzen zu bremsen oder zu unterdrücken. Am stärksten half aber wahrscheinlich das Vorgehen gegen bekannte Blogger und Aktivisten in der Offlinewelt, mit dem Exempel statuiert wurden. Die online verfügbaren Vernetzungsmöglichkeiten sind Fluch und Segen zugleich für politische Aktivisten in China. Weixin ermöglicht es dem chinesischen Staat einerseits, politische Aktivisten in Echtzeit zu überwachen. Schon 2012 beschrieb der Aktivist Hu Jia, dass auf Weixin versendete Voice-Nachrichten nach nur einer Stunde von Sicherheitskräften in Verhören zitiert wurden.[83, 84] Diese Beispiele machen deutlich, dass Weixin zwar die mobile Kommunikation stark vereinfacht hat, dieser Vorteil aber auf Kosten der Freiheit geht. Wer Weixin nutzt, muss damit rechnen, dass der Staat jederzeit auf die Kommunikation zugreifen kann.

Diese Form der Überwachung, bei der nie klar ist, ob man gerade überwacht wird, erinnert an Benthams Panoptikum – ein Gefängnis, in dem der Wärter jederzeit die Insassen sehen kann, die Insassen umgekehrt aber den Wärter nie sehen.[85] Heute sind sich aber viele Chinesen, vor allem Aktivisten, bewusst, dass die gesamte Onlinekommunikation überwacht wird. Von manchen Chinesen wird dieser Zustand treffend als «running naked» online beschrieben.[86] Das Potenzial der Überwachung ist für jeden Nutzer in einer Funktion von Weixin sichtbar. Auf einer Karte kann wegen der mobilen Nutzung der App jederzeit in Echtzeit überprüft werden, wie viele Menschen sich gerade an einem Ort befinden. Was für Nutzer eine hilfreiche Funktion ist, um herauszufinden, wo man am besten gerade hingehen soll, um möglichst ungestört seine Einkäufe zu erledigen, ist für den Staat eine hilfreiche Funktion, dank der er jederzeit weiss, welcher Bürger sich gerade wo befindet.

Dieses fortlaufende Katz-und-Maus-Spiel hat seinen neuen Höhepunkt in der Regulierung von Apps und App Stores erreicht. Der Fall in Hongkong hat China aufgezeigt, welche Gefahr von Apps wie FireChat und Mesh-Netzwerken ausgehen kann, speziell bei Protestbewegungen. FireChat ermöglicht in seiner neuesten Version private Gruppenchats über ein Mesh-Netzwerk, die das Panoptikum zerstören könnten: Der Staat wird als Beobachter ausgeschlossen. Mit der Regulierung der App Stores geht der chinesische Staat nun zum vielleicht ersten Mal präventiv gegen eine zukünftige Gefahr vor. Bisher kamen sogenannte Mesh-Netzwerke bei sozialen Bewegungen zum Einsatz. In den extrem dicht besiedelten chinesischen Städten mit einer extrem hohen Mobiltelefondichte wäre jedoch ein stetig verfügbares, offenes Netzwerk möglich, in dem sich Nutzer frei miteinander austauschen könnten. Der Staat könnte dieses Netz zwar überwachen, aber nicht zensieren. Für die Verbreitung extrem sensibler Informationen oder die Herausbildung einer kollektiven Identität, die es für spätere Proteste braucht, wäre dieses Netzwerk eine gute Alternative zu traditionellen Netzwerken im Internet.[87]

Generell kann jedoch festgehalten werden, dass der chinesische Staat im Katz-und-Maus-Spiel in den letzten 16 Jahren stetig aufgeholt hat. In anderen autoritären Staaten unterschiedlicher Ausprägung lassen sich ähnliche Entwicklungen beobachten. Der nach den Protesten im Istanbuler Gezipark allgegenwärtige Optimismus schlug spätestens letztes Jahr in Pessimismus um.[88] Das chinesische Modell hat mittlerweile

Schule gemacht, und in Ländern wie der Türkei oder Russland finden sich ähnliche Strategien, um Nutzer von kritischen Diskussionen abzuhalten oder abzulenken:[89] eine direkte Regulierung der Nutzer auf Basis teils vage formulierter Paragrafen, die Willkür ermöglichen und Nutzer zu Selbstzensur anhalten, die Blockade internationaler bzw. ausländischer Social Media wie Twitter oder Wikipedia, die Zensur von Online-Debatten oder die politisch motivierte Regulierung von App Stores. Empirische Untersuchungen zeigen auch für diese Länder, dass einige User der Regulierung durch vermehrten Aktivismus begegnen.[90] Auch dort findet sich das beschriebene, elaborierte Katz-und-Maus-Spiel.

Ist Civic Tech die Antwort auf digitalen Populismus?

Adrienne Fichter

In den vergangenen Jahren formierte sich eine weltweite Civic-Tech-Bewegung. Softwareentwickler, Aktivisten und Politologen möchten Alternativen zu Facebook und Twitter anbieten. Die sozialen Medien haben ihrer Meinung nach ausgedient, deshalb müssen Innovationen für die politische Mitbestimmung her. Ihre Mission ist die digitale Transformation des Staats. Was treibt sie an? Ein Porträt über die Macher einer neuen Generation von Demokratietechnologien.[1]

2012 hatten Pia Mancini und Santiago Siri genug. Die Politikwissenschaftlerin und der Softwareentwickler waren frustriert davon, wie Politik in ihrem Land, in Argentinien, im 21. Jahrhundert immer noch funktioniert. Gewählte Parlamentarier müssen keine Rechenschaft ablegen, Wahlversprechen werden nicht eingehalten und Geldflüsse zwischen Wirtschaft und Politik sind intransparent. Tatsächlich bewertet Transparency International Argentinien mit einem Korruptionsindex von nur 36 von 100 – die Heimat von Papst Franziskus, Fussballer Lionel Messi und Eva Perón gehört damit wie viele lateinamerikanische Staaten zu den korrupteren der Welt. Mancini und Siri, damals beide 29 Jahre alt, beschlossen zu handeln. Sie entwickelten eine Plattform, die es Bürgern ermöglicht, über alle politischen Geschäfte mitzuberaten: DemocracyOS. Jede Argentinierin, jeder Argentinier im Stimmalter kann sich in dem Online-Programm registrieren und danach eigene Anliegen placieren und mit anderen Bürgern debattieren. Einfach und bequem via App. Inzwischen verwendet Argentiniens Regierung DemocracyOS offiziell als Instrument für den Bürgerdialog. In Tunesien gestaltete die Bevölkerung mit DemocracyOS eine neue Verfassung. Und die Regierung Mexikos bezog die Bevölkerung mit DemocracyOS in die Entwicklung eines neuen Datenschutzgesetzes mit ein. Mancini und Siri erfahren jeweils nur zufällig, wo ihre Software eingesetzt wird – sie ist Open Source, das heisst, als Quellcode für jeden im Netz verfügbar.

Heute seien die Kosten politischer Partizipation extrem hoch, sagte

Pia Mancini 2014 in einem Ted-Talk. Um politisch mitbestimmen zu können, müsse man entweder sehr viel Geld haben oder sein ganzes Leben der Politik verschreiben. Ein paar wenige Menschen entschieden täglich über Fragen, die eigentlich viele Bürger betreffen, und gewählt werde nur alle vier Jahre. Wer sich in einer Partei engagieren wolle, müsse erst jahrelang ausharren, bis er mitentscheiden dürfe. «Wir schlagen uns als Bürger des 21. Jahrhunderts mit Institutionen aus dem 19. Jahrhundert und Informationstechnologie aus dem 15. Jahrhundert herum», so Mancini. «Wir können zwar unsere Entscheidungsträger wählen, sind aber aus dem Entscheidungsprozess selbst völlig ausgeschlossen.»[2]

Mancini und Siri gelten als die Rockstars der weltweiten Civic-Tech-Bewegung. Civic Tech ist der Begriff für eine wachsende Zahl von Start-ups und Initiativen, die neue Instrumente des digitalen politischen Entscheidungsprozesses ausprobieren. Darunter befinden sich berühmte Beispiele von Plattformen wie DemocracyOS oder Kampagnenseiten wie Change.org. Civic-Tech-Unternehmer möchten Alternativen zu Facebook und Twitter anbieten. Sie anerkennen das Potenzial von Social Media in Sachen politischer Mobilisierung – doch diese stellen die traditionellen Institutionen nicht infrage. Die Spielregeln und das System bleiben unangetastet. Die Wahlbeteiligung oder die Zahl von Demonstranten mag sich dank dieser sozialen Werkzeuge erhöhen. Doch es reicht den Aktivisten nicht, an der Quantität zu schrauben. Die Civic-Tech-Szene möchte die Qualität des Diskurses und die politische Partizipation im Netz verbessern. «Der ‹game changer› der digitalen Demokratie ist nicht etwa die Wiederbelebung von traditionellen Formen der politischen Partizipation wie Wahlen durchführen oder Proteste organisieren», fasst Thamy Pogrebinschi, Senior-Forscherin beim WZB Berlin Social Science Center auf opendemocracy.net, die Vision von Civic Tech zusammen.[3] «Der echte Wandel für Governance muss mit ganz neuen digitalen Demokratieinnovationen angestrebt werden.» Ähnlich umschreibt Eddie Copeland, Direktor der Denkfabrik für Regierungsinnovationen NESTA, die Mission dieser neuen Branche: «Es geht nicht darum, dass noch mehr Leute noch öfter ihre Meinungen auf Social Media schreiben sollen. Wir brauchen neue Werkzeuge, die diesen Job erledigen. Wenn diese richtig genutzt werden, können sie das Vertrauen von politischen Institutionen wieder stärken.»[4] Mittels künstlicher Intelligenz, Open-Source-Software und Datenvisualisierungen möchten Civic-Tech-Initiativen Bürgerhaushalte aufstellen, Verfassungen kollaborativ neu schreiben oder Mängel in Wohnquartieren mit Kommunen effizienter beheben können.[5]

Dialog und Mitbestimmung während der Amtsperiode

In den USA entwickelte sich ein regelrechter Civic-Tech-Markt. Im Technologieblog TechCrunch[6] ist zu erfahren, dass die US-Regierung im Jahr 2015 6,4 Milliarden Dollar in Civic-Tech-Innovationen investierte. Auch in Europa blüht die Szene auf, und auch hier sind es Softwareentwickler, Politikwissenschaftler, Webdesigner und Aktivisten, die an die Potenziale des Internets für die Verbesserung des Staatswesens glauben und sich zusammenschliessen.

Profitieren Civic-Tech-Initiativen vom wachsenden Rechtspopulismus? Einer, der eine Antwort auf diese Frage wissen muss, ist der Franzose Valentin Chaput. Er ist einer der bestvernetzten französischen Polit-Unternehmer. Chaput ist im Vorstand des französischen Ablegers von DemocracyOS und unterstützt sämtliche politischen Open-Source-Projekte. In der Tat ist die Bevölkerung unzufrieden mit der Regierung, besonders mit der fehlenden Mitsprache in zentralisierten Systemen, sagt Chaput. Viele Politiker haben nur während der Wahlkampfphase Gehör für ihre Bürger. Doch digitale Bürgerbeteiligung darf sich nicht nur auf den Wahlkampf beschränken. «Es geht um den Dialog während einer Amtsperiode. Während regiert wird, muss die Bevölkerung für Konsultationen beigezogen werden, bei Themen, die ihren Alltag betreffen – und eben genau nicht zu den Wahlkampfzeiten», sagt Chaput. In der Tat: Wie man mit Social Media erfolgreich Wahlkampf betreibt, haben viele mächtige Politiker weltweit bereits verstanden. Danach folgt oft Schweigen im digitalen Walde. Egal ob es sich um die Obama-Administration, die Grosse Koalition unter Merkel oder die sozialistische Regierung von Hollande handelte: Die meisten Regierungen haben es versäumt, ihre Wähler und Bürger mittels neuer Instrumente in einen dauerhaften Dialog über Programme und Schwerpunkte digital einzubinden oder politische Entscheidungen zugänglicher zu vermitteln. Selbst Barack Obama, der als Kleinspenden- und Social-Media-König in die amerikanische Geschichte eingehen wird, verpasste als Amtsträger die Chance, den Dialog mit seiner Wählern im Netz dauerhaft fortzusetzen. Er lancierte zwar

1   Die verschiedenen Handlungsfelder der Civic-Tech-Branche, illustriert von der Non-Profit-Organisation Knight Foundation[7]

viele Open-Government-Initiativen wie Code.Gov für mehr Transparenz und trimmte sein Personal auf digitale Kompetenz. Und er nahm sich auch hin und wieder der Fragen von Social-Media-Usern an – im Rahmen der berühmten «Ask me anything»-Sessions, eines Formats des sozialen Netzwerks Reddit. Doch das Versprechen, das er mit seiner zivilgesellschaftlichen Organisation «Organizing for action» vermittelte, hielt er nicht: eine digitale Graswurzel-Bewegung für sämtliche Anliegen aus dem Volk zu sein. Das Ziel, dass die Politik des Weissen Hauses «von unten» mitgestaltet werden sollte, wurde nicht erreicht. Von der Regierung Trump ist in Sachen Transparenz und Bürgerbeteiligung noch viel weniger zu erwarten. Viele der lancierten Tools der Obama-Ära sind bereits archiviert oder deaktiviert.[8] An gelegentlichem Bürgerinput scheint Trump zwar durchaus etwas gelegen zu sein: So wollte er mit einem Onlineformular von der amerikanischen Bevölkerung wissen, welche Meilensteine in den ersten 100 Tagen Amtszeit erreicht werden sollten und wie man die Verwaltung verschlanken könne. Allerdings lässt sich nicht nachverfolgen, was mit den Eingaben passiert, ebenso sind bis heute keine Ergebnisse der Umfrage kommuniziert worden.[9] Trump selbst antwortet trotz Millionenpublikums und riesigen Echos auf keinen einzigen Tweet. Volksnähe wird nur vorgegaukelt. Der Präsident möchte seine Agenda zwar digital mittels Big-Data-Kampagnen vermitteln (siehe Kapitel «Big Data im Wahlkampf – Mythos oder Waffe?»). Doch Ideen und Visionen für einen besseren Austausch zwischen Regierung und Bevölkerung sucht man vergeblich auf den Websites der neuen Administration. Der Zustand der gegenwärtigen digitalen Demokratie lässt sich somit unter folgender Formel zusammenfassen: «Campaigning digitally, governing in analogue» (Digitalen Wahlkampf betreiben, analog regieren).

Auch in Australien ist die Unzufriedenheit mit dem gegenwärtigen System gross. Mehr Mitbestimmung möchte zum Beispiel Adam Jacoby, Gründer von MiVote in Melbourne.[10] Die App ist seit dem Frühjahr 2017 für alle Einwohner Australiens zugänglich. Für Jacoby ist der erstarkende Populismus in vielen Ländern Zeichen einer tiefen Demokratiekrise. Die Wähler seien anfällig für populistische Strömungen, weil sie viel zu wenig entscheiden dürften, ist er überzeugt. Warum sollen Wähler nicht über die Ratsgeschäfte der beiden Kammern informiert werden und mitbestimmen, wenn es doch technisch möglich ist? Das Programm MiVote will diese Werkzeuge anbieten. Jacoby hat dafür eine eigene Partei gegründet, die in den Parlamentswahlen im November 2018 drei Senatssitze erringen will. Die bei MiVote registrierten Nutzer haben bei jeder neuen Frage die Wahl zwischen vier politischen Positionen. Erreicht eine der Optionen die Mehrheit von 60 Prozent der Stimmen, reichen die MiVote-Politiker entsprechende Vorstösse ein. Die Abgeordneten werden damit nur noch als Vollzugsvollstrecker ihrer Wähler benötigt. Und das ist durchaus gewollt (mehr dazu im Kapitel «Mehr Technokratie wagen?»).

Gesucht: Politische Disruption

Die Zeichen der Zeit sprechen für die «Demokratie-Hacker». Weltweit sind die Ansprüche an staatliche digitale Dienstleistungen oder politische Mitbestimmung gestiegen. Umfragen von renommierten Meinungsforschungsinstituten wie YouGov und Ipsos Mori zeigen, dass der Wunsch nach direkter Demokratie wächst.[11] 2016 führten so viele Länder Volksabstimmungen durch wie niemals zuvor.[12] Politik-Start-ups und Civic-Tech-Initiativen profitieren vom wachsenden Bedürfnis vieler Bürger nach mehr Mitbestimmung. Die Forschung zu verschiedenen Bürgerbeteiligungsprojekten beweist: Permanente Beteiligung von Bürgern bei politischen Projekten in einer Kommune reduziert die Politikverdrossenheit.[13] Gerade das Verständnis für komplexe Fragestellungen würde dadurch gefördert. Ausserdem profitieren Verwaltungen vom Wissen und der Expertise einzelner Einwohner in gewissen Politikbereichen. Dennoch tut sich der oft behäbige Staat schwer damit, Bürgerfeedback auf niederschwellige Art in die tägliche Verwaltungsarbeit einzubinden. Um es mit einem Begriff aus dem Marketing-Jargon zu formulieren: Der Staat ist nicht «responsiv». «Wir leben in einer Zeit, in der jeder Aspekt von Governance verbessert werden kann», sagte Geoff Mulgan vom Thinktank Nesta.[14]

Es gibt Orte, wo diese Partizipationsmöglichkeiten und digitalen Services bereits Realität sind. Zum Beispiel in Island. Zwar ist eine der ersten Verfassungsreformen, die via Crowdsourcing im Netz erarbeitet wurde, gescheitert. Doch das hat die Experimentierfreude der digitalaffinen Isländer nicht getrübt. Mit der Plattform Better Reykjavik setzt der Stadtrat der isländischen Hauptstadt die 15 monatlich bestbewerteten Ideen um. Mehr als 70 000 Personen besuchen die Website regelmässig, was bei 120 000 Stadteinwohnern über die Hälfte ausmacht. Der Stadtrat macht politische Entscheidungsprozesse und das Stadium der Bearbeitung transparent. Auch Spaniens Metropolen sind Vorreiter in Sachen digitale Bürgerbeteiligung. Bei der Plattform Decide Madrid können alle Einwohner von Spaniens Hauptstadt ein neues lokales Gesetz vorschlagen. Erhält der Vorschlag genügend Unterstützung aus dem Volk, muss die lokale Regierung einen Machbarkeitsbericht erstellen, die Kosten berechnen und die rechtliche Situation klären. Die Ergebnisse werden auf der Plattform publiziert. Die Bürger konnten so über die Reallokation von 60 Millionen Euro des Staatshaushalts mitbestimmen.[15]

Möglich machten diese Projekte Vorreiter der digitalen Zivilgesellschaft. Im Fall von Reykjavik und Madrid waren es Inspirationen oder Adaptionen der Partei-Plattformen der Piratenpartei und der Linkspartei Podemos. In Taiwan arbeitet die lokale Regierung mit dem amerikanischen Start-up pol.is.[16] Die Software bildet Meinungen zu einem Thema in Echtzeit ab und bündelt diese in Clustern (siehe Abbildung 2). Sie errechnet dabei Konsenspfade. Mit pol.is soll sich das «bessere Argument» bei politischen Entscheidungsprozessen durchsetzen. Ausserdem wird hier künstliche Intelligenz zur Stärkung und nicht zum Abbau von Meinungsvielfalt eingesetzt. Im Gegensatz zu den «Profilöffentlichkeiten» auf Social Media gibt es bei pol.is einen zentralen Ort – eben eine «Polis» –, bei dem alle Meinungen gleichzeitig abgebildet werden. Die Regierung hat beschlossen, unter der Leitung von Digitalministerin Audrey Tang die Partizipationssoftware bei allen relevanten Entscheidungen einzusetzen. Das Start-up aus Seattle kann bereits einige Erfolge verbuchen. So haben die Taxibranche, das Sharing-Economy-Unternehmen UBER, das Verkehrsministerium und Tausende Bürger Taiwans mit pol.is eine neue landesweit geltende Taxi-Verordnung verabschiedet.

Die Civic-Tech-Unternehmer leisten nach eigener Ansicht Pionierarbeit. Denn der Tech-Industrie, so die Haltung, gelang es bisher nicht, ihre Macht und ihr Know-how zugunsten einer besseren Politik einzusetzen. Zwar beschäftigte sich das Silicon Valley intensiv mit der Frage, wie sich Unternehmen demokratisieren und öffnen lassen – hierher gehört das Stichwort neue Arbeitsmodelle. Für sämtliche Grundbedürfnisse – zumindest in der ersten Welt – existiert eine Software, die algorithmisch Anbieter und Nachfrage vermittelt. Von Taxis über Essensauslieferung bis Wohnungsvermittlung wurde sozusagen alles «uberisiert». Doch keiner der grossen Vordenker oder Meinungsführer aus dem Technologie-Mekka wie Elon Musk, Mark Zuckerberg oder Tim Cook haben sich je zur Frage geäussert, wie sich Demokratien durch Technologien verbessern lassen, wie die Interaktion zwischen Bürger und Staat neu gestaltet werden kann. Davon profitieren nun die neuen Civic-Tech-Unternehmer. Sie möchten mit neuen Innovationen die digitale Transformation des Staats vorantreiben. Es geht ihnen nicht um Optimierung in kleinen Schritten, sondern um politische Disruption.

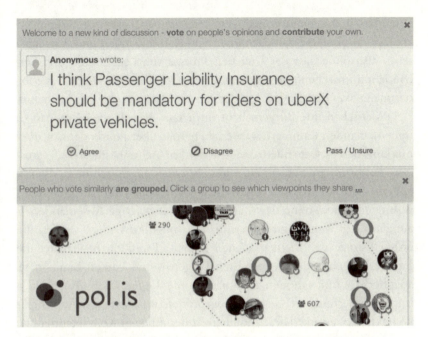

2   Die Software Pol.is bündelt Meinungen zu Clustern und rechnet «Konsenspfade» aus.
    Quelle: Medium.com (Screenshot)

Die Giganten kennen den Zeitgeist

Doch satteln politisch durchschnittlich interessierte Bürger überhaupt auf Neues um? Die Trägheit der meisten Social-Media-User lässt daran zweifeln. «Konsumenten ist Politik egal», lautet das harte Verdikt des Designers und Politik-Unternehmers Jason Putorti.[17] Er glaubt nicht so recht an die Vision der Civic-Tech-Unternehmer, dass Bürgerinnen und Bürger permanent über politische Geschäfte via App beraten wollen. Die Nachfrage ist zu gering. «Oder möchten Sie wirklich jeden Tag Gesetze begutachten und Ausschüsse mitverfolgen? Jeden Tag? Der Kongress wird dafür bezahlt, das zu tun, wir nicht.» Es ist in der Tat ein ungleicher Kampf in der Aufmerksamkeitsökonomie. David gegen Goliath. Denn die «Grossen» machen eines richtig: Snapchat, Facebook und Twitter verkaufen politische Mitbestimmung im «Spassgewand»-Design, spielerisch und luftig. Facebook hat sich beispielsweise mit dem millionenfach placierten «I voted»-Wahlbutton etwas bestechend Simples einfallen lassen, das gut zum heutigen Zeitgeist passt: erlebbaren digitalen «Politpop», ohne die Knochenarbeit von Kommissionen und Ausschüssen – also ohne dass der User den Prozess von Legiferieren und Verhandeln mitmachen muss (siehe auch Kapitel «Über die Demokratie-Experimente von Facebook»). Mit der Angabe, das man gewählt hat, halten viele Menschen ihre Bürgerpflicht für getan. «Ich glaube nicht, dass es irgendjemanden kümmert, was seine Freunde über Politik denken, aber uns kümmert es, was andere über uns denken», schreibt Putorti. Die grossen Plattformbetreiber wissen, wie sich soziale Erwünschtheit («Politik geht uns alle an») und Prestigedenken («Schaut her, ich habe gewählt») verbinden lassen, ohne dass man sich auf langwierige Auseinandersetzungen über Wahlprogramme einlassen muss. Ausserdem werden die ersten Erfolge der Kleinen schnell kopiert: Facebook beobachtet die Entwicklungen der Civic-Tech-Branche genau und kupfert brauchbare, adaptierbare Innovationen ab. Jüngst wurde die Funktion «Town Hall» implementiert, mit der sich US-Abgeordnete via Messenger-App direkt kontaktieren lassen.[18] Diese Möglichkeit der direkten Kontaktaufnahme ist inspiriert von Vorreitern wie der App Countable. Diese verfolgt das Abstimmungsverhalten im Kongress, User werden darüber benachrichtigt und können «ihre» Volksvertreter direkt angehen. Ob die Repräsentanten auch auf dem Facebook-Messenger auf Anfragen antworten werden, ist eigentlich irrelevant. Mit dieser Initiative verpasst sich der soziale Riese einmal mehr einen politisch-sozialen Deckmantel.[19]

Ist Politik ein Wachstumsmarkt?
Putorti hat die Zivilgesellschaft jedoch ein wenig unterschätzt. Er hat die Dynamik der darauffolgenden Ereignisse wie den Women's March und die aufkeimende #resist-Bewegung im Netz nicht kommen sehen. Denn auch die Politik-Apps konnten aus den Protesten Kapital schlagen. Sie profitierten von den Problemen der in die Kritik geratenen Technologiefirmen: Fake News, Hasskommentare und mangelnde Strafverfolgung von justiziablen Inhalten verschafften den grossen Plattformbetreibern negative Schlagzeilen. Die Wahl von Donald Trump markierte dabei einen Wendepunkt. Im Februar 2017 verzeichneten die fünf beliebtesten Mobile Apps der Kategorie Politik gemäss dem Analysedienst App Annie 300 000 Downloads auf iOs und Android seit November 2016. Ein Drittel

davon entfällt auf Januar 2017, den Monat der Amtsübernahme von Donald Trump.[20]

Doch kann man dabei wirklich von einem Civic-App-Boom reden? «Ist Politik nun endlich ein Wachstumsmarkt geworden?», fragte das Technologiemagazin *TechCrunch* im Frühjahr 2017. Für Euphorie ist es noch zu früh. Ganz unbegründet ist Putortis Skepsis nämlich nicht. Fakt ist: Die Nutzerzahlen sind immer noch sehr bescheiden. Eines der berühmtesten Start-ups der Politikbranche ist Brigade. Bekannt wurde das Unternehmen in den Medien, weil sich auf der Plattform überdurchschnittlich viele demokratisch wählende User offen für Donald Trump ausgesprochen hatten. Für die Daten von Brigade interessieren sich verschiedene renommierte Universitäten, wie beispielsweise die Stanford oder Columbia University. Die mediale Aufmerksamkeit verpasste dem Start-up jedoch nur einen bescheidenen Wachstumsschub, die App verzeichnet gerade mal 200 000 verifizierte User.[21]

Politik-Apps oder Civic-Tech-Netzwerke müssen ein konkretes staatsbürgerliches Bedürfnis erfüllen und einen einfachen Grund liefern, weshalb man sie täglich aufrufen soll. Noch fehle diese politische «Killerfunktion», schreibt Putorti. Den Politikmarkt grasen also immer noch die Giganten Facebook, Twitter, Snapchat und Google ab. Für die Digitalstrategen aller Parteien ist entscheidend, wo sich das potenzielle Massenpublikum herumtreibt und wo sie noch unentschlossene und politisch durchschnittliche Wähler erreichen können.[22]

Graben in der Civic-Tech-Szene: Open Source versus Kommerz

Das «Trump-Momentum» wird ein weiteres grundlegendes Problem des Civic-Tech-Sektors nicht lösen können: ein Geschäftsmodell für digitale Demokratie zu finden. Denn hier tun sich kulturelle Grabenkämpfe zwischen Open-Source-Anhängern und kommerziell arbeitenden Politikunternehmern auf. Die Netzgemeinschaft ist gerade in der Open-Source-Frage gespalten, wie mir verschiedene Unternehmer und Aktivisten in Gesprächen bestätigt haben. Zum Beispiel Sam Lockwood: Er organisiert viele Treffen der Civic-Tech-Szene in Berlin und anderen europäischen Metropolen. Seiner Meinung nach stehen sich zwei Fraktionen fast unversöhnlich gegenüber: Die einen, zu denen er auch sich selbst zählt, möchten Leistungen vorfinanziert haben von Privaten und Regierungen. Sie sind der Auffassung, dass die «Tools» für eine bessere Demokratie ihren marktgerechten Preis haben und Individuallösungen sein müssen. Die anderen setzen bei der Entwicklung ihrer Software auf einen offenen Quellcode, der für jedermann nutzbar ist. Sie arbeiten gemeinnützig und im Non-Profit-Sektor. Politikberatungsfirmen und die Civic-Tech-Szene machen sich den Kuchen streitig. Die einen votieren für Offenheit, die anderen für proprietäre Lösungen. Die Open-Source-Fraktion ist hier im Nachteil. Sie ist kaum attraktiv für private Investoren. Hinzu kommt, dass Käufer aus dem öffentlichen Sektor an kommerziell für sie entwickelten Lösungen festhalten möchten. Der wachsende Bedarf an Bürgerbeteiligungsprojekten ist ein attraktives Geschäftsfeld geworden, so zum Beispiel für die Firma Cap Collectif in Frankreich,[23] die Behörden massgeschneiderte Bürgeranhörungsplattformen verkauft.

Diese Auseinandersetzung zwischen den Lagern ist deshalb relevant, weil hier die Werte der Branche insgesamt verhandelt werden: Offenheit und Nicht-Profitorientierung versus Geschlossenheit und Business. Der Konflikt sagt gleichzeitig viel über die Identitätsfindung der Branche aus. Es werden damit demokratiepolitische Fragen aufgeworfen, die an die problematische Zusammenarbeit zwischen Facebook und Regierungen erinnern (siehe Kapitel «Über die Demokratie-Experimente von Facebook»). Das kommerzielle Politikbusiness hat nämlich zwei Nachteile: erstens die fehlende Transparenz und die Abhängigkeiten von Exekutiven gegenüber den Auftragnehmern. Die Bevölkerung hat bei staatsfinanzierten Demokratieprojekten ein Recht auf Öffentlichkeit. Engagierte und interessierte Bürgerinnen und Bürger sollten Einblick in die Software erhalten können. Zweitens fehlt die Zusammenarbeit, die für die Probleme der Politik so dringend notwendig wäre. Der freie Markt und das Konkurrenzdenken behindern den Austausch, der ein fester Bestandteil der Civic-Tech-Kultur ist. Die Kollaboration ist nicht nur Teil der DNA der Szene, sondern sie kommt auch dem Steuerzahler zugute.

Kollaboration statt Gärtchendenken

Viele Kommunen haben ähnliche Probleme. Statt dass man sich zusammentut und gemeinsam nach Lösungen sucht, werden oft teure Eigenanwendungen programmiert. Das Web-Unternehmen behält so das erlangte Wissen in seinem Besitz und verkauft es dem nächsten Kunden.

Dieses Silodenken nützt zwar den spezialisierten Agenturen, der Staat und der Bürger haben jedoch keinen Gewinn. So müssen die Bürger eine teure Infrastruktur mitfinanzieren, die sie theoretisch viel billiger haben könnten, sagt der Open-Data-Aktivist Chaput. Die Kommerzialisierung verwässert die Kernidee von Civic Tech. Per Definition geht es bei Civic Tech um die Verwendung von Technologien für das öffentliche Gemeinwohl. Erst die weitere Nutzung fördert die Innovation und Optimierung von Software. Vorzeigebeispiele gibt es viele. Die französische Stadt Nanterre hat das Portal Participez.Nanterre.fr mit der oben beschriebenen Software DemocracyOS umgesetzt. Der Bürgermeister von Nanterre habe noch zusätzliche Funktionen entwickelt, die wiederum von der argentinischen Regierung wiederverwendet wurden. Die Stadt Reims arbeitete mit DemocracyOS, ohne dass die Initianten davon wussten. Die von der Stadtregierung Madrid verwendete Software Consul wurde ursprünglich von der linkspopulistischen Partei Podemos entwickelt.[24] Und obwohl die Piratenpartei Deutschland mit ihrer Partizipationssoftware scheiterte, lebt die Kernidee des Projekts – die digitale Delegation der eigenen Stimme an eine ernannte Person – in verschiedenen neuen Formen weiter.[25]

Das ist genau die Idee und der Kern von Civic Tech. Vorbilder werden übernommen, adaptiert, kopiert und für eigene Kontexte weiterentwickelt. Damit diese Innovationen gelingen, werden Fördertöpfe der Politik für Open-Source-Projekte benötigt: Die Refinanzierung der Moderation und der Betreuung sowie auch des gesamten Marketingaufwands zur Bekanntmachung eines neuen Bürgerportals werden nämlich kaum allein mit einer «Kultur des offenen Austauschs» langfristig gesichert. Erfolgreiche Projekte für die Entwicklung einer digitalen Demokratie kosten. Sie können nicht allein von Freiwilligen und Idealisten getragen werden, wie es vielen gemeinwohlorientierten Netzaktivisten vorschwebt. Zur Umsetzung braucht es jedoch einen Paradigmenwechsel im öffentlichen Beschaffungswesen. Ob die Civic-Tech-Szene sich gegenüber teuren Informatikdienstleistern emanzipieren kann, hängt auch hier vom politischen Willen ab. Die Frage ist, ob Regierungen und Parlamente Vorteile einer kollaborativen Zusammenarbeit mit anderen Städten und Gemeinden für sich erkennen können. Bei vielen europäischen und südamerikanischen Metropolen wie Barcelona findet ein Umdenken in diese Richtung statt.[26] Civic Tech braucht in Zukunft also den

Goodwill der Entscheidungsträger, um nachhaltig finanziert werden zu können. Diese sollten es nicht nur tolerieren, sondern ausdrücklich begrüssen, dass die mit öffentlichen Steuergeldern finanzierte «Demokratiesoftware» am anderen Ende der Welt von einer anderen Kommune übernommen wird – und am Ende vielleicht sogar eine bessere Version entsteht.

Mehr Forschung ist nötig
Nicht nur die Politik, sondern auch die Forschung schenkte der wachsenden Branche bisher zu wenig Aufmerksamkeit. Es gibt gegenwärtig kaum etablierte Standards für die Evaluation von Projekten, weshalb oft rein quantitative Resultate zählen, doch das genügt nicht. Obwohl die Zahl der Teilnehmer eine gewisse Aussagekraft hinsichtlich Repräsentativität hat, müsste ebenso untersucht werden, welche Bürgerinnen und Bürger überhaupt an partizipativen Online-Verfahren teilnehmen und weshalb. Werden alle eingereichten Vorschläge und Meinungen adäquat von den Regierungen berücksichtigt? Qualitätskriterien aus der Deliberations-, Kommunikations- und Politikwissenschaftsforschung wären vorhanden. Sie müssen nun in einen digitalen Kontext übersetzt und für Civic-Tech-Projekte angewendet werden. Erfolgreiche Projekte würden dadurch mehr Legitimität und auch mehr politischen Zuspruch erhalten.

Wir stehen beim Thema digitale Demokratie am Anfang, und die erprobten Modelle der digitalen Demokratie sind sehr jung. Sie haben das Potenzial, die Qualität der politischen Entscheidungsfindung im Netz zu erhöhen. Code und Design sind eigens für diesen Zweck, die Stärkung der Demokratie, konzipiert. Politik ist hier nicht einfach ein nettes Nebenprodukt einer Konsum-App. Die Civic-Tech-Entrepreneure haben Chancen, mit ihren Innovationen den negativen Auswüchsen von Social Media – den Fake News, politisch orchestrierten Troll-Armeen oder botgesteuerten Diskussionen – etwas entgegenzusetzen. Die meisten Tools und der Grossteil der Software wenden künstliche Intelligenz an, um die Diversität von politischen Meinungen abzubilden, und nicht, um diese abzubauen. Sie können mit der Einbindung von Bürgern bei Verhandlungen Lernprozesse auslösen und damit auch die allgemeine politische Bildung fördern. Die Arbeit von Parlamentariern wird dank ihnen in Zukunft transparenter ausfallen. Gewählte Volksvertreter werden sich während der Amtszeit den Forderungen und Fragen ihrer Wählerbasis nicht mehr entziehen können. Diese neue politische Technologie-Avantgarde hat sich zum Ziel gesetzt, die Kluft zwischen Volk und Elite digital einzudämmen. Civic Tech könnte daher die richtige Antwort auf den wachsenden Rechtspopulismus sein.

Doch noch fristen die meisten Initiativen ein Nischendasein. Noch ist unklar, ob diese jungen «Pflänzchen» überhaupt gedeihen können und von einer Masse von Bürgern angenommen werden. Wie und ob es Civic-Tech-Initiativen gelingen wird, die breite Bevölkerung anzusprechen, hängt von den Entscheidungsträgern, den Finanzierungsmöglichkeiten, aber auch von Sättigungserscheinungen der Social-Media-User ab. Viele erfolgreiche Projekte der digitalen Demokratie funktionieren ausserdem nie «rein online». Bei den meisten von ihnen handelt es sich um «hybride Beteiligungsformen», das heisst, sie enthalten eine analoge und eine digitale Komponente. Ob eine UBER-Diskussion in Taiwan oder die Budget-Debatte in Paris: Sämtliche Bürgerverfahren im Netz werden von Veranstaltungen begleitet, an denen sich interessierte Einwohner vor Ort treffen und ihre Ideen einreichen. Nur dadurch lassen sich auch Zielgruppen erreichen, die nicht über die nötigen digitalen Kompetenzen verfügen. Theoretisch also eine Win-win-Situation. Vielleicht ist gerade dieses austarierte Zusammenspiel zwischen der Netzöffentlichkeit und «Offline-Versammlungen» die grösste Stärke vieler Civic-Tech-Projekte. Verschiedene in diesem Jahr lancierte digitale Plattformen in den USA dienen dem lokalen Bürgerengagement.[27] Sie stellen vorgedruckte Briefe an Kongressabgeordnete zur Verfügung, organisieren Besuche bei Repräsentanten und vernetzen Personen mit ähnlichen Anliegen. Online stärkt damit sogar Offline.

Doch diese Erfolg versprechende Arbeitsteilung wird immer mehr infrage gestellt. Denn manchen Pionieren geht die Digitalisierung in der Politik nicht weit genug. Sie empfinden den Berufspolitiker als Ursache allen Übels in der Demokratie und als einen Störfaktor, den es zu eliminieren gilt. Ihr Ziel ist die absolute Selbstverwaltung durch das Internet. Auf die Gefahren dieser sehr technikgläubigen Sichtweise möchte ich im folgenden Kapitel vertiefter eingehen.

Mehr Technokratie wagen?
Adrienne Fichter

Die Civic-Tech-Branche ist ambitioniert. Sie möchte die Demokratie digitalisieren und damit auch revolutionieren. Doch einige Pioniere streben eine gefährliche Symbiose von radikaldemokratischen Ideen und technologischer Machbarkeit an. Eine etwas kritischere Betrachtung der neuen Szene.

Die Branche der Civic-Tech-Unternehmer, die neue Ansätze der digitalen Demokratie ausprobieren möchten, ist jung und heterogen. Das zeigt sich bei den Anbietern selbst: Von NGOs über kommerzielle, profitorientierte Start-ups bis zu ehrenamtlichen Open-Source-Projekten tüfteln alle an neuen Ideen. Der Unmut über das politische System und die Gefährdung der Demokratie durch Social Media eint sie. Doch in den Zielen und Massnahmen unterscheiden sie sich: Die einen wollen den völligen Systemwechsel, die Politiker überflüssig machen. Die anderen möchten die parlamentarische Demokratie stärken. Die einen sehen im Staat den Klienten von morgen und arbeiten partnerschaftlich mit ihm zusammen. Die anderen haben sich das Establishment zum Feind erklärt, sie verachten den Berufspolitiker. Diese Fraktion möchte die digitale Basisdemokratie. Wie diese technologieverherrlichenden, problematischen Vorstellungen bei genauerer Betrachtung genau aussehen, möchte ich in diesem Beitrag kurz skizzieren.

Ziel: Die Überwindung des Parteiensystems

Viele der im letzten Kapitel genannten Civic-Tech-Initiativen entstammen aus Ländern, die nur die parlamentarische Demokratie kennen. Sie erachten mehr politische Mitbestimmung für die Bürger als das beste Mittel gegen Rechtspopulismus. Das repräsentative System gebe Bürgern zu wenig politische Mitspracherechte. Sie möchten mehr als alle vier Jahre Berufspolitiker wählen. Dies ist ihrer Meinung nach das beste Mittel gegen den aufkeimenden Populismus. Indem man auch Wutbürger in ernsthafte Entscheidungen einbindet, zähmt man sie. Mit Blick auf die Schweiz ist dieser Befund natürlich falsch, denn hier hat die nationalkonservative Partei SVP trotz ausgeprägter Volksrechte einen Wähleranteil von 29 Prozent.[1] Und gerade das etablierte direktdemokratische System ist womöglich mit ein Grund, weshalb sich die Schweiz nie zum Pionierland in Sachen digitale Demokratie gemausert hat.[2]

Doch das Schweizer Modell ist nicht zwingend ein erstrebenswertes Ziel dieser Pioniere. Denn hier entscheidet die Stimmbevölkerung über fertig geschnürte politische Abstimmungspakete. Und zwar dichotom, mit Ja oder Nein. Es gibt keine Nuancen dazwischen. Einige Civic-Tech-Unternehmer möchten hingegen mehr – interessierte Bürger sollen schon in einem sehr frühen Stadium von Politikentwicklung involviert werden. Sie wollen keine Modifikationen der repräsentativen Demokratie. Ihre Vision: die absolute und uneingeschränkte digitale Basisdemokratie. Die Bevölkerung soll nicht selektiv, sondern permanent bei politischen Entscheidungen partizipieren, wie die Beispiele im letzten Kapitel zeigten: MiVote und DemocracyOS reduzieren damit gewählte Volksvertreter auf die Rolle von Handlangern. Sie verfügen über eine sehr eingeschränkte Handlungsautonomie. Auch im digitalen Pionierland Taiwan gehen einige Aktivisten trotz der etablierten Arbeitsteilung zwischen Regierung und Bevölkerung bei der Nutzung von pol.is davon aus, dass es nur eine Frage der Zeit sei, bis die Regierung sich absolut selbst verwalten lässt mittels der richtigen Technologie. So visionär manche Worte auch klingen mögen, viele Aspekte der politischen Arbeit – wie Taktieren, Verhandeln, Allianzen und Kompromisse schmieden und stundenlang über Gesetzestexte in Kommissionen und Ausschüssen brüten – werden dabei ausgeblendet. Die Digitalisierung mache die Repräsentanz durch Berufsparlamentarier obsolet, so lautet überspitzt die Vorstellung. Das Volk könne sich mit der richtigen Technologie selbst regieren und verwalten. Radikaldemokratische Ideen und technologische Machbarkeit gehen hier Hand in Hand. Ausserdem herrscht bei einigen die Auffassung vor, mit Technologien könne man auch festgefahrene Ideologien «abschaffen». MiVote (das im letzten Kapitel kurz vorgestellt wurde) verspricht mit seiner App, dank vier Policy-Positionen zu jedem Thema die ideologischen Gräben zu überwinden. Das Links-rechts-Kontinuum ist nicht mehr zeitgemäss und der Grund, weshalb Machtträger nur ihre eigenen Interessen verfolgen. «Die Regierung muss einfach empfänglich werden für die Anliegen des Volks, zur Rechenschaft gezogen werden können und weniger Parteiideologie verfolgen», sagt MiVote-CEO Jacoby gegenüber dem *Guardian*. Seine Bewegung soll unideologisch und pragmatisch funktionieren. Doch können Bürger völlig losgelöst von ideologischen Eckpfeilern entscheiden? Braucht es nicht doch Parteien, die basierend auf gemeinsamen Werten und Interessen weltanschauliche Programme anbieten? Und wie sehen die Kontrollmechanismen bei einem Experten-Delegiertensystem aus?

Auf dieses reduktionistische Politikverständnis angesprochen, relativiert Jacoby einige Aussagen: «Wir sagen nicht, dass MiVote eine repräsentative Regierung ersetzen soll. Es ist ein inkrementeller Wandel. Wir sehen das Bedürfnis nach einer repräsentativen Regierung, aber ihre Rolle muss sich ändern.»[3] Die Entscheidungskompetenzen von Legislative und Exekutive zu verringern ist in den Augen dieser Aktivisten ein längerfristiges Projekt. Auch Democracy-OS-Gründer Santiago Siri möchten die Politiker mit einer Fachperson des Vertrauens substituieren, nach dem Prinzip von Liquid Democracy.[4] Nicht eine Politikerin oder ein Politiker einer Partei soll in meinem Namen ein Stimmrecht ausüben, sondern ich trete meine Stimme immer dann, wenn ich mich selbst nicht genügend kompetent fühle, an einen Experten auf einem Fachgebiet ab. Parlamentarier sind einigen ein Dorn im Auge, weil ihrer Meinung nach das Parteiensystem als Ganzes überholt ist. Denn die Intermediäre – die politischen Parteien – seien nicht auf Kooperation, sondern auf Wettbewerb ausgerichtet und damit auch korrupt. Zu viel Energie und Zeit würden daher für Leerläufe und künstlich hochgekochte Konflikte verschwendet.

Algorithmus ersetzt Demokratie?
Weiter verlangen einige Pioniere hohe Anforderungen an die Citoyenneté, also an die Rolle der teilnehmenden Staatsbürger. Da wäre zum Beispiel die zwingende Bedingung, dass man sich genügend über Vorlagen zu informieren hat. Einige Apps möchten durch Messung der Klicks auf die jeweiligen Informationsblöcke und der Verweildauer garantieren, dass User wohlinformierte Entscheidungen treffen. Ansonsten werden sie nicht zur Abstimmung «zugelassen», das heisst, sie sehen keinen entsprechenden Button auf ihrem Display. Natürlich kann man die «Min-

destzeit» absitzen, ohne etwas zu lesen, und das Smartphone einfach kurz weglegen. Doch interessant bei diesem Ansatz ist nicht die Manipulierbarkeit des Systems, sondern der Kerngedanke dahinter: Abstimmen soll nur, wer ein Mindestmass an Bildung mitbringt und imstande ist, sich mit Argumenten und Informationen vertieft auseinanderzusetzen. Neuere Ideen einer Elitendemokratie der Gegenwart, wie sie von Politologen wie Jason Brennan[5] oder Parag Khanna[6] propagiert werden, finden hier ihre technologische Umsetzung. Das uninformierte Volk fällt «falsche Entscheidungen», deswegen sollen nur gebildete Personen mit einem umfassenden Mandat entscheiden und regieren können.[7]

Gesteuert und kontrolliert wird das Vorwissen via App mit dem «richtigen» Wischverhalten.[8] Dabei wird man als User quasi der Freiheit beraubt, Bauchentscheidungen zu fällen. Bevormundung und Entmündigung sind nur die ersten Gedanken, die einem beim Lesen der digitalen Anleitungen in den Sinn kommen (siehe Kapitel «Von A(pfelkuchen bis Z(ollkontrollen): Weshalb Algorithmen nicht neutral sind»).

Genau diese simplifizierenden und sehr technokratischen Bürger- und Staatskonzepte – hoher Bildungsstand, Non-Ideologie, Expertentum, Abschaffung der Politiker – sind der grösste Schwachpunkt mancher Civic-Tech-Ideen. Ihr Drängen auf mehr bürgerliche Mitbestimmung ist zeitgemäss und richtig und kann in vielen Ländern ein Katalysator für überfällige Reformen sein. Aber manche der obigen Aussagen erinnern stark an die totalitären Utopien von Investoren und Vordenkern aus dem Silicon Valley, die die Demokratie durch das richtige, effiziente Betriebssystem ersetzen möchten (siehe auch Kapitel «Warum wir ein Demokratie-Upgrade für das digitale Zeitalter benötigen»). Paypal-Gründer Peter Thiel sagte gar öffentlich, dass er Freiheit und Demokratie nicht für vereinbar halte. Der renommierte Softwareentwickler Tim O'Reilly plädiert für eine rein algorithmische Regulierung des Gemeinwohls.[9] Doch so funktioniert Politik nicht. «Demokratie ist keine Benutzeroberfläche, bei der in regelmässigen Abständen ein effizienzsteigerndes Update möglich ist. Demokratie ist eine zähe und langwierige Veranstaltung – von Werthaltungen, von Meinungen, die konsensorientiert und lösungsorientiert sind», schreibt der Politikwissenschaftler Adrian Lobe im Magazin *Cicero*.[10] Ein Teil der Civic-Tech-Bewegung möchte eine radikal basisdemokratische Ausrichtung realisieren. Sie läuft damit ironischerweise Gefahr, zu einer neuen Digitalelite zu verkommen. Diese Ideen gilt es aufmerksam und kritisch zu begleiten. Die Civic-Tech-Unternehmer müssen aufpassen, dass sie nicht selbst in einen technologischem Determinismus – in einen «Solutionismus» – verfallen. Denn nicht alles, was technisch machbar ist, ist aus politischer Sicht wünschenswert. Das Ideal einer digitalen absoluten Volkssouveränität ist naiv, gefährlich und realitätsfremd.

Es spricht wenig dagegen, Behörden und Verwaltungswesen «nutzerfreundlicher» zu gestalten. Gewisse Prozeduren des öffentlichen Sektors haben dringenden Optimierungsbedarf. Viele der im vorherigen Kapitel erwähnten Civic-Tech-Projekte arbeiten partnerschaftlich und erfolgreich mit Behörden zusammen. Die Potenziale für eine Verbesserung der Beziehungen zwischen den Institutionen und Bürgern sind gross, besonders bei den heutigen politischen Umwälzungen. Doch Algorithmen und Codes sollen den Staat stets stärken, nicht ersetzen. Tun sie das doch, machen die Civic-Tech-Unternehmer genau das, was sie Facebook & Co. vorwerfen: mit Algorithmen die Demokratie abschaffen.

Warum wir ein Demokratie-Upgrade für das digitale Informationszeitalter benötigen

Dirk Helbing und Stefan Klauser

Manche Top Shots aus der Politik oder dem Silicon Valley sehen bereits das Ende der Demokratie kommen. Sie propagieren neue, digital ermächtigte Aristokratien nach dem Motto: «Mit Big Data wird es jetzt möglich, wie ein wohlwollender Diktator zu regieren.» Diese Dystopien sind gefährlich. Ein digitales Demokratie-Upgrade ist zwar unerlässlich, aber ein solches kann nur parallel zum Aufbau von dezentralisierten, partizipativen Kooperationsnetzwerken realisiert werden. In diesem Beitrag[1] möchten wir ein Modell präsentieren.

Wir haben in den letzten Jahren eine Polarisierung der Gesellschaft erlebt. Man schaue hin, wo man will: USA, Brexit, Masseneinwanderungsinitiative, Türkei, Trump ... Die Liste liesse sich beliebig erweitern. Wähler werden in öffentlichen, medialen Diskussionen, allen voran in sozialen Medien, mit zunehmend extremen Positionen konfrontiert. Dies ist eine Folge der durch die heutigen Medienkanäle verfestigten Echokammern und Filterblasen, die eine ausgewogene Informationsbeschaffung erschweren und unsere Fähigkeit zur kritischen Reflexion aushöhlen (siehe auch Kapitel «Journalismus zwischen Fake News, Filterblasen und Fact-Checking»).

Das angeheizte Klima der Debatte geht aber auch auf eine Zentralisierung politischer Prozesse zurück. Vermehrt bemerkbar gemacht hat sich das in letzter Zeit vor allem in der Beziehung der EU-Bürgerinnen und -Bürger zur EU, die sich zunehmend über das Subsidiaritätsprinzip und regionale Befindlichkeiten hinwegsetzt. Ein Universalansatz kann der Diversität Europas (mit teilweise beachtlichen Gräben zwischen jungen und älteren Bürgern, Stadt und Land und verschiedenen Kulturen) nicht gerecht werden. Stimmbürgerinnen und Stimmbürger, die sich von der zentralisierten Mehrheitspolitik vernachlässigt fühlen, werden heute zusätzlich aufgeheizt durch Massenmedien, soziale Medien und den Echokammereffekt. Deshalb neigen sie oft zu radikalen Lösungen für komplexe Herausforderungen, seien dies nun Fragen zu einer vernünftigen Migrationspolitik oder zum Verbleib in der EU. Mancher Beobachter setzt diesen Zustand mit «Demokratie im digitalen Zeitalter» gleich. Schnell heisst es dann, digitale Demokratie sei schuld an der zunehmenden Radikalisierung von Bürgern und an der Schwierigkeit, einvernehmliche Lösungen zu finden. Weshalb diese gängige Auffassung zu kurz greift, möchten wir im Folgenden ausführen.

Demokratie als erfolgreichstes und friedlichstes Regierungssystem

Einige Auguren – das betrifft Professoren, Top Shots aus dem Silicon Valley wie auch Politikerinnen und Politiker – betrachten die Wählerinnen und Wähler als überfordert und propagieren deswegen alternative Modelle zur Demokratie. Die Bevölkerung mit ihren selbstzentrierten Wünschen soll dabei nicht mehr berücksichtigt werden. Eine datengetriebene Gesellschaft liesse viel bessere und effizientere Resultate erwarten. Was würde das konkret bedeuten? Googles allwissender Algorithmus oder IBMs kognitiver Computer «Watson» würde dann über unser Wohl entscheiden. Je nach Implementierung dieser neuen Weltordnung wird das Experiment aber fatalerweise darin enden, was man entweder als Faschismus 2.0 (manipulierbare Big-Brother-Gesellschaft), als Kommunismus 2.0 (Verteilung von Ressourcen und Rechten basierend auf der Idee eines «wohlwollenden Diktators») oder als Feudalismus 2.0 (basierend auf Monopolen und einer Art Kastensystem) bezeichnen würde (siehe auch Kapitel «Mehr Technokratie wagen?»).

Wir hätten es also mit einer Art digitaler Abkömmlinge vergangener Herrschaftssysteme zu tun. Was wir brauchen, ist aber sicherlich nicht eine digitale Reinkarnation des hobbesschen Leviathans. Diverse und komplexe Gesellschaften können sich nicht entfalten, wenn wir zu früheren Regierungssystemen zurückkehren, die sich bereits als unzulänglich erwiesen haben. In weiten Teilen der entwickelten Welt und als Resultat von intellektuellem Fortschritt, Freiheitskämpfen und Revolutionen hat sich die Demokratie als das erfolgreichste und friedlichste Regierungssystem durchgesetzt. Wir brauchen keine Rückkehr zu Lösungen der Vergangenheit – wir brauchen Evolution. Und darum sollten wir die Demokratie entsprechend den Möglichkeiten unserer Zeit mit digitalen Mitteln «upgraden».

Die Frage sollte daher lauten: Wie können wir die heutigen digitalen

Möglichkeiten nutzen, um die Demokratie zu stärken? Eine rein datengetriebene Politik, basierend auf zentraler Top-Down-Kontrolle, wäre das Ende der Demokratie, wie wir weiter oben erläutert haben. Wir propagieren stattdessen jenseits von europäischen oder globalen Einheitslösungen einen Weg, auf dem die Komplexität und Vielfalt zu unseren Gunsten genutzt werden kann: durch den Aufbau von dezentralisierten, partizipativen Kooperationsnetzwerken. Die Erfolgsprinzipien der Vergangenheit – Globalisierung, Optimierung und Regulierung – haben mehr oder weniger ihren Zenit erreicht. Um nun eine nächste Stufe der Zivilisation zu erreichen, muss eine Netzwerk-Wirtschaft geschaffen werden, die auf den Prinzipien der Ko-Kreation, Ko-Evolution und der kollektiven Intelligenz fusst. Wir müssen von einem Paradigma der Kontrolle zu einem der Befähigung übergehen («from power to empowerment»). Die deliberative, ausgewogene Debatte soll dabei im Zentrum stehen. Nur so können kulturell angepasste, nachhaltige und legitime Resultate erzielt werden, die Komplexität erfolgreich in kreative Vielfalt und sozioökonomischen Wert verwandeln können.

Abschied von einer Diktatur der Mehrheit
In jüngster Zeit wurde in der öffentlichen Diskussion mehrfach hervorgehoben, dass – insbesondere in polarisierten Gesellschaften – die Suche nach einfachen 51-Prozent-Mehrheiten keine geeignete Lösung darstellt, da sie zu einer Diktatur der Mehrheit über die Minderheit(en) führen kann. Zusätzlich haben besonders knappe Resultate – man nehme die Abstimmung zum Brexit oder zur Masseneinwanderungsinitiative in der Schweiz – wiederholt zu Protesten bezüglich der Aussagekraft der Resultate, der Legitimität und der Fairness des politischen Prozesses geführt.

Die unterlegene Seite, die einen signifikanten Anteil der Bevölkerung repräsentiert, hat ein starkes Interesse daran, für eine gemässigte Umsetzung der Beschlüsse zu kämpfen. Der Umstand, dass auch die Anliegen grösserer Minderheiten (zum Beispiel Ausländer, ökonomisch benachteiligte Schichten, städtische vs. ländliche Regionen und so weiter) häufig ignoriert werden, stellt eine signifikante Herausforderung der Demokratie dar. Deswegen braucht es ein neues Verfahren. Eine Entscheidung kann nie alle gleichermassen glücklich machen. Aber es liegt auf der Hand, dass ein partizipativer Deliberationsprozess im Durchschnitt zu besseren Lösungen für alle und zu grösserer Zufriedenheit mit dem politischen System führt. Und hier liegen die Chancen der Digitalisierung. Anders gesagt: Digitale Demokratie ist dann erfolgreich, wenn es gelingt, die digitalen Möglichkeiten so zu nutzen, dass die Ideen von Jürgen Habermas oder James S. Fishkin effizient umgesetzt werden können. Habermas hat den öffentlichen Diskurs zur politischen Entscheidungsfindung ins Zentrum seiner Theorien gestellt.[2] Fishkin hat die Theorie ergänzt und empirisch fundiert.[3] So ermöglichen Deliberationsprozesse eine fundiertere Meinung und eine bessere kollektive Entscheidungsfindung durch Interaktion.

Desinformation durch Social Media zuvorkommen

Viele der heute beliebten Social-Media-Plattformen verfügen aber weder über die Möglichkeiten, noch haben sie ein Interesse, Diskussionen nach den Idealen einer diskursiven, deliberativen Demokratie zu moderieren. Die so entstehende Informationsasymmetrie auf Facebook & Co. widerspricht der Idee eines authentischen Deliberationsprozesses. Fehlende Medienkompetenz, knappe Zeitbudgets und sogenannte Filter Bubbles (die gezielte Fütterung mit Informationen je nach Verhaltensprofil im digitalen Raum) sowie die finanziellen Möglichkeiten von mächtigen Meinungsmachern führen dazu, dass ungenaue, manipulierende oder gar gänzlich falsche Informationen verbreitet werden können. In diesem Zusammenhang spricht man inzwischen oft vom postfaktischen Zeitalter (siehe auch Kapitel «Journalismus zwischen Fake News, Filterblasen und Fact-Checking»). Für die Menschen wird es immer schwieriger zu beurteilen, ob eine Information vertrauenswürdig bzw. richtig ist oder nicht. Regierungen, Firmen und reiche Individuen können sich heute ganze Armeen von Bloggern und Social-Media-Experten kaufen, die eigens angelegte Profile und Chat-Bots (Chatroboter) betreiben, die Social-Media-Kanäle mit politischen Informationen fluten.

Nach diesen eher negativen Erfahrungen fragt man sich: Wie können Technologien so gestaltet sein, dass sie die Demokratie stärken, statt sie zu schwächen? Die Antwort lautet: durch eine Kombination von smarten Technologien mit smarten Bürgerinnen und Bürgern. Doch wie soll diese Kombination aussehen? Das Stichwort heisst MOODs (englisch für «Massive Open Online Deliberation Platforms», auf Deutsch würde man etwa von offenen Online-Deliberationsplattformen sprechen). Dieses Modell ist eine der neuen Demokratieinnovationen einer wachsenden weltweiten Civic-Tech-Szene aus der Forschung und Zivilgesellschaft (siehe auch Kapitel «Ist Civic Tech die Antwort auf digitalen Populismus?»).

Wir erörtern im Folgenden zuerst das Konzept der MOODs, bevor wir auf die digitalen Anforderungen zu sprechen kommen: Es geht im Grunde um einen virtuellen Verhandlungstisch, an dem Individuen und Interessengruppen ihre Argumente zu einem spezifischen Thema einbringen können. Zuerst werden umfassendere Informationen gesammelt und übersichtlich dargestellt. Damit würde einer der wichtigsten deliberativen Ansätze gemäss den US-amerikanischen Politikwissenschaftlern Dimitra Landa und Adam Meirowitz umgesetzt.[4] In einem zweiten Schritt können die MOODs genutzt werden, um innovativere Politikansätze auszuarbeiten. Hierbei sollen verschiedene Perspektiven und Ansichten integriert werden. Es geht nicht darum, Interessen- und Umverteilungspolitik auf der Basis von minimalen Mehrheiten zu betreiben. Denn der Kern einer nachhaltigen Funktionsweise der digitalen Demokratie besteht darin, kollektive Intelligenz zu erzeugen, indem das Wissen und die Ideen von vielen (einschliesslich künstlicher Intelligenz) zusammengeführt wird. Ein neu definierter, inklusiverer Prozess hat diverse Vorteile. Erstens entsteht durch die Beschäftigung mit diversen Aspekten der Politik ein Lerneffekt bei Bürgerinnen und Bürgern. Zweitens kann die Bevölkerung von Anfang an zur Lösung einer politischen Frage beitragen, was zu einer höheren Zufriedenheit führen kann. Ein solcher Beteiligungsprozess entzieht Protestbewegungen und extremen politischen Angeboten teilweise den Nährboden (siehe auch Kapitel «Ist Civic Tech die Antwort auf digitalen Populismus?»).

Heute können die Bürgerinnen und Bürger zu einer komplexen, vielschichtigen Frage in direktdemokratischen Systemen, bei Plebisziten oder bei Referenden meist nur Ja oder Nein sagen. Ja oder Nein reicht jedoch oft nicht. Es braucht eine differenziertere und bessere Beteiligung der Bevölkerung. Die Leute sollen kontinuierlich und mit minimem zusätzlichem Aufwand an politischen und gesellschaftlichen Diskussionen partizipieren können.

Sie sollen sich differenzierter äussern und Ideen sowie ihre Expertise und ihre Lösungsvorschläge einbringen können. Der Brexit beispielsweise wird in mancherlei Weise das Leben der Menschen in Grossbritannien verändern. Die meisten Wählerinnen und Wähler haben in ihm sowohl Vorteile als auch Nachteile erkennen können. Wären die Politiker und Institutionen darüber informiert gewesen, wie das Elektorat die Wichtigkeit bestimmter Facetten der Mitgliedschaft in der EU bewertet (zum Beispiel bezüglich Personenfreizügigkeit, politischer Abhängigkeit und ökonomischer Verflechtung), so hätten sie die Möglichkeit gehabt, wichtige Handlungsfelder und Lösungsmöglichkeiten zu identifizieren und so einer aufkommenden Unzufriedenheit vorzubeugen. Ein besseres Verständnis der Bürgerpräferenzen in Kombination mit Föderalismus und Subsidiarität verbessert politische Gesetzgebungsprozesse.

Auch wenn die Resultate des Deliberationsprozesses nicht zwingend bindend wären, würden durch MOODs Optionen und Richtungen erkennbar. Durch die Berücksichtigung von regionalen, ethnischen und religiösen Unterschieden können kulturell angepasste und ausgewogene Gesetze einfacher ausgearbeitet werden. Am Ende eines technologiegestützten Deliberationsprozesses kann es immer noch zu einer Gesamtabstimmung kommen. Aber zu diesem Zeitpunkt enthält das gesamte Abstimmungspaket bereits einen substanziellen Anteil an Ideen und Präferenzen der Bürgerinnen und Bürger. Und es kommt daher viel seltener zu polarisierten Ergebnissen.

Und selbst wenn ein neues Gesetz zu einer 50:50-Prozent-Polarisierung führen würde, könnten Deliberationsprozesse nach einer solchen Abstimmung – insbesondere wenn sie wiederum idealerweise mit einem gewissen Mass an regionaler Autonomie bei der Umsetzung der Resultate kombiniert werden – zu einer besseren Akzeptanz der Ergebnisse führen. MOODs haben zudem einen weiteren, gewichtigen Einfluss auf die Modernisierung der Politik. Sie erlauben es, den Puls der Zeit (Wirtschaft, Gesellschaft) viel schneller aufzunehmen und so rascher und agiler auf neue Herausforderungen einzugehen. Die technologische Entwicklung ist heute mitunter rasant und die Politik hinkt oft hinterher. Mittels MOODs könnten durch einen regelmässigen Austausch zwischen der Technologie-Avantgarde einerseits und der Politik und Verwaltung andererseits auch die digitalen Kompetenzen aufseiten des öffentlichen Sektors erhöht werden.

Entscheidungsfindung durch Diskussion, Ausdruck von Präferenzen und Abstimmungen

Kommen wir also zu den digitalen Kernmerkmalen und den Anforderungen, die für das Funktionieren solcher MOODs essenziell sind:

1) MOODs sollen transparent und dezentralisiert organisiert sein, um Manipulationen und Zensur zu verhindern.

2) MOODs sollen moderiert werden durch von der Gemeinschaft gewählte Moderatorinnen und Moderatoren, damit faire und konstruktive Diskussionen ermöglicht werden.

3) Künstliche Intelligenz kann dazu genutzt werden, abnormale Aktivitäten zu erkennen und damit Chat-Roboter und Ghostwriter zu enttarnen. Künstliche Intelligenz kann zudem die verschiedenen Argumente in einer Diskussion sortieren und organisieren und so zu einer ausgewogenen und übersichtlichen Diskussion beitragen.

4) Reputationssysteme können verantwortungsbewusstes Handeln fördern und Beiträge von hoher Qualität und solche von Autoren mit hoher Bewertung fördern. Hierbei können manipulierte Bewertungen ebenfalls mit künstlicher Intelligenz herausgefiltert werden.

5) Ein transparentes und faires Qualifikationsverfahren (zum Beispiel anhand gesammelter Punkte für Beiträge mit einer gewissen Mindestbewertung durch die Gemeinschaft) kann genutzt werden, um zu entscheiden, welche zusätzliche Funktionen und Nutzungsmöglichkeiten freigeschaltet werden.

Wo können MOODs eingesetzt werden? Im Prinzip ist der Einsatz überall denkbar. In Regionen, in denen ein politischer Diskurs in der Bevölkerung nicht erwünscht ist, können MOODs, die auf dezentralisierten Netzwerken (u.a. zum Beispiel auf einer Blockchain) fussen, politisch interessierten Bürgerinnen und Bürgern einen geschützten Raum für anonyme politische Diskussionen ermöglichen. In Ländern, in denen die politische Elite direktdemokratischen Entscheidungswegen eher misstraut, aber der Bevölkerung dennoch ein konsultatives Mitspracherecht ermöglichen will, können MOODs dazu dienen, Vorschläge und Meinungen aus der Bevölkerung zu einem Thema zu erfahren. Erfahrungsgemäss wächst das Vertrauen in die Mündigkeit der Bürger vonseiten der Regierung bei solchen Civic-Tech-Projekten, was künftig auch in eine verbindliche Stimmabgabe nach dem Vorbild der direkten Demokratie münden kann.

So weit die Theorie. Gibt es bereits Prototypen, die das MOODs-Modell umgesetzt haben? Ja, zum Beispiel die in den Vereinigten Staaten beliebte Diskussionsplattform Reddit. Reddit erlaubt nutzergenerierte Inhalte und Diskussionen (siehe auch Kapitel «Die Alt-Right und die Eroberung der sozialen Netzwerke»). Ein Bewertungssystem ermöglicht es den Nutzerinnen und Nutzern zudem, beliebte Inhalte prominenter zu verbreiten. Gewiss ist der Bewertungsprozess mit all seinen Unzulänglichkeiten noch verbesserungsfähig. Doch gilt es entlang der Erfolg versprechenden Linien dieses Netzwerks neue Plattformen zu schaffen, die einen informierten, ausgewogenen und umfassenden Deliberationsprozess ermöglichen.

In den letzten Jahren wurde ausserdem in der Forschung und in der Zivilgesellschaft an einigen Online-Deliberationsplattformen mit MOOD-Charakter getüftelt. Viele verschiedene Civic-Tech-Projekte sind dabei entstanden. Diese Lösungen der ersten Generation werden nun überarbeitet oder verbessert, damit alle relevanten Aspekte einer ausgewogenen Diskussion berücksichtigt werden können. Der Lehrstuhl für Computational Social Science der ETH hat zusammen mit Partnern aus Italien, Frankreich, den Niederlanden und Grossbritannien einen Projektantrag bei der EU eingegeben, anhand dessen die beiden Plattformen AIRESIS[5] und MOOD[6] analysiert und verbessert werden könnten. Im Expertenausschuss dieses Projekts sitzen zudem Vertreter von Initiativen wie DemocracyOS[7] und der ersten australischen Online-Deliberationsplattform politick[8] (siehe auch Kapitel «Ist Civic Tech die Antwort auf digitalen Populismus?»).

Neues Upgrade des Betriebssystems von Politik und Gesellschaft

Es ist falsch, die digitale Demokratie als Fehlentwicklung in einer mediendominierten und digitalisierten Welt abzutun. Wir müssen neue Ansätze für den Aufbau und die Gestaltung einer solchen Demokratiearchitektur verfolgen: ein hoch entwickeltes Modell, das auf Ko-Kreation, Ko-Evolution und kollektiver Intelligenz fusst. Der Einsatz moderner Technologien hilft dabei. Sicherlich braucht es erhebliche Anstrengungen, diese Plattformen zu kreieren und den demokratischen Prozess adäquat in das digitale Smartphone-Zeitalter zu übersetzen. Dabei stehen insbesondere technische und rechtliche Fragen im Vordergrund.

Aber auch das Aufbauen einer ausreichend grossen Nutzergemeinschaft, die auch bildungsschwache und technikferne Bürgerinnen und Bürger umfasst, ist eine Herausforderung. Diverse Anreizmechanismen können helfen, eine kritische Grösse von teilnehmenden Bürgerinnen und Bürgern zu erreichen. Wichtig sind der einfache Zugang (zum Beispiel via Mobiltelefon) sowie generell die Nutzerfreundlichkeit und das Einbauen von spielerischen Elementen (Stichwort: Gamification) oder gar sogenannter Prediction Markets (Prognosemärkte, bei denen man für die richtige Vorhersage eines Resultats belohnt wird). Keine dieser Hürden ist unüberwindbar. MOODs können in verschiedenen Situationen und Systemen für die politische Meinungsbildung und Entscheidungsfindung eingesetzt werden, mit verbindlichem oder konsultativem Charakter. Sind einmal genügend Nutzerinnen und Nutzer vorhanden und wird gezeigt, dass die Diskussionsergebnisse relevant sind, wird der Nutzen für den politischen Prozess schnell ersichtlich.

Eine neue Infrastruktur der digitalen Demokratie kann einige der wichtigsten Errungenschaften unserer Gesellschaft wiederbeleben und stärken: Selbstbestimmung, Freiheit, Gewaltenteilung, Chancengleichheit, soziale Partizipation und Mitbestimmung sowie Diversität und gesellschaftliche Resilienz. Die Zeit ist gekommen, um gemeinsam an einem Upgrade des Betriebssystems von Politik und Gesellschaft zu arbeiten. Digitale Demokratie ist die Basis für die Erneuerung des vertrauensvollen Miteinanders und gesellschaftlichen Friedens.

Klickdemokratie? Unterschriften sammeln im Internet
Daniel Graf

Die Aufrechterhaltung des Briefkastensystems im Zeitalter der Digitalisierung widerspricht dem Grundsatz der direkten Demokratie. Unterschriften für Initiativen und Referenden könnten im Netz kostengünstiger gesammelt werden. Die Digitalisierung der Demokratie sorgt mit Crowd-Kampagnen für mehr Chancengleichheit und Fairness. Ein Vorgeschmack auf E-Collecting gibt die Schweizer Plattform WeCollect.ch, die über 145 000 Unterschriften im Internet gesammelt hat.

Die Bürgerinnen und Bürger der Schweiz leben heute in einer Briefkastendemokratie. Ohne Papier und Briefmarken steht unser politisches System still. Das ist nicht nur teuer, sondern widerspricht dem Grundgedanken der direkten Demokratie: die politische Partizipation für alle Bürgerinnen und Bürger zu gewährleisten, was zwingend heisst, die Mitbestimmung möglichst einfach zu gestalten.

Tatsache ist: Unser Alltag ist digital und wird es immer mehr. In der Schweiz sind bereits heute neun von zehn Haushalten ans Hochgeschwindigkeits-Internet angeschlossen[1] und rund fünf Millionen Menschen nutzen täglich ein Smartphone oder ein Tablet.[2] Wäre es so gesehen nicht auch selbstverständlich, dass wir zu Hause, im Büro oder unterwegs Initiativen unterschreiben, abstimmen und wählen könnten?

Doch die Digitalisierung der Demokratie lässt weiter auf sich warten. Der Bundesrat setzte in der Strategie «Vote électronique» (2002) auf E-Voting, um Wahlen und Abstimmungen im Internet zu ermöglichen. Die aktuelle E-Government-Strategie des Bundes sieht vor, dass bis zu den eidgenössischen Wahlen 2019 zwei Drittel der Kantone die elektronische Stimmabgabe einsetzen.[3] Im April 2017 kündigte der Bundesrat zudem an, auf E-Collecting, das heisst auf das elektronische Sammeln von Unterschriften für Initiativen und Referenden, bis auf Weiteres zu verzichten. Als Grund wurden «knappe Ressourcen» bei Bund und Kantonen genannt. Wie der zuständige Bundeskanzler Walter Thurnherr gegenüber den Medien erklärte, seien beim E-Collecting auch zu viele

Fragen offen – etwa, ob dazu die Zahl der nötigen Unterschriften erhöht werden müsste.

Der Entscheid des Bundesrats ist brisant, weil E-Collecting – im Vergleich zu E-Voting – bereits heute technisch einfach umsetzbar und für Digitalisierung der direkten Demokratie ein Meilenstein wäre. Partizipation im Netz ist keine Zukunftsmusik: Schon heute zeigen Online-Petitionen, welche neuen politischen Dynamiken möglich sind. Einen Schritt weiter geht die Schweizer Plattform WeCollect.ch, die der Autor dieses Beitrags mit aufgebaut hat und auf der bereits über 145 000 Online-Unterschriften für Initiativen und Referenden gesammelt wurden. Im Folgenden soll nun erklärt werden, weshalb E-Collecting ein folgerichtiger und logischer Schritt in der digitalen Weiterentwicklung der direkten Demokratie ist.

Mobilisierung mit Crowd-Kampagnen

Der Hauptmotor hinter der digitalen Demokratie heisst derzeit Facebook. Die Schweiz ist mit über 3,8 Millionen aktiven Usern ein Facebook-Land. Immer mehr Komitees nützen die politische Bühne für Abstimmungskampagnen. Politisch umstrittene Themen und Sachvorlagen interessieren die Facebook-User meist mehr als Wahlkämpfe. Das zeigen die hohen Fanzahlen von einzelnen Kampagnen im Vergleich zu hochrangigen Politikerinnen oder Politikern. Die «No-Billag»-Initiative zur Abschaffung der Rundfunkgebühren in der Schweiz umfasst über 60 000 Fans, diejenige von populären Nationalräten wie Natalie Rickli (SVP) wiederum zählt über 27 000 Fans.[4]

Wie die Plattform die Schweiz verändern könnte, hat sich erstmals am 24. Mai 2016 gezeigt. An diesem Tag lancierte der Gewerkschaftsdachverband Travail.Suisse eine Volksinitiative für bezahlten Vaterschaftsurlaub. Noch während die Pressekonferenz in der Bundeshauptstadt im Gange war, konnten die Medienschaffenden mit einem Blick aus dem Fenster beobachten, wie auf der Strasse die ersten Unterschriften gesammelt wurden.

Die rund hundert Unterschriften, die in einer Stunde zusammenkamen, waren ein beachtliches Resultat. Wie gross der Zuspruch für die Volksinitiative war, zeigte sich jedoch erst im Internet: Noch während der Pressekonferenz hatten bereits über 1000 Personen die Initiative auf der Online-Plattform WeCollect.ch unterstützt und per E-Mail einen Unterschriftenbogen bestellt. Nur 24 Stunden später stand der Zähler bereits auf über 10 000 – eine neue Rekordmarke für die Schweiz. Wie eine Analyse der Daten der Website zeigte, war Social Media der Schlüssel zum viralen Sammelerfolg: Knapp 70 Prozent hatten über Bekannte auf Facebook von der Volksinitiative erfahren und anschliessend selbst mitgemacht, die meisten davon via Smartphone.

Die Vaterschaftsinitiative ist ein Beispiel für ein Phänomen, das ich fortan mit dem Begriff Crowd-Kampagne umschreibe. Träger dieser neuen Art von Mobilisierung sind spontane Netzwerke von Einzelpersonen, die sich jenseits von Parteien, Verbänden und Organisationen im Internet bilden, um gemeinsam politische Projekte zu unterstützen.

Das beliebteste Werkzeug zum Starten von Crowd-Kampagnen sind Petitionen. Bereits in den 1990er-Jahren wurde das Internet eingesetzt, um für Petitionen Unterstützerinnen und Unterstützer zu mobilisieren. Das traditionelle politische Instrument ist direkt in den virtuellen Raum übertragbar, da das Petitionsrecht in den meisten Ländern viel Spielraum hinsichtlich der Art und Weise der Eingabe und der dazu berechtigten Personen zulässt. So können sich Nicht-Wahlberechtigte ebenso wie Kinder oder die ausländische Wohnbevölkerung an Petitionen beteiligen. Als Beleg sind keine Unterschriften nötig. Namen oder auch nur E-Mail-Adressen genügen, da keine Nachprüfung erfolgt. In Ländern wie Deutschland und in Grossbritannien ist es heute sogar möglich, Online-Petitionen über offizielle Plattformen einzureichen.

Ein Meilenstein der digitalen Petition war 1998: Die Plattform MoveOn.org startete mit einer Online-Petition, die sich gegen das Amtsenthebungsverfahren gegen US-Präsident Bill Clinton richtete. Obwohl das Vorhaben scheiterte, hat sich das Instrument bewährt. Nach dem Vorbild von MoveOn wurden auch in Europa Kampagnen-Plattformen – wie Campact in Deutschland – gegründet. Ohne die Netzgemeinschaft wäre beispielsweise der riesige Widerstand gegen das Freihandelsabkommen TTIP niemals zustande gekommen. Die Organisation Campact war mit ihrer Mobilisierung besonders erfolgreich. Sie schaffte es, den virtuellen Massenprotest mit 150 000 Unterzeichnern zu orchestrieren. «Dank dem Netz schaffen sie Schweizer Zustände auf der ganzen Welt», schrieb der Journalist Florian Leu über eines der ältesten und mächtigsten Instrumente der Civic-Tech-Branche.[5]

Das Fallbeispiel von Mary Scherpe zeigt auf, wie man mit genügend öffentlichem Druck in der digitalen Sphäre sogar das Strafgesetz ändern kann. Scherpe ist Modebloggerin von StilinBerlin.de. Ein Stalker stellte ihr seit 2012 nach und kommentierte anonym. Die Polizei unternahm nichts. Die Bloggerin ging in die Offensive und startete eine Online-Petition auf change.org. Ziel war eine Änderung des Paragrafen 238 des Strafgesetzbuchs, der Stalker nur in Ausnahmefällen bestrafte. Die Aktion war von Erfolg gekrönt. Nach über 90 000 eingereichten Stimmen sah sich Justizminister Heiko Maas gezwungen zu handeln.

Das grosszügige Petitionsrecht hat eine Kehrseite: die Behörden sind – in der Schweiz gemäss Art. 33 der Bundesverfassung – verpflichtet, von einer Petition Kenntnis zu nehmen, müssen aber nicht darauf eingehen. Die politische Wirkung der Unterschriftensammlung ist folglich nur schwer kalkulierbar.

Anders als in der Schweiz haben repräsentative Demokratien die digitalen Petitionen bereits ins politische System eingebettet. Präsident Barack Obama lancierte ein Online-Petition-Netzwerk, um das Weisse Haus für Volksbegehren zu öffnen. Eine Petition mit 100 000 gültigen Unterschriften erhält eine offizielle Antwort. Auch Donald Trump beschloss, am Ventil für die Anliegen der Bürger festzuhalten. Es entbehrt nicht einer gewissen Ironie, dass – eine Woche nach seiner Amtseinführung – ausgerechnet die Forderung nach Veröffentlichung von Donald Trumps Steuererklärung einen Rekordwert erzielte: In wenigen Tagen unterzeichneten 368 000 Bürger.

In Grossbritannien anerkannte die Regierung 2010 digitale Petitionen als offizielles Instrument und rief die Plattform Petitions Committee ins Leben. Bei einer genügend grossen Zahl von Unterschriften sind die Petitionen der Bürger ans Parlament zu übermitteln. Eine Antwort des Parlaments ist bei 10 000 Unterschriften zwingend, bei 100 000 Unterschriften wird das Anliegen Gegenstand einer parlamentarischen Debatte. Ein Beispiel dafür: eine Petition von über 1,6 Millionen Personen, die eine Einreisesperre gegen US-Präsident Donald Trump forderten, nachdem dieser einen Einreisestopp gegen Muslime angeordnet hatte.[6] Wer in Finnland mit einer elektronischen Petition über 50 000 Unterschriften sammelt, kann auf der Plattform kansalaisaloite.fi Gesetzesvorlagen direkt dem Parlament vorschlagen.[7]

Ein eigentlicher «Petitions-Boom» war trotz der vielfältigen Möglichkeiten und niedrigen Hürden jedoch erst in den letzten Jahren zu beobachten, wobei Social-Media-Kanäle wie Facebook und Twitter die Hauptrolle spielten. Die Möglichkeit der viralen Verbreitung erlaubt es, schnell und zu tiefen Kosten Unterstützerinnen und Unterstützer zu finden. Stellvertretend für diese Entwicklung stehen internationale Plattformen wie Avaaz.org oder Change.org. Letztere hat nach eigenen Angaben über 135 Millionen Mitglieder weltweit und ermöglicht es Einzelpersonen, Petitionen innert weniger Minuten ins Internet zu stellen und in Zukunft auch Spenden zu sammeln. Mit jeweils einigen Hunderttausend E-Mail-Kontakten in der Schweiz verfügen Change.org und Avaaz.org vermutlich über eine grössere E-Mail-Datenbank als alle Schweizer Parteien zusammen.

Zahlenmässig schwankt die Teilnahme an Online-Petitionen beträchtlich: Sie reicht von einigen Hundert bis zu Millionen Unterstützenden. Die Verknüpfung mit anderen Strategien, wie Strassenaktionen, Medienarbeit oder Lobbying, kann die Unterschriftenzahl schnell in die Höhe schnellen lassen. In der Schweiz schaffen es allerdings die wenigsten Projekte, mehr als hunderttausend Menschen zu mobilisieren. Für Schlagzeilen sorgte beispielsweise 2011 eine Petition, die online 135 350 Unterschriften für eine Senkung der Radio- und Fernsehgebühren zusammenbrachte. Die Petition war ein Testlauf für die Volksinitiative «Ja zur Abschaffung der Radio- und Fernsehgebühren», die vier Jahre später eingereicht wurde.

Digitale Petitionen sind, wie in diesem Beispiel, oft ein Gradmesser dafür, wie Themen und Lösungsansätze in den Medien und in der Öffentlichkeit aufgenommen werden. Darüber hinaus erlaubt die Online-Sammlung den Aufbau von Adress-Datenbanken, die für weitere Projekte genutzt werden können. Insbesondere Parteien und Nichtregierungsorganisationen setzen Petitionen als Marketinginstrumente ein, um für Mitglieder oder Spenden zu werben. Im politischen Alltag spielen Petitionen in der Schweiz eine eher geringe Rolle. Mit Volksinitiativen und Referenden stehen wirksamere Werkzeuge zur Verfügung, die in direkter Konkurrenz zu Petitionen stehen – gerade wenn es darum geht, ein Thema auf die politische Agenda zu setzen und die Stimmbevölkerung darüber entscheiden zu lassen.

Klickdemokratie als Systemrisiko?

Mit der zunehmenden Popularität von Online-Petitionen hat das Unbehagen gegenüber der digitalen Demokratie zugenommen. Kritisiert wird insbesondere der Umstand, dass die Mobilisierung von Menschen zu einfach geworden sei. So würde bei politischen Kampagnen, die mit einem einzigen Mausklick unterzeichnet und auf Social Media verbreitet werden können, das Engagement fehlen. Der US-Publizist Evgeny Morozov hat für dieses Phänomen den Begriff «Slacktivism» geprägt, der sich aus den englischen Wörtern «slacker» (Faulenzer) und «activism» (Aktivismus) zusammensetzt.

In der Schweiz vermengt sich die Diskussion über Slacktivism mit der Diskussion über die Zukunft der Volksrechte, die zunehmend als Systemproblem eingestuft werden. Die Sammlung von Unterschriften im Internet könnte, so die Befürchtung, das fein austarierte politische System aus der Bahn werfen. «Die Gefahr, dass die direkte Demokratie wegen Überlastung implodieren würde, ist real», antwortete beispielsweise der Politologe Uwe Serdült auf die Frage der *Neuen Zürcher Zeitung*, welche Folgen die «Klickdemokratie» haben könnte.[8]

Vergleichbar mit dem Begriff Slacktivism, ist auch die Bezeichnung Klickdemokratie negativ konnotiert: «Klicken» verweist auf eine Abwertung von politischen Handlungen, die im Internet einfacher, emotionaler und spontaner seien als bei einer Unterschriftensammlung auf der Strasse. Zu einem Systemproblem wird die Digitalisierung schliesslich, wenn es zur befürchteten «inflationären Verwendung der Volksrechte» komme sollte, wie BDP-Präsident und Nationalrat Martin Landolt jüngst erklärte.[9]

Bereits heute befindet sich die direkte Demokratie – gemäss diesen Auffassungen – in einer Art Krisen- oder gar Selbstzerstörungsmodus, der mit dem Internet noch intensiviert wird. Als Beleg für die akute Bedrohung wird meist die Anzahl der Volksinitiativen angeführt, die seit den 1970er-Jahren sprunghaft angestiegen ist. Als Reaktion darauf forderte beispielsweise die Denkfabrik Avenir Suisse eine massive Erhöhung der Unterschriftenzahl auf 200 000 oder eine Koppelung an das Bevölkerungswachstum.[10]

Direkte Demokratie hat ihren Preis

Die Debatte über diese sogenannte Initiativenflut ignoriert dabei, dass die Unterschriftensammlung in den letzten Jahrzehnten aufwendiger und teurer geworden ist. Der Grund dafür ist die briefliche Stimmabgabe. Denn früher konnten Unterschriften für Initiativen und Referenden effizient vor den Urnenlokalen gesammelt werden, was heute nur noch in viel geringerem Umfang möglich ist. So stimmten in der Stadt Zürich beispielsweise 2015 mehr als 80 Prozent der Stimmberechtigten auf dem Postweg.[11]

Die Tatsache, dass die direkte Demokratie ihren Preis hat, gilt insbesondere für nationale Initiativen mit erforderlichen 100 000 Unterschriften und Referenden mit erforderlichen 50 000 Unterschriften. Eine grosse Hürde für die Ausübung dieser Volksrechte sind dabei die Initialkosten. Sie setzen sich zusammen aus den direkten Kosten für die Unterschriftensammlung und den indirekten Kosten für den Aufbau und Erhalt einer Organisation, die über eine breite Mitgliederbasis verfügt oder Zugriff auf finanzielle Ressourcen hat. Weil die Schweiz als einziges Land Europas die Finanzierung von Parteien und Komitees nicht regelt, gibt es keine offiziellen Zahlen darüber, wie viel Geld in nationale Unterschriftensammlungen fliesst.

Die Praxis zeigt jedoch, dass nur wenige politische Akteure über die dafür notwendigen finanziellen Ressourcen und Adresslisten verfügen. Eine Mehrheit von Initiativen und Referenden wird von finanzstarken Organisationen und Parteien lanciert, die im Parlament vertreten sind. Bisher besteht ein substanzieller Teil der gesammelten Unterschriften aus Rückläufen von Postversänden an Mitglieder oder Sympathisierende, die auch für das Fundraising eine wichtige Rolle spielen. Der Rest der Unterschriften muss auf der Strasse beschafft werden.

Die meisten Komitees setzen deshalb auf professionelle Sammelteams, die jeweils pro gesammelte Unterschrift bezahlt werden. Ein Beispiel ist die Initiative «Raus aus der Sackgasse», für die die Unterschriften in einer Rekordzeit von sechs Monaten gesammelt wurden.[12] Drei Viertel davon wurden auf der Strasse gesammelt, ein Viertel mittels Aktionen wie Mailings oder Unterschriftenbögen in Zeitschriften. Zum Erfolg der Initiative beigetragen haben Sammelprofis, die im Stundenlohn oder für eine Pauschale von 1.50 Franken pro Unterschrift arbeiteten, wofür dem Komitee 500 000 Franken zur Verfügung standen.[13] Diese Zahlen entsprechen den Schätzungen des Politologen Lukas Golder. Er geht davon aus, dass sich die Gesamtkosten für die Sammlung von 100 000 Unterschriften für eine Initiative auf zwischen eine halbe und eine ganze Million Schweizer Franken belaufen, was fünf bis zehn Franken pro Unterschrift entspricht.[14]

Derart hohe Kosten werfen die Frage auf, ob im Zeitalter von Internet, Smartphone und Social Media sich nicht auch neue, effiziente und kostengünstige Sammelmethoden aufdrängen. Dies nicht zuletzt aus Gründen der Chancengleichheit und Fairness: Sinkende Kosten ermöglichen einfachen Bürgerinnen und Bürgern die Nutzung der direktdemokratischen Instrumente, und zwar nicht nur in der Rolle als Unterzeichnende.

E-Collecting mit Briefträger

Der Digitalisierung der Unterschriftensammlung sind allerdings enge rechtliche Grenzen gesetzt. Den rechtlichen Rahmen für die digitale Unterschriftensammlung gibt auf nationaler Ebene weiterhin das Bundesgesetz über politische Rechte vor. In Artikel 61 heisst es: «Der Stimmberechtigte muss seinen Namen und seine Vornamen handschriftlich und leserlich auf die Unterschriftenliste schreiben sowie zusätzlich seine eigenhändige Unterschrift beifügen.»[15] Die Konsequenz daraus ist, dass die direkte Demokratie weiterhin nach dem Briefkastenprinzip funktioniert: Wer eine Initiative oder ein Referendum unterschreiben will, braucht Stift, Papier und Briefmarke.

Das Bundesgesetz erlaubt allerdings implizit, dass weitere Informationen, wie die politische Gemeinde, die Adresse und das Geburtsdatum, maschinell eingetragen werden können.[16] Dieses gesetzliche Schlupfloch für eine Teil-Digitalisierung des Unterschriftenprozesses ermöglichte die Lancierung von WeCollect.ch. Die Schweizer Plattform wurde 2015 lanciert mit der Mission, «die Schweizer Demokratie ins Internet zu katapultieren». Ziel des Non-Profit-Start-ups war es, das Smartphone mit dem Briefkasten zu koppeln sowie für die Unterschriftensammlung E-Mail-Kontakte und Social Media effizienter zu nutzen.

Das Bindeglied zwischen Internet und Briefpost, das es zu optimieren galt, war zunächst der Unterschriftenbogen als Portable Document Format (pdf) – das Format, in dem die Bundeskanzlei die Unterschriftenlisten bereits seit 2000 zur Verfügung stellt. Ein Angebot, das – wie der Bundesrat schon 2008 festhielt – nur wenig genutzt wurde.[17] WeCollect setzte deshalb beim Design an und entwickelte einen Unterschriftenbogen, der aus einem faltbaren A4-Blatt bestand. Mit einer vorfrankierten Geschäftsantwortsendung ist weder ein Kuvert noch eine Briefmarke nötig, was den Versand deutlich vereinfacht. Die Absicht bestand darin, den Prozess so zu gestalten, dass er sich in möglichst kurzer Zeit komplett abwickeln lässt, um so das Risiko zu senken, dass ausgefüllte Unterschriftenbogen nicht abgeschickt werden. Aus dem gleichen Grund wurde die Zahl der möglichen Unterzeichnenden auf einem Bogen auf drei reduziert – ein psychologischer Kniff, der die Hemmung senkt, den Bogen mit nur einer einzigen Unterschrift zurückzuschicken.

WeCollect bietet ein Formular an, in dem alle relevanten Angaben für eine Initiative oder ein Referendum eingetragen werden. Aus diesen Daten wird ein persönlicher Unterschriftenbogen generiert, der per E-Mail ausgeliefert wird. Der gesamte Online-Prozess basiert auf Verhaltensmustern, die sich aus anderen Internetkampagnen herauskristallisiert haben. Wer seine Daten für eine Initiative oder ein Referendum auf einem Smartphone oder Computer eingibt und einen ausgefüllten Unterschriftenbogen erhält, ist eher bereit, das Dokument auszudrucken, zu unterzeichnen und abzuschicken. Abgeschlossen wird die Dateneingabe schliesslich mit dem Aufruf, die Initiative oder das Referendum über Social Media oder E-Mail im Freundeskreis zu teilen. Damit ermöglicht die Plattform einen Dominoeffekt, der die Bildung von spontanen Netzwerken fördert, die anschliessend die virale Unterschriftensammlung auf Facebook und Twitter selbst in die Hand nehmen.

Gründung einer virtuellen Sammelgemeinschaft

Was ist die Vorgeschichte von WeCollect? In Zusammenarbeit mit Amnesty International konnte 2015 ein erster Prototyp der Plattform entwickelt und getestet werden. Der «eCollector» wurde erstmals für die Konzernverantwortungsinitiative eingesetzt und half, rund 6700 Unterschriften zu sammeln, die fast ausschliesslich über E-Mail-Verteiler zusammenkamen.

Nach dem erfolgreichen Testlauf folgte im Frühling 2016 der Aufbau der Plattform WeCollect. Die Absicht war, nicht nur Unterschriften zu sammeln, sondern eine eigene Online-Community aufzubauen. Die Gründer von WeCollect, Donat Kaufmann und Daniel Graf (der Autor des vorliegenden Beitrags), waren und sind nach wie vor überzeugt, dass in der digitalen Demokratie lose, temporäre Kampagnen-Netzwerke relevant werden, die sich in der Peripherie von bestehenden Organisationen und Parteien bilden. Um diese politischen Kräfte zu bündeln, macht es Sinn, ein neues Angebot zu kreieren, dies besonders, weil es Kampagnen-Kommitees aus Datenschutzgründen in der Regel nicht möglich ist, gesammelte Adressen für weitere Initiativen oder Referenden zu verwenden. Alle Personen, die WeCollect nutzen, erhalten deshalb die Möglichkeit, ihre Kontaktangaben auf der Plattform zu hinterlegen.

Bereits von Beginn weg waren die Gründer von WeCollect der Überzeugung, eine Online-Community benötige eine Art politische DNA. Da Volksinitiativen und Referenden nicht immer in parteipolitische Schubladen passen, wurde ein eigener Begriff entwickelt, der für die programmatische Ausrichtung steht. WeCollect spricht von einer «Politik der Umsicht» und zielt damit auf progressive gesellschaftliche Projekte ab, die an der Urne mit Unterstützung liberaler und linker Wählerinnen und Wähler mehrheitsfähig sein könnten. Die Erfolgschancen einer Initiative sind kein Kriterium, ob WeCollect eine Unterschriftensammlung unterstützt, zumal gerade Initiativen ein wirksames Instrument sind, um Themen aus strategischen Gründen auf die politische Agenda zu setzen.

Hoher Rücklauf trotz Hürden

Wie hat sich WeCollect in der Praxis bewährt? In den ersten zehn Monaten nach Lancierung wurde die Plattform bereits von über 145 000 Personen im Rahmen von sechs Initiativen und zwei Referenden genutzt. Darüber hinaus haben über 20 000 Unterzeichnende ihre Kontaktdaten hinterlegt, anhand deren sie im Rahmen künftiger Kampagnen gezielt angesprochen werden können. Die Verteilung der Anzahl der Unterschriften auf die verschiedenen Anliegen fällt unterschiedlich aus: Während die Hälfte der Projekte im vierstelligen Bereich bleiben, nimmt die Zahl der Projekte, die die 10 000er-Schwelle überspringen, weiterhin zu. Den Spitzenplatz hält bisher mit über 59 607[18] Online-Unterschriften die Vaterschaftsurlaub-Initiative, die im Juli 2017 eingereicht worden ist. Der Rücklauf zeigt, dass die Initiative eine weitere Rekordmarke setzen wird:

Bei der Einreichung wird mindestens jede fünfte der benötigten 100 000 realen Unterschriften im Internet gesammelt worden sein.

Von den bereits abgeschlossenen Projekten hat die Wohninitiative des Mieterverbands auf der Plattform WeCollect 19 856 Online-Unterschriften gesammelt. Die Initiative wurde im Oktober 2016 mit insgesamt 120 000 Unterschriften eingereicht, wobei 13 276 beglaubigte Unterschriften im Internet gesammelt wurden. Die Rücklaufquote für Online-Unterschriften betrug bei der Wohninitiative über 60 Prozent, wobei durchschnittlich 1,5 Unterschriften pro Bogen zurückgeschickt wurden. Diese Quote liegt im oberen Bereich im Vergleich mit anderen, teilweise noch laufenden Projekten. Mit Ausnahme des BÜPF-Referendums (41 Prozent) lag der Rücklauf bei allen Projekten bei über 50 Prozent.

Die Daten legen nahe, dass die Rücklaufquote davon abhängt, über welchen Kanal die Zielgruppen angesprochen werden. Bei Newsletters ist die Verbindlichkeit, die Unterschriften zurückzuschicken, etwas höher als bei Social Media wie Facebook. Der Grund liegt wohl darin, dass Personen, die regelmässig E-Mails einer Organisation, eines Verbands oder einer Partei erhalten, eine stärkere Bindung haben als Personen, die auf einen Facebook-Beitrag aus dem Freundeskreis reagieren. Vergleicht man die Konversionsrate von WeCollect mit derjenigen von anderen digitalen Prozessen, so ist sie insgesamt sehr hoch. Denn für die erfolgreiche Abwicklung muss ein Dokument ausgedruckt, unterschrieben und letztlich in den Briefkasten geworfen werden. Die Sammler scheinen diesen Aufwand nicht zu scheuen.

Facebook ist matchentscheidend

Learnings nach den ersten Sammlungen zeigen: Im Gegensatz zur Strassensammlung werden Unterschriften im Netz vorwiegend in den ersten Wochen gesammelt. Dies ist ein typisches Verlaufsmuster von Online-Kampagnen. Die erste Phase ist für das Gesamtresultat entscheidend. So wurden bei allen bisherigen WeCollect-Sammlungen in der Startphase der Unterschriftensammlung die Spitzenwerte über den gesamten Zeitverlauf erzielt. Im Mai 2016 schaffte es die Vaterschaftsurlaub-Initiative, in 24 Stunden die Rekordmarke von 100 000 Online-Unterschriften zu knacken. Dies entspricht einem Sechstel aller im Rahmen der bisherigen Sammelzeit von zwölf Monaten gesammelten Unterschriften.

Für den erfolgreichen Start einer Unterschriftensammlung im Netz spielen zwei Faktoren eine grosse Rolle: die Anzahl E-Mail-Kontakte und die Viralität auf Social Media. Grössere Organisationen verfügen heute über E-Mail-Verteiler von einigen Zehntausend Adressen. Das sind Kontakte, die für die Initialzündung einer Kampagne entscheidend sind, da sie – im Gegensatz zu Social-Media-Kontakten – zeitgleich informiert werden können.

Gleichzeitig darf die Wirkung von E-Mail-Kontakten nicht überschätzt werden, wie ein exemplarisches Rechenbeispiel zeigt: Verschickt eine Organisation 50 000 E-Mails, werden in der Regel kaum mehr als die Hälfte tatsächlich geöffnet und nur in jedem zehnten E-Mail ein Link angeklickt. Auf diese Weise landen 5000 Personen auf einer Kampagnen-Plattform. Falls die Hälfte dieser Kontakte das Formular bis zu Ende ausfüllt und anschliessend jede zweite Person den Unterschriftenbogen tatsächlich abschickt, resultieren aus den 50 000 E-Mail-Kontakten lediglich 1250 Unterschriften.

Die Website-Statistik von WeCollect zeigt deutlich, auf welchem Kanal heute effizient Unterschriften gesammelt werden: nämlich über Facebook. Zwei Drittel der Zugriffe auf die WeCollect-Website erfolgen über das grösste soziale Netzwerk, das in der Schweiz rund fünf Millionen Nutzerinnen und Nutzer hat. Das Smartphone ist dabei auf der Überholspur: Bei der Vaterschaftsurlaub-Initiative lief jede zweite Online-Unterschrift über eine Facebook-App. Als kommerzielle Plattform bietet Facebook zudem verschiedene Möglichkeiten an, die Unterschriftensammlung mit bezahlter Werbung zu unterstützen. So können Zielgruppen über Alter, Geschlecht oder auch thematische Interessen definiert werden (siehe auch Kapitel «Big Data im Wahlkampf – Mythos oder Waffe?»). Eine Analyse der für die Vaterschaftsurlaub-Initiative gesammelten Online-Unterschriften zeigt, dass die Unterstützenden zu mehr als zwei Dritteln Frauen im Alter von 28 bis 38 Jahren waren. Facebook würde es erlauben, bei dieser Zielgruppe schweizweit für eine Unterstützung zu werben.

Chancen für Online-Fundraising

Wer denkt, mit einem Tool wie WeCollect werde Kampagnenarbeit gratis ausfallen, irrt sich. Der Marketingaufwand ist nicht zu unterschätzen. Gerade das Online-Marketing für politische Projekte steckt in der Schweiz ganz allgemein noch in den Kinderschuhen. Die wenigsten Initiativen oder Referenden hierzulande setzen auf gezielte Facebook-Werbung, um neue Kreise anzusprechen und Unterschriften zu sammeln (siehe auch Kapitel «Mit dem richtigen Hashtag die Abstimmung gewinnen?»). In vielen Projektbudgets ist Marketing im Internet nicht vorgesehen oder unterdotiert, auch weil das nötige Wissen und die Erfahrung fehlen. Dazu kommt die Unsicherheit, welche personenbezogenen Informationen, wie beispielsweise E-Mail-Adressen, für Marketing-Massnahmen genutzt werden dürfen und was die Konsequenzen für den Datenschutz wären. Auch über die Online-Werbekosten hinaus ist die Unterschriftensammlung im Netz mit WeCollect mit Ausgaben verbunden. Da weiterhin der Umweg über den Briefkasten notwendig ist, fallen nach wie vor Fixkosten für die vorfrankierte Rücksendung an. Dazu kommen die Ausgaben für die Einrichtung und den Betrieb einer Website. Im Netz sind die Kosten weitgehend variabel und sinken mit der Zahl der gesammelten Unterschriften. Auf der Plattform WeCollect beispielsweise liegen die durchschnittlichen Gesamtausgaben pro Unterschrift bei den meisten Projekten weit unter einem Franken.

Doch gleichzeitig ist das Fundraising-Potenzial von digitalen Sammlungen nicht zu unterschätzen: Im Vergleich zur Sammelpraxis auf der Strasse bietet das Internet die Gelegenheit, Zusatzeinnahmen zu erwirtschaften, um die Kampagne zu finanzieren. Dies ohne Mehrkosten, sondern sozusagen Hand in Hand mit dem Unterschriftenprozess: Wer im Internet eine Initiative oder ein Referendum unterschreibt, ist vielleicht auch bereit, einen finanziellen Beitrag an die Kampagne zu leisten. Dieses Fundraising-Potenzial lag bisher brach: Erste Fallbeispiele auf der Plattform WeCollect zeigen, dass 5 bis 10 Prozent der Unterstützenden bereit sind, Projekte finanziell zu unterstützen. Mit diesem Fundraising kann ein Teil der Ausgaben für die Online-Sammlung kompensiert werden. Beim Referendum gegen die Unternehmenssteuerreform III hätte auf diese Weise sogar ein kleiner Überschuss erzielt werden können.[19]

In Zukunft ist damit zu rechnen, dass die Bedeutung von Fundraising im Internet als Einnahmequelle von Initiativ- und Referendums-Komitees zunehmen wird. Die Digitalisierung der Unterschriftensammlung bietet die Chance zur weitgehenden Selbstfinanzierung, und im besten Fall kann zugleich noch Geld in die Komiteekasse gespült werden, das zum Beispiel für die Beglaubigung oder Marketingmassnahmen eingesetzt werden kann. Diese Entwicklung hilft insbesondere finanzschwächeren Komitees, die dadurch für die Startphase weniger Rückstellungen benötigen.

Mehr digitale Demokratie wagen

Im Grunde bedarf es nicht einmal eines Bundesratsbeschlusses, damit es in der Schweiz in Sachen E-Collecting vorwärtsgeht. Unsere Briefkasten-Demokratie liesse sich nämlich mit einem juristischen Kniff umgehen. Voraussetzung dafür wäre eine Ergänzung im Bundesgesetz über politische Rechte mit dem Ziel, die digitale Unterschrift auf einem Smartphone oder Tablet zu erlauben.[20] Denn bisher ist es nicht zulässig, Initiativen und Referenden auf einem Touchscreen zu unterschreiben und diese Unterschrift anschliessend online zu übermitteln. Für eine «eigenhändige Unterschrift» gemäss Art. 61 des Bundesgesetzes braucht es gemäss einem Gutachten des Zentrums für Demokratie Aarau nicht zwingend eine aufwendige digitale Signatur wie beispielsweise für einen Vertrag.[21] Die Einblendung eines Warnhinweises, dass sich strafbar macht, wer auf einem Touchscreen unbefugt oder für eine andere Person unterzeichnet, könnte genügen.

Eine derartige Ergänzung des Bundesgesetzes für politische Rechte hätte weitreichende Folgen. Denn dadurch würde der Unterschriftenprozess weitgehend digitalisiert. Ein grosser Teil der Portokosten fiele weg, die immer noch einen Löwenanteil der Sammelkosten ausmachen und eine Hürde für finanzschwache Komitees darstellen. Darüber hinaus liesse sich mithilfe des Internets der kleine Kreis der Stimmberechtigten, die bisher Gebrauch von den direkten Volksrechten machen, deutlich erweitern. Finanzschwache Akteure würden befähigt, ihre Anliegen auf die politische Agenda zu setzen. Gerade bei Referenden, die wegen mangelnder Infrastruktur und zeitlicher Knappheit zu scheitern drohen, würde die digitale Unterschrift zudem erlauben, die gesammelten Unterschriften den Gemeinden rascher für die Beglaubigung zu übermitteln und zeitnah zu prüfen.

Warum also nicht E-Collecting testweise auf kantonaler Ebene einführen, um die Auswirkungen auf das politische System zu beobachten? Der Anteil digital gesammelter Unterschriften könnte dazu vorerst limitiert werden, wie der Journalist Simon Hehli vorschlug.[22] Mit einem solchen Testlauf könnte sich die Schweiz auf den neuen «chaotischen Pluralismus» vorbereiten, der dank Crowd-Kampagnen ohnehin bald politischer Alltag werden könnte.[23] Bei diesem chaotischen Pluralismus handelt es sich um einen Begriff, mit dem britische Wissenschaftler die Auswirkungen der sozialen Medien auf demokratische Systeme beschreiben, die durch die Nutzung digitaler Kanäle pluralistischer werden, was zugleich eine Erweiterung der Zahl der politischen Akteure mit sich bringt. Diese sind jedoch nicht mehr in stabilen Interessengruppen organisiert. Vielmehr handelt es sich vermehrt um lose Gruppierungen, die sich spontan durch Mobilisierung im Internet herausbilden.

Das Konzept Crowdsourcing liesse sich somit gewinnbringend für politische Zwecke adaptieren: Ein Kollektiv übernimmt neu Aufgaben, die bisher Organisationen, Parteien und Verbänden zukamen. Die Akteure der Smartphone-Demokratie sind spontane Ad-hoc-Netzwerke von Einzelpersonen, die sich in der Peripherie von bestehenden Organisationen, Parteien und Interessengruppen bilden können. Über soziale Plattformen wie Facebook erhalten diese Netzwerke Bedeutung, weil sie ihr Umfeld persönlich ansprechen können, was den etablierten grossen Akteuren nie auf vergleichbare Weise gelungen ist. Die Start- und Betriebskosten solcher Crowd-Kampagnen lassen sich zudem einfacher wieder einspielen, was das Budget der Initiatoren entlastet. Die Erfahrungen mit neuen viralen Kampagnen wie auch die neuen Finanzierungsmöglichkeiten könnten dazu führen, dass die direkte Demokratie vermehrt ein Testlabor für Ideen und Bedürfnisse der Bevölkerung wird. Die Schweiz würde so gleichzeitig ein Experimentierfeld für neue Formen der digitalen Bürgerbeteiligung bieten.

Doch gegen diesen Trend, der kaum vor den Schweizer Landesgrenzen halt machen dürfte, hat sich hierzulande ein mentales Abwehrdispositiv gebildet, das die Digitalisierung als Bedrohung für die direkte Demokratie begreift. Der Widerstand kommt dabei oft aus den Reihen jener Parteien, die wie die bürgerlichen Parteien FDP, CVP oder BDP von den Volksrechten am wenigsten Gebrauch machen, wie der Abstimmungsforscher Thomas Milic treffend bemerkte.[24] Auch die netzpolitische Szene bildet – aus Sicherheitsüberlegungen und wegen des Datenschutzes – eine starke Front gegen die Einführung von E-Voting.

Vorsichtige Zurückhaltung ist berechtigt, zumal sich das Schweizer System ja bewährt hat. Jedoch ist es nicht klug, die Partizipationsmöglichkeiten der Bürgerinnen und Bürger künstlich zu verknappen, zu verlangsamen und zu verteuern. Und es erstaunt, dass der Bundesrat beim umstrittenen E-Voting vorwärtsmachen möchte, sich aber bei der risikoärmeren Form der digitalen Demokratie – wie der Unterschriftensammlung im Netz – vor dessen inflationärem Gebrauch fürchtet.

Die Aufrechterhaltung des Briefkastensystems im Zeitalter der Digitalisierung widerspricht dem Grundsatz der direkten Demokratie: nämlich die politische Partizipation für alle Bürgerinnen und Bürger zu gewährleisten. Zu Ende gedacht, würde dieser Grundsatz heissen, das Mitbestimmen möglichst einfach zu gestalten und der technologischen Entwicklung anzupassen. Gefragt ist deshalb der Impuls vonseiten der Zivilgesellschaft, damit eine breite Debatte über die Digitalisierung der Demokratie angestossen und E-Collecting wieder auf die politische Agenda gesetzt werden kann.

Schlusswort[1]
Adrienne Fichter

Facebook, Weibo und Twitter haben sich als Instrumente zur Vernetzung von Gleichgesinnten bewährt. Sie haben unbeachtete Anliegen von Minderheiten und Diskriminierungsformen ans Tageslicht gebracht. Ironischerweise haben sie zur effizienteren Organisation von Offline-Aktionen beigetragen: Sie boten Werkzeuge für die Organisation von Protesten, Sammlung von Spendengeldern und für die erfolgreiche Organisation von Tür-zu-Tür-Wahlkämpfen an. Sie veränderten das Mediensystem, und immer mehr Medieninhalte werden auf Social Media geteilt und diskutiert. Dadurch kommen Personen mit Politik in Kontakt, die vielleicht kaum freiwillig ein Newsportal aufsuchen würden. Netzkonzerne beeinflussen unsere politische Meinungsbildung. Die Grenzen von Online- und Offline-Wahlkampf verschwinden immer mehr.

Und Social Media haben nicht zuletzt die Rekrutierung des politischen Spitzenpersonals verändert: Ohne Social Media hätte es wohl keine Kandidatur oder gar einen Sieg von Donald Trump gegeben. Aber auch keine derart erfolgreiche Kandidatur von Bernie Sanders. Ohne Social Media hätte auch die sozialistische Bewegung Podemos in Spanien keinen Sieg errungen. Die Wahlkampfstrukturen verändern sich derzeit. Künftig zählt nicht mehr nur der «Marsch durch die Institutionen», sondern es ist plötzlich wichtig, wie die Resonanz auf Social Media ausfällt. «Das Resultat ist, dass wir noch viel unkonventionellere Kandidaten und unorthodoxere Programme erhalten werden als in der Vergangenheit», sagt der Autor und Digitalexperte Clay Shirky.[2] Kurz: Social Media haben unsere Kommunikation demokratisiert und verkrustete Machtstrukturen aufgebrochen.

Gleichzeitig basieren diese Technologiefirmen auf Geschäftsmodellen, die langfristig unsere Demokratie gefährden können. Sie kreieren Konsum-Apps, die nicht für politische Diskurse konzipiert wurden. Ihre oberste Priorität ist eine lange Verweildauer der User. Ob dies mittels Katzenvideos, Ferienfotos oder Qualitätsjournalismus erreicht wird, ist zweitrangig. Hauptsache, die Werbekunden haben noch mehr Anreize, in das Anzeigen-Portfolio zu investieren. Auch wenn Mark Zuckerberg mehrfach betont, wie wichtig ihm zivilgesellschaftliche Anliegen sind, so muss am Ende des Tages nicht die Welt gerettet werden, sondern der Aktienkurs an der Wallstreet steigen. Oder um es mit den Worten des Netzaktivisten Aral Balkan zu sagen: «Facebook möchte, dass wir denken, das Unternehmen sei ein Park, aber eigentlich ist es eine Shoppingmall.»[3] Mark Zuckerberg will zwar eine globale Gemeinschaft bauen, aber ob er dafür auch ideologisch abgeschottete Komfortzonen und Kommentaröffentlichkeiten der Facebook-Community auflösen möchte, ist fraglich. Denn diese Filterzonen sind Teil des Erfolgsrezepts von Facebook. Gleichzeitig gefährden sie langfristig die Stabilität der Demokratie. Für eine vitale Demokratie bedarf es der Sichtbarkeit anderer Meinungen, eines konstruktiven Austauschs und der Konsensorientierung.

Natürlich widerspiegeln Social Media noch längst nicht die realpolitischen Verhältnisse. Populistische Bewegungen stossen nicht zuletzt aufgrund des Newsfeed-Algorithmus von Facebook, der «Lärm» favorisiert, auf ein grösseres Echo. So zählt die rechtskonservative Ukip ein Vielfaches mehr an Fans auf Facebook als die britischen Sozialdemokraten. Gleich verhält es sich auch mit dem französischen Front National und der deutschen AfD. Aber die Fanzahl wird in Zukunft kaum mehr der einzige Indikator für Erfolg im Netz sein. Matchentscheidend werden das Know-how im Einsatz digitaler Polit-Marketingmöglichkeiten und die Qualität von Datensammlungen sein, dies besonders bei knappen und umstrittenen Wahlkämpfen.

Das Unternehmen refinanziert sich durch Werbung. Lebensmittelkonzernen, Coiffeursalons und Politikern stehen dieselben Werbemöglichkeiten zur Verfügung. Die Parteien haben gerade erst begonnen, dieses neue Spielfeld zu beackern. Doch was geschieht, wenn dieselben Verkaufstechniken für private Unternehmen 1:1 auf die Politik angewendet werden? Microtargeting bei verschiedenen Wählergruppen und polarisierende Filteralgorithmen führen dazu, dass wir Bürgerinnen und Bürger immer mehr mit gezielter Propaganda gefüttert werden können. Der noch fehlende Nachweis über die effektive Wirkung von Big-Data-Kampagnen legitimiert nicht deren Einsatz. Ansonsten schauen wir weiterhin einfach dabei zu, wie an den Säulen unserer Demokratie geritzt wird: Die Öffentlichkeit verschwindet, weil massgeschneiderte Inhalte in geschlossenen Kanälen kommuniziert werden. Wenn uns gemeinsame Informationsgrundlagen fehlen, stirbt der politische Diskurs.

Die obigen Szenarien klingen düster. In der Politik und in der Wirtschaft findet jedoch ein vielversprechendes Umdenken statt. Politiker, Bildungsexperten, Medien und die Zivilgesellschaft merken, welche politische Relevanz die sozialen Netzwerke haben. Unser Umgang mit dem Netz lässt sich metaphorisch am ehesten mit dem Verhalten eines 14-jährigen Teenagers in der Adoleszenzphase vergleichen. Der Teenager, der in seiner Kindheit mit «alternativen Fakten» wild um sich geschlagen hat und merkt, dass er für diskriminierende, böse Kommentare auf Social Media auch inhaftiert werden könnte, bekommt die Folgen seines Tuns zu spüren. Er beginnt nun zu lernen, wie er Inhalte bewerten soll. Er wird sich in Zukunft vielleicht auch schämen für die naive Verbreitung ungeprüfter Fake News. Und er wird kritischer im Umgang mit seinen Lieblingsapps werden. Vielleicht programmiert er auch bald seine eigene Idee von einem besseren Netzwerk.

Um diese nervöse Pubertätsphase des Internets zu überwinden, bedarf es der Aufklärung, aber auch der Emanzipation. Wir müssen bei der Gestaltung von Technologien mitreden können. Die Neugestaltung soll nicht in Form von realitätsfremden politischen Verboten ausufern, sondern in Form der Vermittlung von Kompetenz und Wissen. Spätestens seit der #MacronLeaks-Kampagne und den US-Wahlen wird klar, dass die politische Arena von Facebook und Twitter keine nationalen Grenzen kennt. Unabhängig davon, ob sich nun Trump-Anhänger, russische Hacker oder Kommentarschreiber sowie die Enthüllungsplattform Wikileaks einmischen: Nationale Wahlkämpfe werden digital fremdgesteuert und damit immer mehr auch internationalisiert. Es braucht grenzüberschreitende Regelwerke im Umgang mit diesen Phänomenen sowie Grundlagenforschung, welche Auswirkungen diese Beeinflussungsformen auf unsere Demokratie haben können. Mit diesem Buch wollten wir die Problemfelder und die Lösungsansätze in der Nutzung von Social Media aufzeigen. Gleichzeitig möchten wir die Leserin und den Leser dazu befähigen, sich informiert mit diesen Fragen auseinanderzusetzen. Erst wenn wir die Mechanismen genügend verstehen, können wir Forderungen stellen und mit den Giganten einen Dialog auf gleicher Augenhöhe führen. Dazu gehören Forderungen nach mehr Transparenz und Einsicht in Daten und Algorithmen sowie Instrumente zur Bekämpfung von Fake News. Auch müssen die Medien zwingend technisch aufrüsten, um beispielsweise botgenerierte künstliche politische Stimmungen im Internet dechiffrieren und richtig einordnen zu können. Es besteht sonst die Gefahr, virtuellen Roboterdebatten ein zu grosses Gewicht in der Berichterstattung einzuräumen. Facebook und Konsorten sollen ausserdem in Sachen Wählerausspähung denselben öffentlichen Druck zu spüren bekommen wie beim Thema Fake News. Ansonsten liegen Beweislast und Handlungszwang stets bei uns: Wir müssen individuell ausgespielte Werbeanzeigen dokumentieren und mit digitalen Verschleierungstaktiken das System ad absurdum führen. Auch sollen Nationalstaaten bei einer Zusammenarbeit mit Technologiekonzernen auf die vollständige Dokumentation aller vollzogenen Massnahmen pochen. Ansonsten tüfteln Facebook und seine Datenwissenschaftler weiterhin ungehindert an Demokratieexperimenten hinter verschlossenen Türen.

Es ist Zeit, Visionen für ein grösseres digitales Ökosystem der Politik zu entwickeln. Dabei sollten wir uns neuen Möglichkeiten nicht verschliessen. Im Gegenteil, es gilt, sie konstruktiv zu nutzen. Algorithmen und künstliche Intelligenz müssen uns nicht schaden, sondern können im Gegenteil eine neue Infrastruktur der digitalen Demokratie begründen. Wir müssen definieren, wie ein selbstlernendes System bei der Verhandlung von politischen Fragestellungen ausgestaltet werden soll. Im Augenblick ist das Netz noch ein stark verschriftlichter Ort, wo wir uns bei unseren Textdialogen kaum sehen. Diese fehlende Sichtbarkeit des Gegenübers kann zu Missverständnissen, Beleidigungen und zur Polarisierung führen. Zukunftstrends wie Virtual Reality und Augmented Reality bieten die Chance, empathiefördernde Wirkung zu entfalten. Sie ermöglichen neue Ausdrucksformen zu politischen Themen. Es werden neue Technologien benötigt, die die Konsensorientierung und Meinungsvielfalt fördern. Weltweit existieren bereits Vorzeigebeispiele, wo an neuen Interaktionsformen zwischen Bürger und Staat gearbeitet wird. Diese neue Generation von Civic-Tech-Apps hat mehr Aufmerksamkeit verdient, als ihr gegenwärtig zukommt. Aber auch sie muss kritisch erforscht, begleitet und beobachtet werden. Die gegenwärtige Demokratiekrise ist auch eine Chance für einen Neuanfang in der Beziehung zwischen Bürger und Staat. «Make the government great again» müsste jetzt das Credo lauten – mithilfe demokratiefördernder Technologien.

Der Diskurs über Werte und Ethik in Software, die unsere Demokratie beeinflusst, muss jetzt geführt werden. Sie sind eingeladen, unsere Thesen mit uns kritisch weiterzudiskutieren. Auf dem Blog politikviernull.com veröffentliche ich weitere Texte zu diesem Themenkreis. Auch meine Koautorinnen und Koautoren publizieren regelmässig Analysen und Einschätzungen zu ihren Themengebieten auf ihren eigenen Plattformen. Wir müssen gemeinsam an einem Update des Betriebssystems von Politik und Gesellschaft arbeiten. Die Chancen und Potenziale der Digitalisierung überwiegen die Schattenseiten. Um nochmals die Worte von Change.org-Gründer Ben Rattray zu Beginn dieses Buches aufzugreifen: Ja, wir wollen eine bessere Demokratie, und wir verdienen auch mehr als einfach nur bessere digitale Werbung.

Autorenverzeichnis

Ingrid Brodnig ist eine österreichische Autorin und Journalistin. Im Juni 2017 erschien ihr Buch *Lügen im Netz; Wie Fake News, Populisten und unkontrollierte Technik uns manipulieren,* Anfang 2016 ihr Werk *Hass im Netz; Was wir gegen Hetze, Mobbing und Lügen tun können.* Im April 2017 wurde sie von der österreichischen Bundesregierung zur digitalen Botschafterin (Digital Champion) Österreichs in der EU ernannt. Zu finden ist sie auf ihrer Website brodnig.org. und auf Twitter unter @brodnig.

Sarah Bütikofer ist promovierte Politikwissenschaftlerin und an der Universität Zürich in Forschung und Lehre sowie als Lehrbeauftragte an der ETH Zürich tätig. Sie beschäftigt sich hauptsächlich mit Schweizer Politik und der Vermittlung von politik- und sozialwissenschaftlichen Forschungsergebnissen. Zu diesem Zweck hat sie 2015 zusammen mit Kollegen die Plattform «DeFacto – belegt, was andere meinen» ins Leben gerufen: www.defacto.expert. Ihre eigene Website: http://www.sarahbuetikofer.com/. Auf Twitter findet man sie unter: @sarahbutikofer.

Adrienne Fichter ist Politologin, Journalistin, Dozentin und seit Herbst 2017 für das neue Medien-Start-up Republik tätig. Sie wirkte beim Aufbau des ersten Schweizer Polit-Start-ups politnetz.ch mit. Danach arbeitete sie in der Online-Unternehmenskommunikation. Von 2014 bis und mit 2016 leitete sie die Social-Media-Redaktion der *Neuen Zürcher Zeitung.* Sie beschäftigt sich mit Netzpolitik, Social Media und den Auswirkungen der Digitalisierung auf die Politik. Eigene Websites: www.adfichter.ch, www.politikviernull.com. Auf Twitter ist sie unter @adfichter zu finden.

Martin Fuchs berät Regierungen, Parlamente, Parteien und Politiker in digitaler Kommunikation. Seit 2008 ist er Lehrbeauftragter für Public Affairs an der Universität Passau und Dozent für Social Media und Politik an weiteren Hochschulen. Zudem ist er Gründer der Social-Media-Analyse-Plattform Pluragraph.de und bloggt über Social Media in der Politik unter www.hamburger-wahlbeobachter.de. Weitere Informationen zu Martin Fuchs gibt es hier: http://martin-fuchs.org/. Sein Twitter-Name: @wahl_beobachter.

Daniel Graf ist Kampagnenexperte und Onlineaktivist. Er ist Mitinitiant von WeCollect, einer Online-Plattform, die es erlaubt, übers Netz Unterschriften für Initiativen zu sammeln. Er bloggt regelmässig auf https://danielgraf.blog/ zu Themen der digitalen Demokratie. Seine Website: www.gamechanger.ch. Auf Twitter ist er unter @dani_graf anzutreffen.

Dirk Helbing ist Professor für Computational Social Science an der ETH Zürich. Er ist Mitbegründer des Kompetenzzentrums für Krisenbewältigung in komplexen sozioökonomischen Systemen, des Risikozentrums und Kompetenzzentrums Citizen Science sowie des Decision Science Laboratory (DeSciL). Während seiner Tätigkeit als Koordinator der Initiative FuturICT unterstützte er Bestrebungen, in Europa die Datenwissenschaften und die computerisierten Sozialwissenschaften ebenso wie die Wissenschaft über globale Systeme zu etablieren. Er ist auch Mitglied verschiedener eidgenössischer und universitärer Komitees, die sich mit der digitalen Transformation unserer Gesellschaft befassen. Er ist auf Twitter unter @DirkHelbing anzutreffen.

Anna Jobin hat Soziologie, Informatik und Volkswirtschaft studiert und forscht zurzeit in den Vereinigten Staaten. Sie promoviert über die gesellschaftlichen Aspekte algorithmischer Systeme an der Université de Lausanne. Analysen und Reflexionen zu diesen Themen publiziert sie auf https://sociostrategy.com/. Folgen kann man ihr auf Twitter unter @annajobin.

Stefan Klauser arbeitet als Projektleiter Digital Society and Finance 4.0 am Lehrstuhl für Computational Social Science an der ETH Zürich. Er ist zuständig für Blockchain-Applikationen und digitale Formen von demokratischen Entscheidungsprozessen. Er ist Mitbegründer und Entwicklungschef des Blockchain- und IoT-Sommerschulprogramms BIOTS und Vorstandsmitglied der BlockchainX-Initiative. Auf Twitter findet man ihn unter @stefanschose.

Colin Porlezza ist Oberassistent am Institut für Publizistikwissenschaft und Medienforschung der Universität Zürich und Dozent an der Académie du journalisme et des médias der Universität Neuchâtel. Seine Forschungsschwerpunkte liegen vor allem in den Bereichen Datenjournalismus, Media Accountability und Transparenz sowie Innovationen im Journalismus. Auf Twitter ist er unter @herdingbehavior zu finden.

Adrian Rauchfleisch ist Postdoc am Institut für Publizistikwissenschaft und Medienforschung der Universität Zürich. Neben seiner wissenschaftlichen Tätigkeit engagiert er sich als Co-Founder im Non-Profit-Thinktank ZIPAR (Zurich Institute of Public Affairs Research) (www.zipar.org). In seiner Forschung untersucht er hauptsächlich den Einfluss des Internets auf die politische Kommunikation. Seine eigene Website: www.arauchfleisch.ch Sein Twitter-Name: @ouzhouadi.

Mike S. Schäfer ist Professor für Wissenschaftskommunikation am Institut für Publizistikwissenschaft und Medienforschung IPMZ und Direktor des Kompetenzzentrums für Hochschul- und Wissenschaftsforschung CHESS der Universität Zürich. Er forscht und lehrt u. a. zu Social-Media-Kommunikation und Online-Öffentlichkeiten. Folgen kann man ihm auf Twitter unter @mss7676.

Robin Schwarz studierte Journalismus und Organisationskommunikation an der ZHAW. Er arbeitet jetzt für den *Tages-Anzeiger* als Online-Blattmacher und -Redaktor und schreibt bevorzugt über Themen im Spannungsfeld zwischen Politik, Gesellschaft/Kultur und Digitalität. Er studiert Literatur in einem Zweitstudium an der Universität Zürich. Auf Twitter ist er unter @RobinASchwarz zu finden.

Thomas Willi ist Doktorand am Lehrstuhl für Methoden am Institut für Politikwissenschaft der Universität Zürich. Neben der Digitalisierung der Schweizer Politik interessierten ihn vergleichende Aspekte von Parteienwettbewerben in verschiedenen Ländern. Er betreibt den politikwissenschaftlichen Blog www.politan.ch. Mehr Informationen finden Sie unter www.thomaswilli.ch. Sein Twitter-Name: @thw_ch.

Anmerkungen

Einleitung
1 Rattray, B. (2016): How Tech can help save democracy. https://medium.com/@benrattray/how-technology-can-improve-democracy-c089fc8f9463 (Zugriff: 15.5.2017).
2 Tufekci, Z. (2016): Mark Zuckerberg is in denial. https://www.nytimes.com/2016/11/15/opinion/mark-zuckerberg-is-in-denial.html (Zugriff: 15.5.2017).

Ein Sammelbecken für Populisten
1 Petry, Frauke: ++ BKA bestätigt: Flüchtlinge krimineller als Deutsche ++. Facebook-Eintrag vom 8. Februar 2017, online unter https://www.facebook.com/Dr.Frauke.Petry/photos/a.782724038446912.1073741828.782456275140355/1373132089406101 (Zugriff: 18.3.2017).
2 Wodak, Ruth: Politik mit der Angst. Zur Wirkung rechtspopulistischer Diskurse. Edition Konturen. Wien 2016, S. 18.
3 Cho, D., Acquisti, A.(2013): The More Social Cues, The Less Trolling? An Empirical Study of Online Commenting Behavior. Online unter http://www.econinfosec.org/archive/weis2013/papers/ChoWEIS2013.pdf (Zugriff: 18.3.2017).
4 Eyl, S. (2014): Studie: Was Wut, Angst und Freude bei Fans auslösen ... [Infografik], online unter http://blog.fanpagekarma.com/2014/10/27/emotionen-facebook-social-media-interaktionen-reichweite/?lang=de (Zugriff: 18.3.2017).
5 Wenn in diesem Beitrag von Like-Zahlen die Rede ist, dann beinhaltet diese Zahl auch die Reactions, also auch jene Nutzer, die auf die Smileys namens «Wow», «Sad», «Angry», «Haha» oder «Love» klickten.
6 Martinchek, P. (2016): What I Discovered About Trump and Clinton From Analyzing 4 Million Facebook Posts. Online unter https://shift.newco.co/what-i-discovered-about-trump-and-clinton-from-analyzing-4-million-facebook-posts-922a4381fd2f#.fkotsoj6x (Zugriff: 19.3.2017).
7 N.N.: Parteien. Ranking auf Pluragraph.de, online unter https://pluragraph.de/categories/parteien/combined_with/deutschland?only=facebook (Zugriff: 19.3.2017).
8 Fuchs, C., Zimmermann, F. (2016): Hauspost für die Wütenden. Online unter http://www.zeit.de/2016/25/afd-compact-juergen-elsaesser/seite-3 (Zugriff: 19.3.2017).
9 Kiesel, Robert: Die AfD und das Compact-Magazin: Allianz der «Mutigen». Online unter https://www.vorwaerts.de/artikel/afd-compact-magazin-allianz-mutigen (Zugriff: 17.3.2017).
10 N.N.: AfD-Manifest 2017. Online unter https://de.scribd.com/document/338294054/AfD-Strategie-2017 (Zugriff: 30.3.2017).
11 N.N.: FPÖ-TV startet am 20. September 2012. Online unter https://www.youtube.com/watch?v=gtyKjD_zSwU (Zugriff: 19.3.2017).
12 N.N.: Willkommenskultur ruiniert Sozialstaat Österreich – FPÖ-TV-Magazin 23.2.2017. Online unter https://www.youtube.com/watch?v=aLNprFTE_Qg (Zugriff: 19.3.2017).

13 N.N.: Einwanderung ist kein Grund zum Jubeln – FPÖ-TV-Magazin 16.2.2017. Online unter https://www.youtube.com/watch?v=w8dqo-zMcwM (Zugriff: 19.3.2017).
14 Strache, H.-C. (2017): ÖSTERREICH ZUERST! Facebook-Eintrag vom 28. Januar 2017, online unter https://www.facebook.com/HCStrache/videos/10154622132468591/ (Zugriff: 19.3.2017).
15 Schmid, F. (2015): Stehlende Flüchtlinge: Strache löscht Posting nach Billa-Dementi. Online unter http://derstandard.at/2000023005132/Stehlende-Fluechtlinge-Strache-loescht-nach-Billa-Dementi-geteiltes-Posting (Zugriff: 17.3.2017).
16 Hacker-Walton, P. (2015): Facebook als «Drehscheibe» der blauen Strategie. Online unter https://kurier.at/politik/inland/wien-wahl/facebook-als-drehscheibe-der-blauen-strategie/157.585.117 (Zugriff: 30.3.2017).
17 N.N.: Politiker. Ranking auf Pluragraph.de, online unter https://pluragraph.de/categories/politiker (Zugriff: 19.3.2017).
18 Brodnig, I./Winter, J (2016): unzensuriert.at: Wie die FPÖ-nahe Site systematisch Stimmung macht. Online unter https://www.profil.at/oesterreich/wie-fpoe-site-unzensuriert.at-stimmung-7709776 (Zugriff: 17.3.2017).
19 Profil.at (2017): profil zeigt Hassposter von unzensuriert.at an. Online unter https://www.profil.at/oesterreich/instanz-gerichtliche-niederlage-unzensuriert.at-7949469 (Zugriff: 19.3.2017).
20 Del Vicario, M. (2016): The spreading of misinformation online, online unter http://www.pnas.org/content/113/3/554.abstract?sid=a821d77e-1e7b-4c64-832d-b01b0b13f143 (Zugriff: 19.3.2017).
21 Colorado Public Radio (2016): Trump Lashes Out At News Media, Promotes Term Limits At Springs Stop. Online unter http://www.cpr.org/news/story/trump-promotes-term-limits-lashes-out-at-news-media-at-springs-stop (Zugriff: 19.3.2017).
22 Van der Bellen, Alexander: «Für mich ist es wahrscheinlich die letzte Wahl.» Facebook-Eintrag vom 24. November 2016, online unter https://www.facebook.com/alexandervanderbellen/videos/1366125040099201/ (Zugriff: 19.3.2017).
23 Scheufele, Dietram A.; u.a.: Democracy Based on Difference: Examining the Links Between Structural Heterogeneity, Heterogeneity of Discussion Networks, and Democratic Citizenship, in: Journal of Communication, Ausgabe 56, Nummer 4, 2006, S. 22 f.

Journalismus zwischen Fake News, Filterblasen und Fact-Checking

1 Die vollständige Begründung kann unter http://gfds.de/wort-des-jahres-2016/ eingesehen werden (Stand 23.3.2017).
2 Kaeser, E. (2016): Das postfaktische Zeitalter. Neue Zürcher Zeitung, http://bit.ly/2pkFHhw (Zugriff: 27.3.2017).
3 Deuze, M. (2012): Media Life. Cambridge: Polity Press.
4 Fög, Forschungsbereich Öffentlichkeit und Gesellschaft (Hrsg.) (2016): Jahrbuch Qualität der Medien. Basel: Schwabe.
5 Manjoo, F. (2008): True enough: learning to live in a post-fact society. Hoboken: Wiley.
6 Keil, L.-B.; Kellerhoff, S. F. (2006): Gerüchte machen Geschichte; Folgenreiche Falschmeldungen im 20. Jahrhundert. Berlin: Ch. Links Verlag.
7 Merten, K. (2009): Zur Theorie des Gerüchts. Publizistik, 54(15), S. 15–42.
8 Allport, G. W.; Postman, L. J. (1947): The Psychology of Rumor. New York: Holt.
9 Peterson, W. A.; Gist, N. P. (1951): Rumor and Public Opinion. American Journal of Sociology, 57(2), S. 159–167.
10 Fleck, J. (2014): Das Grücht als Kommunikation im Massenmedium WWW. Über-

legungen zu Beobachtbarkeit und theoretischer Kontextualisierung. In: T. Malsch, M. Schmitt (Hrsg.), Neue Impulse für die soziologische Kommunikationstheorie. Wiesbaden: Springer.
11 Sunstein, C. R. (2009): On Rumors: How Falsehoods Spread, Why We Believe Them, What Can Be Done. Farrar, Straus and Giroux.
12 Berinsky, A. (2011): Rumors, Truth, and Reality: A Study of Political Misinformation. http://web.mit.edu/berinsky/www/files/rumor.pdf (Zugriff: 27.3.2017).
13 Hackwill, R. (2017): Everything you always wanted to know about fake news but were too afraid to google. http://bit.ly/2opRRJp (Zugriff: 27.3.2017).
14 Fög, Forschungsbereich Öffentlichkeit und Gesellschaft (Hrsg.) (2012): Zur Skandaldynamik in der Wirtschaft. http://bit.ly/2opBihg (Zugriff: 27.3.2017).
15 Wardle, C. (2017): Fake news, It's complicated. https://firstdraftnews.com/fake-news-complicated/ (Zugriff: 27.3.2017).
16 Maletzke, G. (1972): Propaganda. Eine begriffskritische Analyse. Publizistik, 17(2), S. 153–164.
17 Barthel, M.; Mitchell, A.; Holcomb, J. (2016): Many Americans Believe Fake News Is Sowing Confusion. Pew Research Center. http://www.journalism.org/2016/12/15/many-americans-believe-fake-news-is-sowing-confusion/ (Zugriff: 27.3.2017).
18 Manjoo, F. (2008): True enough: learning to live in a post-fact society. Hoboken: Wiley.
19 Silverman, C.; Lawrence, A. (2016): How teens in the Balkans are duping Trump supporters with fake news. https://www.buzzfeed.com/craigsilverman/how-macedonia-became-a-global-hub-for-pro-trump-misinfo?utm_term=.bqjlMX8O7a#.xlKBZkP97y (Zugriff: 27.3.2017).
20 Higgins, A.; McIntire, M.; Dance, G. (2016): Inside a fake news sausage factory: «This is all about income». https://www.nytimes.com/2016/11/25/world/europe/fake-news-donald-trump-hillary-clinton-georgia.html (Zugriff: 27.3.2017).
21 Silverman, C. (2015): Lies, damn lies, and viral content. How news websites spread (and debunk) online rumors, unverified claims, and misinformation. Tow Center for Digital Journalism, A Tow/Knight Report. http://towcenter.org/wp-content/uploads/2015/02/LiesDamnLies_Silverman_TowCenter.pdf (Zugriff: 27.3.2017).
22 Albright, J. (2016): Left + right: the combined post-#election2016 news «ecosystem». http://bit.ly/2oxkSAi (Zugriff: 27.3.2017).
23 Silverman, C.; Strapagiel, L.; Shaban, H.; Hall, E.; Singer-Vine, J. (2016): Hyperpartisan Facebook pages are publishing false and misleading information at an alarming rate. http://bzfd.it/2wY5Cjh (Zugriff: 14.8.2017).
24 Silverman, C. (2016): This analysis shows how viral fake election news stories outperformed real news on Facebook. http://bzfd.it/2nwF6ZK (Zugriff: 27.3.2017).
25 Ferrara, E.; Varol, O.; Davis, C.; Menczer, F.; Flammini, A. (2016): The rise of social bots. Communications of the ACM, 59(7), S. 96–104.
26 Guilbeault, D.; Woolley, S. (2016): How Twitter bots are shaping the election. http://theatln.tc/2eAfCqa (Zugriff: 27.3.2017).
27 Beuth, P. (2017): Furcht vor den neuen Wahlkampfmaschinen. http://bit.ly/2p7nCqK (Zugriff: 27.3.2017).
28 Zhang, J.; Carpenter, D.; Ko, M. (2013): Online astroturfing: A theoretical perspective. Proceedings of the Nineteenth Americas Conference on Information Systems, Chicago, Illinois, August 15–17, 2013.
29 Ratkiewicz, J.; Conover, M. D.; Meiss, M.; Goncalves, B.; Flammini, A.; Menczer, F. (2011): Detecting and tracking political abuse in social media. Proceedings of the Fifth In-

ternational AAAI Conference on Weblogs and Social Media. http://bit.ly/2opRpLe (Zugriff: 27.3.2017).
30 Benton, J. (2016): The forces that drove this election's media failure are likely to get worse. http://bit.ly/2fZZMJU (Zugriff: 2.4.2017).
31 Festinger, Leon (1957): A theory of cognitive dissonance. Stanford: Stanford Univ. Press.
32 Schmidt, J.-H.; Merten, L.; Hasebrink, U.; Petrich, I.; Rolfs, A. (2017): Zur Relevanz von Online-Intermediären für die Meinungsbildung. http://www.hans-bredow-institut.de/webfm_send/1172 (Zugriff: 2.4.2017).
33 Pariser, E. (2011): The Filter Bubble: What the Internet is hiding from you. New York: Penguin Press.
34 Sunstein, C. R. (2009): On Rumors: How Falsehoods Spread, Why We Believe Them, What Can Be Done. Farrar, Straus and Giroux.
35 Lews, S. C.; Carlson, M. (2016): The dissolution of news: selective exposure, filter bubbles, and the boundaries of journalism. In: D. Lileker, D. Jackson, E. Thorsen, A. Veneti (eds.): US election analysis 2016: media, voters and the campaign. Published by the Centre for the Study of Journalism, Culture and Community. Bournemouth University. Poole: Dorset Digital Print.
36 Bessi, A.; Coletto, M.; Davidescu, G. A.; Scala, A.; Caldarelli, G.; Quattrociocchi, W. (2015): Science vs Conspiracy: Collective Narratives in the Age of Misinformation. PLoS ONE, 10(2), e0118093.
37 Smith, M. A.; Rainie, L.; Shneiderman, B.; Himelboim, I. (2014): Mapping Twitter Topic Networks: From polarized crowds to community clusters. http://pewrsr.ch/1h1fEDy (Zugriff: 3.4.2017).
38 Menczer, F. (2016): Misinformation on social media: Can technology save us? https://theconversation.com/misinformation-on-social-media-can-technology-save-us-69264 (Zugriff: 14.8.2017).
39 Flaxman, S.; Goel, S.; Rao, J. M. (2016): Filter Bubbles, Echo Chambers, and Online News Consumption. Public Opinion Quarterly, 80(1), S. 298–320.
40 Kim, Y.; Hsu, S.; Gil de Zúñiga, H. (2013): Influence of Social Media Use on Discussion Network Heterogeneity and Civic Engagement. The Moderating Role of Personality Traits. Journal of Communication, 63(3), S. 498–516.
41 Anderson, M. (2016): Social media causes some users to rethink their views on an issue. Pew Research Center. http://pewrsr.ch/2eeWn9t (Zugriff: 27.3.2017).
42 Schweiger, W. (2017): Der (des)informierte Bürger im Netz. Wie soziale Medien die Meinungsbildung verändern. Wiesbaden: Springer Fachmedien.
43 Allcott, H.; Gentzkow, M. (2017): Social media and fake news in the 2016 election. Working Paper, http://stanford.io/2jFPKOM (Zugriff: 27.3.2017).
44 Hargittai, E.; Hampton, K. N. (2016): Stop blaming Facebook for Trump's election win. http://bit.ly/2fFqwQU (Zugriff: 14.8.2017).
45 Hermida, A. (2015): Filtering fact from fiction: a verification framework for social media. In: L. Zion & D. Craig (eds.), Ethics for digital journalists. London: Routledge.
46 Fög, Forschungsbereich Öffentlichkeit und Gesellschaft (Hrsg.) (2016): Jahrbuch Qualität der Medien. Basel: Schwabe.
47 Jackson, J. (2017): BBC sets up team to debunk news. http://bit.ly/2jccGW8 (Zugriff: 27.3.2017).
48 Graves, L.; Cherubini, F. (2016): The rise of fact-checking sites in Europe. Reuters Institute for the Study of Journalism. http://bit.ly/2gncsbo (Zugriff: 4.4.2017).

49 Shao, C.; Ciampaglia, G. L.; Flammini, A.; Menczer, F. (2016): Hoaxy: A platform for tracking online misinformation. https://arxiv.org/pdf/1603.01511.pdf (Zugriff: 27.3.2017).
50 Nyhan, B.; Reifler, J. (2012): Misinformation and fact-checking. Research findings from social science. http://bit.ly/2o6OYNk (Zugriff: 4.4.2017).
51 Rosen, J. (2016): Evidence-based vs. accusation-driven reporting. http://bit.ly/2gmmoko (Zugriff: 4.4.2017).
52 Bounegru, L.; Gray, J.; Venturini, T.; Mauri, M. (2017): A field guide to fake news. http://fakenews.publicdatalab.org/ (Zugriff: 27.3.2017).
53 Carrigan, M. (2017): What is «fake News»? http://sociologicalimagination.org/archives/19266 (Zugriff: 27.3.2017).
54 Boyd, D. (2017): Google and Facebook Can't Just Make Fake News Disappear. http://bit.ly/2mIoIZY (Zugriff: 27.3.2017).
55 Ananny, M.; Crawford, K. (2016): Seeing without knowing: Limitations of the transparency ideal and its application to algorithmic accountability. New Media & Society, online first.

Das Alt-Right und die Eroberung des sozialen Netzes
1 Low Orbit Ion Cannon, benannt nach der gleichnamigen Waffe aus dem Strategie-Computerspiel «Command & Conquer».
2 Encyclopaedia Dramatica archivierte zahlreiche Internet-Streits und gilt als Kompendium für Troll-Historie. Sie wurde von ihrem eigenen Drama eingeholt und von der ursprünglichen Publizistin zurückgezogen. Mittlerweile ist die Site wieder online – von Fans zusammengesetzt aus Archivmaterial.
3 Auch 2ch, 2chan oder Ni-channeru.
4 Lolicon steht dabei für Lolita Complex. Darstellungen im Manga-Stil also, die junge sexualisierte Mädchen zum Thema haben. «Ero Guro» sind wiederum groteske erotische Darstellungen.
5 Daraus leitet sich der Name des losen Hacktivisten-Netzwerks «Anonymous» ab.
6 Es gibt eine Möglichkeit, unter einem Namen zu posten, diese Funktion wird aber kaum genutzt – und ist in der Regel nicht gern gesehen. Es wird «namefagging», also «Namenschwuchtelei» genannt.
7 Stand: 30.3.2017.
8 Das nicht einvernehmliche Zugänglichmachen von Privatinformationen, etwa Telefonnummer, Adresse oder Sozialversicherungsnummer.
9 /r/all bezeichnet die Gesamtheit aller Reddit-Posts, die Frontseite besteht aus Default-Subreddits und solchen, die man als User selbst abonniert hat. /r/all gilt als wichtigste Seite Reddits. Default bezeichnet die Subreddits, die von den Administratoren als Standard-Subreddits erwählt wurden. Jeder Reddit-User hat diese von Beginn weg automatisch abonniert.
10 Pengelly, M.; Rawlinson, K. (2015): Reddit chief resigns after receiving «sickening» abuse from users. https://www.theguardian.com/technology/2015/jul/10/ellen-pao-reddit-interim-ceo-resigns (Zugriff: 30.3.2017).
11 Gerade deswegen, weil Posts nicht einfach verschwinden, sondern erst nach Monaten archiviert werden, ausserdem dank eines komplexen Kommentarsystems.
12 Crooked Hillary, Cuck, Centipedes, Libtard, MAGA – für die Erklärung all dieser Wörter bräuchte es vermutlich ein eigenes Lexikon.
13 Dem Schlechtbewerten von Anti-Trump-Inhalten in anderen Subreddits.
14 Dies hat der Subreddit /r/The_Schulz, ein Parodie-Subreddit auf The_Donald, ein-

drücklich bewiesen. Sie haben die Methoden von The_Donald kopiert und haben es trotz relativ geringer Useranzahl geschafft, für kurze Zeit /r/all für sich zu beanspruchen.

15 Moderatoren können Posts als «sticky» (klebrig) markieren. Sie bleiben dadurch immer zuoberst haften und bleiben so lange sichtbar, wie es die Moderatoren wünschen.
16 PSA, public service announcement.
17 Zum Beispiel Linksammlungen zum Subreddit-Thema.
18 Chan, E. (2016): Donald Trump, Pepe the Frog and white supremacists: an explainer. https://www.hillaryclinton.com/feed/donald-trump-pepe-the-frog-and-white-supremacists-an-explainer/ (Zugriff: 15.3.2017).
19 Es wurde später sogar von Donald Trump vertwittert.
20 «Social Justice Warriors», ein pejoratives Internet-Slang-Wort für Personen die sich im Internet «übermässig» für soziale Gerechtigkeit einsetzen, also eine Art «Internet-Gutmensch».
21 Dabei ignorierend, dass der Status quo auch Ergebnis politischer Prozesse ist.
22 /v/ steht für Videospiele.
23 Homonym zu «Vidya Games». Vidya ist ein typischer 4chan-Ausdruck für Videospiele. Etwa: «I'm just playing some vidya.»
24 Yiannopoulos, M. (2016): Angry feminists, unethical journalists are the ones not welcoming in the game community: http://www.breitbart.com/big-hollywood/2014/09/15/the-gamergate-movement-is-making-terrific-progress-don-t-stop-now/ (Zugriff: 30.3.2017).
25 Helmore, E. (2016): Milo Yiannopoulos resigns from Breitbart News over pedophilia remarks. https://www.theguardian.com/us-news/2017/feb/21/milo-yiannopoulos-resigns-breitbart-pedophilia-comments (Zugriff: 30.3.2017).
26 Die Person, die den Streich spielt, verspricht hinter einem Link eine bestimmte Information, die vom Streichopfer begehrt wird. Hinter dem Link verbirgt sich aber statt des gewünschten Inhalts immer das Lied «Never Gonna Give You Up» von Rick Astley.
27 Zum Beispiel die Trash-Dove.
28 In der Regel in der Schrift «Impact».
29 Zum Beispiel das Meme des «Insanity Wolfs», ein böse aussehender Wolf, der Ratschläge gibt, die meist – passend zum Namen – wahnsinnig sind und oft mit Gewalt und Sex zu tun haben. Der Insanity Wolf bezieht sich auf ein anderes Meme, den «Courage Wolf». Viele Memes beziehen sich kaskadenhaft aufeinander, sodass die Ursprünge von Memes meist schnell nicht mehr richtig nachvollziehbar sind.
30 Also auch dieser Versuch.
31 Memes gelten immer noch als unseriös.
32 Erfunden wurde Pepe von einem Cartoonisten, der mit 4chan nichts zu tun hatte.
33 18 = AH, Adolf Hitler; 88 = HH, Heil Hitler.
34 Diese beziehen sich auf diverse Philosophen von Ayn Rand bis Friedrich Nietzsche, um ihre politische Einstellung zu rechtfertigen.
35 Die Alt-Right bewegt sich längst nicht mehr nur auf Reddit und in den Chans. Ein gutes Beispiel für Aktivität jenseits der Filterbubble wären zum Beispiel die Kommentarspalten und Bewertungsbalken von YouTube-Videos, die von Trump-Fans nur so wimmeln.
36 Eine der meistgeteilten Fake News im französischen Wahlkampf wurde ebenfalls auf Imageboard 4chan anonym kreiert: die Meldung, dass der französische Präsident Emmanuel Macron möglicherweise ein Offshore-Konto auf den Bahamas besitzt.

1 Stahel, L. (2016): Am offenen Herzen der Gesellschaft forschen. http://www.defacto.ex pert/2016/07/28/politische-kommunikation-im-social-media-zeitalter/ (Zugriff: 25.4.2017).
2 Lehrmann, H. (2016): «Für eine bessere Politik müssen wir Forderungen an Facebook und Twitter stellen.» http://digitalpresent.tagesspiegel.de/fuer-eine-bessere-politik-mues sen-wir-forderungen-an-facebook-und-twitter-stellen (Zugriff: 25.4.2017).
3 Facebook-Dokumentation: Election Day 2012 on Facebook. https://www.facebook.com/ notes/us-politics-on-facebook/election-day-2012-on-facebook/10151076006385882 (Zugriff: 25.4.2017).
4 Sifry, M. (2014): Why Facebook's Voter Megaphone is the real manipulation to worry about. http://techpresident.com/news/25165/why-facebooks-voter-megaphone-real-mani pulation-worry-about (Zugriff: 25.4.2017).
5 Nuspliger, N. (2012): Freunde locken an die Urnen. https://www.nzz.ch/facebook-nach richt-sorgt-fuer-hoehere-wahlbeteiligung-1.17597963 (Zugriff: 25.4.2017).
6 Dunst, C. (2016): It wasn't the white working class that cost Hillary the election. https:// www.pastemagazine.com/articles/2016/12/it-wasnt-the-white-working-class-that-cost-hil lary.html (Zugriff: 25.4.2017).
7 Christl, W. (2016): An ihren Daten sollt ihr sie erkennen. http://www.faz.net/aktuell/ feuilleton/medien/big-data-im-wahlkampf-ist-microtargeting-entscheidend-14582735.html (Zugriff: 25.4.2017).
8 Bühlmann, T. (2016): Facebook befeuert Wählerregistrierungen. https://www.nzz.ch/di gital/us-praesidentenwahlen-facebook-wahlregistrierung-ld.121860(Zugriff: 25.4.2017).
9 Chokshi, N. (2016): Facebook helped drive a voter registration surge, election officals say. https://www.nytimes.com/2016/10/13/us/politics/facebook-helped-drive-a-voter-regis tration-surge-election-officials-say.html?_r=1 (Zugriff: 25.4.2017).
10 Heath, A. (2016): Tinder wants you to match with Hillary Clinton or Donald Trump. http://uk.businessinsider.com/tinder-swipe-the-vote-matches-you-with-hillary-clinton-or-donald-trump-2016-10?r=US&IR=T (Zugriff: 25.4.2017).
11 Gruenderszene (Autor unbekannt): Tinder klärt Briten über den Brexit auf. http://www. gruenderszene.de/allgemein/swipe-the-vote-tinder-brexit?ref=plista (Zugriff: 2.5.2017).
12 Mahler, J. (2016): Campaign Coverage via Snapchat could shake up the 2016 elections. https://www.nytimes.com/2015/05/04/business/media/campaign-coverage-via-snapchat-could-shake-up-the-2016-elections.html?smid=fb-nytimes&smtyp=cur&bicmp=AD&bic mlukp=WT.mc_id&bicmst=1409232722000&bicmet=1419773522000 (Zugriff: 2.5.2017).
13 Brown, L. (2016): How Dave's pals at UBER plotted to stop Brexit. http://www.daily-mail.co.uk/news/article-4354884/How-Dave-s-pals-Uber-plotted-stop-Brexit.html (Zugriff: 2.5.2017).
14 Facebook (2014): Safety Check. https://www.facebook.com/about/safetycheck/ (Zugriff: 2.5.2017).
15 Faulders, K. (2014): What can you do with Facebook's «I'm a voter»-Button? http://abc-news.go.com/blogs/politics/2014/05/what-you-can-do-with-facebooks-im-a-voter-button/ (Zugriff: 2.5.2017).
16 Statista (2017): Leading countries based on number of Facebook users. https://www.sta tista.com/statistics/268136/top-15-countries-based-on-number-of-facebook-users/ (Zugriff: 2.5.2017).
17 Debenedetti, G. (2014): Facebook to roll out I'm a voter feature. http://www.reuters. com/article/us-usa-facebook-voters-idUSBREA4I0QQ20140519 (Zugriff: 2.5.2017).
18 Die Bekanntmachung der Studie zur Beeinflussung der Gefühle von Facebook-Usern

hat ebenfalls grosse Kritik hervorgerufen. Siehe Bernau, P. (2014): Facebook manipuliert die Gefühle. http://www.faz.net/aktuell/wirtschaft/netzwirtschaft/der-facebook-boersengang/facebook-manipuliert-nutzer-gefuehle-fuer-eine-studie-13016744.html (Zugriff: 2.5.2017).

19 Fiedler, M. (2017): Massive Kritik an Heiko Maas' Hate-Speech-Gesetz. http://www.tagesspiegel.de/politik/kampf-gegen-hasskriminalitaet-massive-kritik-an-heiko-maas-hate-speech-gesetz/19620126.html (Zugriff: 15.6.2017).

Mit dem richtigen Hashtag die Abstimmung gewinnen?

1 Alle Informationen zu den Daten, Methoden und unserem Auswertungsvorgehen gibt es auf der Plattform politan.ch nachzulesen: http://www.politan.ch/smartphone-demokratie/ (Zugriff: 10.4.2017).

2 Statista: Anzahl aktiver Nutzer von Facebook in der Schweiz von März 2013 und März 2017. https://de.statista.com/statistik/daten/studie/70221/umfrage/anzahl-der-nutzer-von-facebook-in-der-schweiz/ (Zugriff: 10.4.2017).

3 Willi, Thomas (2016): Social Media und Schweizer Politik im November 2016. http://www.politan.ch/social-media-und-schweizer-politik-im-november-2016/ (Zugriff: 30.3.2017).

4 Ja zum geordneten Atomausstieg.

5 OUI à la sortie programmée du nucléaire.

6 Willi, Thomas (2016): Social Media und Schweizer Politik im November 2016. http://www.politan.ch/social-media-und-schweizer-politik-im-november-2016/ (Zugriff: 30.3.2017).

7 Mit 69 % war die Stimmbeteiligung unter der Anhängerschaft der GLP am höchsten, gefolgt von den Sympathisantinnen und Sympathisanten der Grünen Partei (58 %). Ebenfalls überdurchschnittlich hoch war die Stimmbeteiligung bei der Anhängerschaft der FDP (56 %), der SP (53 %) sowie der CVP (52 %). Demgegenüber gelang es der SVP (39 %) und anderen Parteien (39%) weniger gut, ihre Anhängerschaft zu mobilisieren.

8 Lutz, Georg; Lebert, Florence (2017): VOTO-Studie zur eidgenössischen Volksabstimmung vom 27. November 2016. FORS, ZDA, LINK: Lausanne/Aarau/Luzern. www.voto.suisse (Datensatz) (Zugriff: 10.4.2017).

9 ebd.

10 Es gibt verschiedene Organisationen, die Nutzungszahlen und Profile erheben. Daten, die eine direkte Verbindung zwischen Social-Media-Nutzung und Abstimmungsbeteiligung herstellen könnten, gibt es für die Schweiz nicht.

11 Lutz, Georg; Lebert, Florence (2017): VOTO-Studie zur eidgenössischen Volksabstimmung vom 27. November 2016. FORS, ZDA, LINK: Lausanne/Aarau/Luzern. www.voto.suisse (Datensatz) (Zugriff: 10.4.2017).

12 Die Kategorieneinteilung wurde vom Jugendbarometer übernommen, siehe Golder et al.

13 Golder, Lukas; Mousson, Martina; Jans, Cloé; Tschöppe, Stephan; Venetz, Aaron; Frind, Alexander; Herzog, Noah; Nahon, Lea (2016): Credit Suisse Jugendbarometer Schweiz. Bern: gfs.bern.

14 Kriesi, Hanspeter (2005): Direct Democracy Choice. The Swiss Experience. Lanham, Md.: Lexington Books.

15 ebd.

16 ebd.

17 Bernhard, Laurent (2017): «Können die Medien den Stimmentscheid der Bürgerinnen und Bürger beeinflussen?» http://www.defacto.expert/2017/03/17/stimmentscheid-medien-beeinflussen/ (Zugriff: 10.4.2017).

18 Kübler, Daniel (2017): «Medien im Abstimmungskampf: Berichterstattung und Wirkung». Panel 1, 9. Aarauer Demokratietage. Einstiegsreferat. Aarau: ZDA.
19 Bernhard, Laurent (2012): Campaign strategy in direct democracy. Basingstoke: Palgrave Macmillan.
20 Bernhard, Laurent (2017): «Können die Medien den Stimmentscheid der Bürgerinnen und Bürger beeinflussen?» http://www.defacto.expert/2017/03/17/stimmentscheid-medien-beeinflussen/ (Zugriff: 10.4.2017).
21 Es war uns nicht möglich, konkrete Zahlen in Erfahrung zu bringen, um auf dieser Basis den Erfolg einzelner Posts in sozialen Medien zu berechnen.
22 Heidelberger, Anja (2017): «Kampagnentätigkeit bei verkehrspolitischen eidgenössischen Volksabstimmungen.» http://www.defacto.expert/2017/02/06/kampagnentaetigkeit-bei-verkehrspolitischen-eidgenoessischen-volksabstimmungen/ (Zugriff: 10.4.2017).
23 APS (2016). Basisdatensatz der Inserate zur eidgenössischen Abstimmung zur Volksinitiative «Für den geordneten Ausstieg aus der Atomenergie (Atomausstiegsinitiative)» vom 27. November 2016. Année Politique Suisse, Institut für Politikwissenschaft der Universität Bern.
24 Kleinen-von Königlöw, K. (2017): «Direkte Demokratie in Zeiten individualisierter Mediennutzung»: http://www.defacto.expert/2017/03/24/dd-individualisierter-mediennutzung/ (Zugriff: 10.4.2017).
25 Die Durchsetzungsinitiative verlangte die wort- und sinngetreue Umsetzung der in der Volksabstimmung vom 28. November 2010 angenommenen Ausschaffungsinitiative, die das Parlament in den Augen der Initiantin, der Schweizerischen Volkspartei, nicht in ihrem Sinne umgesetzt hatte.
26 Milic, Thomas (2016): Wie einmalig war die Mobilisierung bei der Abstimmung über die Durchsetzungsinitiative? Working Paper.
27 Golder, Lukas; Mousson, Martina; Jans, Cloé; Tschöppe, Stephan; Venetz, Aaron; Frind, Alexander; Herzog, Noah; Nahon, Lea (2016): Credit Suisse Jugendbarometer Schweiz. Bern: gfs.bern.
28 Milic, Thomas (2016): Wie einmalig war die Mobilisierung bei der Abstimmung über die Durchsetzungsinitiative? Working Paper.
29 ebd.
30 Lutz, Georg; Lebert, Florence (2017): VOTO-Studie zur eidgenössischen Volksabstimmung vom 27. November 2016. FORS, ZDA, LINK: Lausanne/Aarau/Luzern. www.voto.suisse (Datensatz) (Zugriff: 10.4.2017).
31 Gibson, Rachel; Cantijoch, Marta (2013): «Conceptualizing and Measuring Participation in the Age of the Internet: Is Online Political Engagement Really Different to Offline?» The Journal of Politics 75(3).
32 Goldberg, Andreas; Lanz, Simon; Sciarini, Pascal (2016): Abstimmungen: Nur wenige gehen immer oder nie an die Urne. DeFacto, 15. Februar 2016. www.defacto.expert

Der Online-Wahlkampf ist tot – es lebe der Wahlkampf

1 Maisch, A. (2017): Wahlkampffinanzierung – ein offenes Geheimnis. https://www.euractiv.de/section/bundestagswahl-2017/news/wahlkampffinanzierung-ein-offenes-geheimnis/ (Zugriff: 1.5.2017).

Big Data im Wahlkampf – Mythos oder Waffe?

1 Barrow, B. (2016): Trump's questioning of the value of data worries Republicans. http://bigstory.ap.org/article/6d588a38061c4657a557d1dde86782ec/trumps-questioning-value-data-worries-republicans (Zugriff: 1.4.2017).
2 Kaye, K. (2016): Trump's first fundraising email had a 60% spam rate, http://adage.com/article/campaign-trail/trump-s-fundraising-email-a-60-spam-rate/304673/ (Zugriff: 1.4.2017).
3 Green, J. (2016); Issenberg, S. (2016): Inside the Trump bunker, with days to go https://www.bloomberg.com/news/articles/2016-10-27/inside-the-trump-bunker-with-12-days-to-go (Zugriff: 1.4.2017).
4 Cadwalladr, C. (2017): Robert Mercer: The big billionaire waging war on mainstream media. https://www.theguardian.com/politics/2017/feb/26/robert-mercer-breitbart-war-on-media-steve-bannon-donald-trump-nigel-farage (Zugriff: 30.5.2017).
5 Winston, J. (2016): How the Trump campaign built an identity database and used Facebook Ads to win the election. https://medium.com/startup-grind/how-the-trump-campaign-built-an-identity-database-and-used-facebook-ads-to-win-the-election-4ff7d24269ac (Zugriff: 30.5.2017).
6 Lapowsky, I. (2016): Here's how Facebook actually won Trump the presidency. https://www.wired.com/2016/11/facebook-won-trump-election-not-just-fake-news/ (Zugriff: 5.4.2017).
7 Winston, J. (2016): How the Trump campaign built an identity database and used Facebook Ads to win the election. https://medium.com/startup-grind/how-the-trump-campaign-built-an-identity-database-and-used-facebook-ads-to-win-the-election-4ff7d24269ac (Zugriff: 5.4.2017).
8 Schütz, V. (2017): Ruhe bewahren, Haltung zeigen. http://www.horizont.net/medien/kommentare/Digital-Journalismus-2017-Ruhe-bewahren-Haltung-zeigen-145097 (Zugriff: 5.4.2017).
9 Lapowsky, I. (2016): Here's how Facebook actually won Trump the presidency. https://www.wired.com/2016/11/facebook-won-trump-election-not-just-fake-news/ (Zugriff: 5.4.2017).
10 Lira, M. (2016): What companies, candidates and – yes, even government institutions – can learn from 2016 https://medium.com/soapbox-dc/what-companies-candidates-and-yes-even-government-institutions-can-learn-from-2016-363e75004192 (Zugriff: 5.4.2017).
11 Knaup, H.; Müller, A.; Pfaffenzeller, M.; Rosenbach, M.; Traufetter, G. (2017): Gläserne Wähler, Der Spiegel, Ausgabe März 2017. http://rettetdiewahlen.eu/wp-content/uploads/2017/02/SPIEGEL_2017_09_Glaeserne_Waehler.pdf (Zugriff: 5.4.2017).
12 Welchering, P. (2017): Wahlkampf der Algorithmen. http://www.deutschlandfunk.de/social-bots-wahlkampf-der-algorithmen.740.de.html?dram:article_id=376345 (Zugriff: 10.5.2017).
13 Kuper, S. (2017): How Facebook is changing democracy. https://www.ft.com/content/a533d5ec-5085-11e7-bfb8-997009366969 (Zugriff: 15.6.2017).
14 O'Neil, C. (2017): Trumps «Secret Sauce» is just more ketchup. https://www.bloomberg.com/view/articles/2017-02-01/trump-s-secret-sauce-is-just-more-ketchup (Zugriff: 30.5.2017).
15 Harari, Y. (2017): Sharen ist nicht gleich teilen. NZZ am Sonntag, 7. Mai 2018. 16. Jahrgang, Nr. 19.
16 Grassegger, H. (2017): Microtargeting. Wie der neue Wahlkampf funktioniert. https://www.schweizermonat.ch/subscription_visitor/microtargeting (Zugriff: 25.5.2017).
17 Christl, W. (2016): An ihren Daten sollt ihr sie erkennen. http://www.faz.net/aktuell/feuilleton/medien/big-data-im-wahlkampf-ist-microtargeting-entscheidend-14582735.html (Zugriff: 25.5.2017).
18 ebd.

19 Anderson, M. (2016): Social media causes some users to rethink their views on an issue. http://www.pewresearch.org/fact-tank/2016/11/07/social-media-causes-some-users-to-re think-their-views-on-an-issue/ (Zugriff: 30.5.2017).
20 Kuper, S. (2017): How Facebook is changing democracy. https://www.ft.com/content/a533d5ec-5085-11e7-bfb8-997009366969 (Zugriff: 18.6.2017).
21 Persily, N. (2017): The U.S. Election. In: Journal of Democracy, April 2017, Volume 28, Number 2 http://journalofdemocracy.org/sites/default/files/07_28.2_Persily%20%28web%29.pdf (Zugriff: 25.5.2017).
22 Gold, M.; Stead Seller, F. (2017): After working for Trump's campaign, british data firm eyes new government contract. https://www.washingtonpost.com/politics/after-working-for-trumps-campaign-british-data-firm-eyes-new-us-government-contracts/2017/02/17/a6dee3c6-f40c-11e6-8d72-263470bf0401_story.html?utm_term=.8918fc7faef9 (Zugriff: 1.5.2017).
23 Grassegger, H. (2017): Microtargeting. Wie der neue Wahlkampf funktioniert. https://www.schweizermonat.ch/subscription_visitor/microtargeting (Zugriff: 15.5.2017).
24 Stewart, E. (2016): Google and Facebook will dominate the 1 Billion Dollar Digital Ad spend for election 2016. https://www.thestreet.com/story/13592885/1/google-and-facebook-will-dominate-the-1-billion-digital-ad-spend-for-election-2016.html (Zugriff: 15.5.2017).
25 Larson, S. (2016): The idea that fake news influenced the election is «crazy». http://money.cnn.com/2016/11/10/technology/facebook-mark-zuckerberg-fake-news/ (Zugriff: 30.3.2017).
26 Kuper, S. (2017): How Facebook is changing democracy. https://www.ft.com/content/a533d5ec-5085-11e7-bfb8-997009366969 (Zugriff: 18.6.2017).
27 Facebook (2016): Toomey for senate. https://www.facebook.com/business/success/toomey-for-senate (Zugriff: 30.5.2017).
28 Eine der berühmtesten Social-Media-Plattformen blieb in diesem Zusammenhang übrigens lange unbeachtet: YouTube. Monatelang dominierten Trump und auch die Videos des Republikanisches Komitees in den Swing States in Sachen Aufrufzahlen. Weder Journalisten noch Politikwissenschafter schienen diesen Fakten grosses Interesse zu schenken.
29 Facebook (2016): Politische Kampagnen auf Facebook. https://issuu.com/facebookberlin/docs/fb_politische_kampagnen (Zugriff: 1.5.2017).
30 Fichter, A. (2015): Vorbei mit dem Mauerblümchendasein. https://www.nzz.ch/international/europa/vorbei-mit-dem-mauerbluemchendasein-ld.256 (Zugriff: 15.5.2017).
31 Anstead, N. (2017): Data-driven campaigning in the 2015 UK general election. The International Journal of Press/Politics. ISSN 1940–1612. http://eprints.lse.ac.uk/72066/ (Zugriff: 25.5.2017).
32 ebd.
33 Doward, J.; Gibbs, A. (2017): Did Cambridge Analytica influence the Brexit Vote and the US Election? https://www.theguardian.com/politics/2017/mar/04/nigel-oakes-cambridge-analytica-what-role-brexit-trump (Zugriff: 30.5.2017).
34 Ross, T. (2017): May hires Jim Messina for U.K. Conservative Election Team. https://www.bloomberg.com/politics/articles/2017-04-24/may-said-to-hire-jim-messina-for-u-k-conservative-election-team-j1vx4am1 (Zugriff: 25.5.2017).
35 Booth, R.; Belam, M.; McClenaghan, M. (2017): Tory attack ad misrepresents Corbyn views on Ira, says Labour. https://www.theguardian.com/politics/2017/jun/02/labour-accuses-tories-of-fake-news-over-video-of-corbyn-ira-comments?CMP=fb_gu. (Zugriff: 25.5.2017).
36 Bond, D. (2017): Facebook key to winning UK general election, political parties say. https://www.ft.com/content/c78c3bd0-36f8-11e7-99bd-13beb0903fa3 (Zugriff: 1.6.2017).
37 Scott, M. (2018): Facebook's role in Europeans' elections under scrutiny. https://www.ny

times.com/2017/06/07/technology/facebook-britain-election-europe.html?smid=tw-ny times&smtyp=cur&_r=2 (Zugriff: 10.6.2017).
38 Madrigal, Alexis C. (2017): Hillary Clinton was the first casualty in the new informations wars. https://www.theatlantic.com/technology/archive/2017/05/hillary-clinton-information-wars/528765/?utm_source=twb (Zugriff: 2.6.2017).
39 Mijuk, G. (2016): Hillary gewinnt die digitale Schlacht. https://www.nzz.ch/nzzas/nzz-am-sonntag/us-wahlkampf-hillary-gewinnt-digitale-schlacht-ld.124537 (Zugriff: 25.5.2017).
40 Jungherr, A. (2017): Datengestützte Verfahren im Wahlkampf. http://andreasjungherr.net/wp-content/uploads/2017/03/Jungherr-2017-Datengest%c3%bctzte-Verfahren-im-Wahlkampf-Preprint.pdf (Zugriff: 25.5.2017).
41 Engage Research: Inside the Cave. The definitive report on the keys to Obama's success in 2012. https://enga.ge/dl/Inside_the_Cave.pdf (Zugriff: 25.5.2017).
42 Issenberg, S. (2012): Obama's white whale. http://www.slate.com/articles/news_and_politics/victory_lab/2012/02/project_narwhal_how_a_top_secret_obama_campaign_program_could_change_the_2012_race_.html (Zugriff: 25.5.2017).
43 Levine, S.; Stein, S. (2012): Hillary Clinton's campaign turns over e-mail list to DNC. http://www.huffingtonpost.com/entry/hillary-clinton-dnc-email-list_us_58f278b9e4b0da2ff8613acf (Zugriff: 25.5.2017).
44 Obwohl er dieses Defizit mit dem Aufbau von «Project Alamo», den Daten des Republican National Comittee RNC und dem Know-how der Marketingfirma Cambridge Analytica fast wieder wettmachte, wie weiter oben beschrieben worden ist.
45 Es war natürlich kein Zufall, dass gerade beide Technologien die Namen von Walarten trugen.
46 Haberman, M.; Burns, A. (2012): Romney's white faile: ORCA the vote tracker left team «flying blind». http://www.politico.com/blogs/burns-haberman/2012/11/romneys-fail-whale-orca-the-vote-tracker-left-team-flying-blind-updated-149098 (Zugriff: 25.5.2017).
47 Gold, D. (2017): Data-driven campaigns are killing the democratic party. dehttp://www.politico.com/magazine/story/2017/02/data-driven-campaigns-democrats-need-message-214759 (Zugriff: 25.5.2017).
48 Sobel Fitts, A. (2017): Facebook live is the right wing's new fox news. https://backchannel.com/facebook-live-is-the-right-wings-new-fox-news-50d63fb8c639?gi=199f84e37c14 (Zugriff: 25.5.2017).
49 Albright-Hanna, K. (2017): How the cool kids killed Obama's grassroots movement. https://civichall.org/civicist/cool-kids-killed-obamas-grassroots-movement/ (Zugriff: 25.5.2017).
50 Ball, M. (2016): There's nothing better than a scared rich candidate. https://www.theatlantic.com/magazine/archive/2016/10/theres-nothing-better-than-a-scared-rich-candidate/497522/ (Zugriff: 25.5.2017).
51 Persily, N. (2017): The U.S. Election. In: Journal of Democracy. April 2017, Volume 28, Number 2. http://journalofdemocracy.org/sites/default/files/07_28.2_Persily%20%28web%29.pdf (Zugriff: 25.5.2017).
52 Cosgrove, K. (2016): The emotional brand wins. http://www.electionanalysis2016.us/us-election-analysis-2016/section-2-campaign/the-emotional-brand-wins/ (Zugriff: 25.5.2017).
53 O'Neil, C. (2017): Trumps «Secret Sauce» is just more ketchup. https://www.bloomberg.com/view/articles/2017-02-01/trump-s-secret-sauce-is-just-more-ketchup (Zugriff: 25.5.2017).

«Sag mir, wo du wohnst, und ich sage dir, wen du wählst»
1 Dieses Interview erschien am 28. März 2017 beim Technologiemagazin t3n: http://t3n.de/news/daten-im-wahlkampf-808876/ (Zugriff: 28.5.2017).
2 Jungherr, A. (2017): Datengestützte Verfahren im Wahlkampf. http://andreasjungherr.net/wp-content/uploads/2017/03/Jungherr-2017-Datengest%c3%bctzte-Verfahren-im-Wahlkampf-Preprint.pdf (Zugriff: 28.5.2017).
3 Grassegger, H.; Krogerus, M. (2016): «Ich habe nur gezeigt, dass es die Bombe gibt.» https://www.dasmagazin.ch/2016/12/03/ich-habe-nur-gezeigt-dass-es-die-bombe-gibt/(Zugriff: 28.5.2017).
4 Goldmacher, S. (2016): Hillary Clinton's «Invisible Guiding Hand». http://www.politico.com/magazine/story/2016/09/hillary-clinton-data-campaign-elan-kriegel-214215 (Zugriff: 28.5.2017).
5 Mijuk, G. (2016): Hillary gewinnt die digitale Schlacht. https://www.nzz.ch/nzzas/nzz-am-sonntag/us-wahlkampf-hillary-gewinnt-digitale-schlacht-ld.124537 (Zugriff: 28.5.2017).
6 Geführt via Skype am 7. März 2017.
7 Saint-Viteux, T. (2016): Datenbasierter Wahlkampf: Was ist drin? http://politik-digital.de/news/datenabsierter-haustuer-wahlkampf-was-ist-drin-150744/ (Zugriff: 28.5.2017).

Ich sehe etwas, das du nicht siehst
1 Eine erste Fassung dieses Kapitels erschien bei der NZZ in Artikelform: Fichter, A. (2017): Ich sehe etwas, was Du nicht siehst. https://www.nzz.ch/feuilleton/personalisierte-politkampagnen-ich-seh-etwas-was-du-nicht-siehst-ld.146348 (Zugriff: 28.5.2017).
2 Grassegger, H. (2017): Microtargeting. Wie der neue Wahlkampf funktioniert. https://www.schweizermonat.ch/subscription_visitor/microtargeting (Zugriff: 28.5.2017).
3 Christl, W. (2016): An ihren Daten sollt ihr sie erkennen. http://www.faz.net/aktuell/feuilleton/medien/big-data-im-wahlkampf-ist-microtargeting-entscheidend-14582735.html (Zugriff: 28.5.2017).
4 Gallacher, J.; Kaminska, M. (2017): Facebook needs to be more open about its effect on democracy. https://www.theguardian.com/commentisfree/2017/jun/12/general-election-social-media-facebook-twitter?CMP=soc_3156 (Zugriff: 20.6.2017).
5 Schaible, J. (2017): Zu manchen spricht die CSU auf Russisch. http://www.zeit.de/politik/deutschland/2017-03/csu-horst-seehofer-moskau-russlanddetusche-rt (Zugriff: 28.5.2017).
6 Tweet von Wolfie Christl: https://twitter.com/WolfieChristl/status/851084690790510596 (Zugriff: 28.5.2017).
7 Henry, A. (2011): Facebook ist tracking your every move on the web. http://lifehacker.com/5843969/facebook-is-tracking-your-every-move-on-the-web-heres-how-to-stop-it (Zugriff: 28.5.2017).
8 Brenneisen, N. (2017): Radikale Abtreibungsgegner machen auf Instagram Jagd auf verunsicherte Schwangere. http://www.watson.ch/Schweiz/Gesundheit/676805002-Radikale-Abtreibungsgegner-machen-auf-Instagram-Jagd-auf-verunsicherte-Schwangere (Zugriff: 20.6.2017).
9 Karpf, D. (2016): Preparing for the Campaign Tech Bullshit Season. https://civichall.org/civicist/preparing-campaign-tech-bullshit-season/ (Zugriff: 28.5.2017).
10 Grassegger, H.; Krogerus, M. (2016): «Ich habe nur gezeigt, dass es die Bombe gibt.» https://www.dasmagazin.ch/2016/12/03/ich-habe-nur-gezeigt-dass-es-die-bombe-gibt/ (Zugriff: 28.5.2017).
11 Wie im Kapitel «Big Data im Wahlkampf – Mythos oder Waffe?» erwähnt, beginnt nun das Information Commissioner's Office in England gegen Cambridge Analytica zu er-

mitteln und sich mit der Bedeutung von Social Media in Wahlkämpfen auseinanderzusetzen.

12 Jungherr, A. (2017): Datengestützte Verfahren im Wahlkampf. http://andreasjungherr.net/wp-content/uploads/2017/03/Jungherr-2017-Datengest%c3%bctzte-Verfahren-im-Wahlkampf-Preprint.pdf (Zugriff: 28.5.2017).
13 Anstead, Nick (2017): Data-driven campaigning in the 2015 UK general election. The International Journal of Press/Politics. ISSN 1940–1612. http://eprints.lse.ac.uk/72066/ (Zugriff: 28.5.2017).
14 Revell, T. (2017): UK Government watchdog examining political use of data analytics. https://www.newscientist.com/article/2131660-uk-government-watchdog-examining-political-use-of-data-analytics (Zugriff: 28.5.2017).
15 Peitz, D. (2016): Clintons Digitalchefin spricht über Big Data und die Niederlage. https://www.wired.de/collection/life/clintons-digitalchefin-spricht-berlin-ueber-big-data-und-die-niederlage (Zugriff: 28.5.2017).
16 Tiedgen, K. (2016): Bernie Sanders 2016: Online Kampagne. http://www.campaigningandstrategy.de/sanders-online-kampagne/ (Zugriff: 28.5.2017).
17 Müller von Blumencron, M. (2016): «Wir wollen die Persönlichkeit dechiffrieren.» http://www.faz.net/aktuell/politik/ausland/wie-cambridge-analytica-den-wahlkampf-beeinflusst-14921616-p2.html (Zugriff: 28.5.2017).
18 Quinn, M. (2017): The inventor of the web, Tim Berners-Lee, outlines its three biggest threats. https://qz.com/930746/tim-berners-lee-says-privacy-fake-news-and-political-advertising-are-the-webs-biggest-threats/ (Zugriff: 28.5.2017).
19 Steinberg, T. (2017): All I want for the UK's general election this year. https://civichall.org/civicist/all-i-want-for-the-uks-general-election-this-year/ (Zugriff: 28.5.2017).
20 Who targets me: https://whotargets.me/ (Zugriff: 28.5.2017).
21 Sauter, M. (2017): Persuasion and the other thing: A critique of big data methodologies in politics. http://ethnographymatters.net/blog/2017/05/24/persuasion-and-the-other-thing-a-critique-of-big-data-methodologies-in-politics/ (Zugriff: 28.5.2017).
22 https://adnauseam.io/ (Zugriff: 28.5.2017).
23 https://crysp.uwaterloo.ca/software/facecloak/ (Zugriff: 28.5.2017).
24 https://cs.nyu.edu/trackmenot/ (Zugriff: 28.5.2017).

Über die «Messengerisierung» der Politik

1 Gottbrecht, L. (2017): 8 user-generated content trends we learned from 25 million posts http://www.mavrck.co/8-user-generated-content-trends-we-learned-from-25-million-facebook-posts-report/ (Zugriff: 28.5.2017).
2 Giesler, M. (2017): Welche existenziellen Herausforderungen Facebooks hinter dem Manifest von Mark Zuckerberg stehen. https://socialmediawatchblog.de/2017/02/19/facebook-pivoting-welche-fuer-facebook-existentiellen-ueberlegungen-hinter-zuckerbergs-manifest-stecken-analyse/ (Zugriff: 28.5.2017).
3 Duggan, M.; Smith, S. (2016): The political environment on social media. http://www.pewinternet.org/2016/10/25/the-political-environment-on-social-media/ (Zugriff: 28.5.2017).
4 Krüger, U. (2015): Die Herstellung von Öffentlichkeit. https://de.slideshare.net/ukrueg/die-herstellung-von-Öffentlichkeit(Zugriff: 28.5.2017).
5 ebd.
6 Ramezani, K. (2016): Alle Medien hacken auf Trump rum – und das ist gut so. http://www.watson.ch/International/Kommentar/541913649-Alle-Medien-hacken-auf-Trump-rum-%E2%80%93-und-das-ist-gut-so! (Zugriff: 28.5.2017).

7 Lee, J.; Quelay, K. (2017): The 329 people, places and things Donald Trump has insulted on Twitter: A complete list. https://www.nytimes.com/interactive/2016/01/28/upshot/donald-trump-twitter-insults.html?_r=0 (Zugriff: 30.5.2017).
8 Levy, S. (2017): Jack Dorsey on Donald Trump. https://backchannel.com/jack-dorsey-on-donald-trump-9864d2e542f4 (Zugriff: 30.5.2017).
9 Bernstein, J. (2016): A thriving chat startup braces for the Alt-Right. https://www.buzzfeed.com/josephbernstein/discord-chat-startup-braces-for-the-alt-right?utm_term=.hwXkmr47q#.qmOyNL7dv (Zugriff: 30.5.2017).
10 Anonym (2017): Wie der Rechtsterrorismus auf Facebook organisiert wird. https://www.vice.com/de_ch/article/wie-der-rechtsterrorismus-auf-facebook-organisiert-wird (Zugriff: 30.5.2017).
11 Zeit Online (kein Autor): Grüne nutzen Messaging-Dienst Threema im Wahlkampf. http://www.zeit.de/news/2017-04/01/deutschland-gruene-nutzen-messaging-dienst-threema-im-wahlkampf-01103603 (Zugriff: 30.5.2017).
12 Kearney, L. (2016): Hawaii grandma's plea launches women's march in Washington. http://www.reuters.com/article/us-usa-trump-women-idUSKBN13U0GW (Zugriff: 30.5.2017).
13 O'Brien, C. (2016): Facebook Messenger Chief says platform's 34 000 chatbots are finally improving user experience. https://venturebeat.com/2016/11/11/facebook-messenger-chief-says-platforms-34000-chatbots-are-finally-improving-user-experience/ (Zugriff: 30.5.2017).
14 Romm, T. (2017): Voters have faxed 800 000 pages of political opinions to their elected officials. https://www.recode.net/2017/4/27/15440440/voters-text-pages-fax-political-views-protest-resistbot-trump-health-care (Zugriff: 30.5.2017).
15 SRF (kein Autor): Mit «Janino» über Abstimmungen sprechen. Neues Angebot von SRF. https://www.srf.ch/news/schweiz/abstimmungen/abstimmungen/mit-janino-ueber-abstimmungen-sprechen-neues-angebot-von-srf (Zugriff: 30.5.2017).

Warum Social Bots keine Gefahr für die Demokratie sind

1 Franchesci-Bicchierai, L. (2016): Porn chatbot tricks Argentinians into thinking they're chatting with president. https://motherboard.vice.com/en_us/article/porn-chatbot-tricks-thousands-into-believing-theyre-chatting-with-president (Zugriff: 30.5.2017).
2 Zeifman, I. (2013): Bot traffic is up to 61% of all website traffic. https://www.incapsula.com/blog/bot-traffic-report-2013.html (Zugriff: 30.5.2017).
3 Lafrance, A. (2017): The internet is mostly bots. https://www.theatlantic.com/technology/archive/2017/01/bots-bots-bots/515043/ (Zugriff: 30.5.2017).
4 Locker, T. (2016): Könnte eine Armee von Twitter-Bots die Brexit-Wahl entscheiden? https://motherboard.vice.com/de/article/koennte-eine-armee-von-twitter-bots-morgen-die-brexit-wahl-entscheiden (Zugriff: 30.5.2017).
5 Lobe, A. (2016): Erzwitscher Dir Deine Wahl. http://www.faz.net/aktuell/feuilleton/debatten/twitter-bots-von-donald-trump-greifen-in-us-wahlkampf-ein-14455894-p2.html (Zugriff: 30.5.2017).
6 Endt, C. (2017): Wie gefährlich sind Social Bots? http://www.sueddeutsche.de/digital/social-bots-die-angst-vor-den-automaten-1.3356302-2 (Zugriff: 30.5.2017).
7 Civey (2016): Die automatisierte Demokratiegefahr. https://civey.com/umfragen/bots_demokratie_gefahr_umfrageergebnis/ (Zugriff: 30.5.2017).

Von A(pfelkuchen) bis Z(ollkontrolle): Weshalb Algorithmen nicht neutral sind

1 Die ganze Dokumentation von Benjamin Zand auf Twitter: https://twitter.com/BenjaminZand/status/840679860150390784 (Zugriff: 28.3.2017).
2 Kranzberg, M. (1986): Technology and History: «Kranzberg's Laws». Technology and Culture, 27(3), S. 544–560.
3 Eslami, M.; Rickman, A.; Vaccaro, K.; Aleyasen, A.; Vuong, A.; Karahalios, K.; Hamilton, K.; Sandvig, C. (2015): «I Always Assumed That I Wasn't Really That Close to [Her]»: Reasoning About Invisible Algorithms in News Feeds. In: Proceedings of the 33rd Annual ACM Conference on Human Factors in Computing Systems, S. 153–162. New York, NY, USA: ACM.
4 Noble, S. U. (2017, Januar 15): Google and the Misinformed Public. The Chronicle of Higher Education. http://www.chronicle.com/article/Googlethe-Misinformed/238868 (Zugriff: 28.3.2017).
5 Jobin, A., Kaplan, F. (2013): Are Google's linguistic prosthesis biased towards commercially more interesting expressions? A preliminary study on the linguistic effects of auto-completion algorithms. In: Conference Abstracts, S. 245–248. Lincoln, NE (USA): Center for Digital Research in the Humanities.
6 Chen, A. (2015): The Agency. The New York Times. https://www.nytimes.com/2015/06/07/magazine/the-agency.html (Zugriff: 28.3.2017).
7 O'Neil, C. (2016): Weapons of Math Destruction: How Big Data Increases Inequality and Threatens Democracy. New York: Crown.

Katz-und-Maus-Spiele im chinesischen Internet

1 Freedom House (2016): Freedom of the Press 2016. Retrieved from http://www.freedomhouse.org/report/freedom-press/freedom-press-2013#.VDqfZfl_t2J (Zugriff: 10.4.2017).
2 Datenquelle: World Bank. http://data.worldbank.org/indicator/IT.NET.USER.P2 (Zugriff: 10.4.2017).
3 Palfrey, J. (2010): Four Phases of Internet Regulation. Social research, 77(3), S. 981–996.
4 Zorn, W. (2012): China's CSNET Connection 1987 – origin of the China Academic Network CANET. https://www.informatik.kit.edu/downloads/ZornContribution_to_AsiaInternetHistory-10Jul2012.pdf (Zugriff: 10.4.2017).
5 Wang, S. (2014): 中国互联网：从第一封邮件走向世界. http://news.sciencenet.cn/htmlnews/2014/8/301669.shtm (Zugriff: 10.4.2017).
6 Tsui, L. (2003): The Panopticon as the Antithesis of a Space of Freedom. China Information, 17(2), S. 65–82. doi: 10.1177/0920203X0301700203.
7 Calhoun, C. J. (1989): Tiananmen, Television and the Public Sphere: – Internationalization of Culture and the Beijing Spring of 1989. Public Culture, 2(1), S. 54–71.
8 Zorn, W. (2005): How China was Connected to the International Computer Networks. http://www.informatik.kit.edu/downloads/ZornWerner_ChinaConnectionPaper-PIK1988-translated2005-engl.pdf (Zugriff: 10.4.2017).
9 Tsui, L. (2003): The Panopticon as the Antithesis of a Space of Freedom. China Information, 17(2), S. 65–82. doi: 10.1177/0920203X0301700203.
10 Calhoun, C. J. (1989): Tiananmen, Television and the Public Sphere: – Internationalization of Culture and the Beijing Spring of 1989. Public Culture, 2(1), S. 54–71.
11 Creemers, R. (2016): The Privilege of Speech and New Media: Conceptualizing China's Communications Law in the Internet Era. In: Goldstein, A.; deLisle, J.; Yang, G. (Eds.): The internet, social media, and a changing China, S. 86–105. Philadelphia: University of Pennsylvania Press.

12 Negro, G. (2013): Chinese Real Name Registration: Story of an Oficial Exigency. SSRN. doi: 10.2139/ssrn.2258604.
13 Sina Corporation, (2013): Sina Corporation Annual Report 2012. http://corp.sina.com.cn/chn/Annual_Report_2012_Final.pdf (Zugriff: 10.4.2017).
14 People's Republic of China State Council (2000): Telecommunications Regulations of People's Republic of China. http://tradeinservices.mofcom.gov.cn/en/b/2000-09-25/18619.shtml (Zugriff: 10.4.2017).
15 Standing Committee of National People's Congress (1988): Zhōnghuá rénmín gònghéguó bǎoshǒu guójiā mìmì fǎ [Law on the Protection of State Secrets of the PRC]. http://www.npc.gov.cn/englishnpc/Law/2007-12/12/content_1383925.htm (Zugriff: 10.4.2017).
16 National People's Congress (1993): Zhōnghuá rénmín gònghéguó guójiā ānquán fǎ [State Security Law of the PRC]. http://www.gov.cn/ziliao/flfg/2005-08/05/content_20927.htm (Zugriff: 10.4.2017).
17 Endeshaw, A. (2004): Internet Regulation in China: The Never-ending Cat and Mouse Game. Information & Communications Technology Law, 13(1), S. 41–57. doi: 10.1080/13600830420000190634.
18 Reuters (2009): http://www.abc.net.au/news/2009-06-02/china-blocks-twitter-before-tiananmen-anniversary/1701668 (Zugriff: 10.4.2017).
19 Canaves, S. (2011): China's social networking problem. IEEE Spectrum, 48(6), S. 74–77. doi: 10.1109/MSPEC.2011.5779799.
20 Godehardt, N. (2009): Unruhen in Xinjiang: Anzeichen für gravierende Probleme in Chinas «harmonischer Gesellschaft». Hamburg, 2009 (GIGA Focus Asien 8). URN: http://nbn-resolving.de/urn:nbn:de:0168- ssoar-286614 (Zugriff: 10.4.2017).
21 Wauters, R. (2009): China Blocks Access To Twitter, Facebook After Riots. https://techcrunch.com/2009/07/07/china-blocks-access-to-twitter-facebook-after-riots/ (Zugriff: 10.4.2017).
22 Roberts, D.; Hall, T. (2011): VIE Structures in China: What You Need to Know. https://www.omm.com/files/Uploads/Documents/VIE%20Structures%20in%20China%20-%20What%20You%20Need%20to%20Know.pdf (Zugriff: 10.4.2017).
23 Ai, W. (2013): Ai Weiwei: Every Day We Put the State on Trial. http://creativetimereports.org/2013/04/15/china-every-day-we-put-the-state-on-trial/ (Zugriff: 10.4.2017).
24 Liao, H.-T.; Fu, K.-W.; Hale, S. A. (2015): How much is said in a microblog? A multilingual inquiry based on Weibo and Twitter. https://arxiv.org/pdf/1506.00572.pdf (Zugriff: 10.4.2017).
25 Vincent, J. (2016): Sina Weibo drops its 140-character limit as Twitter ponders similar move. http://www.theverge.com/2016/1/20/10796896/sina-weibo-character-limit-dropped (Zugriff: 10.4.2017).
26 Yang, G. (2009): «The power of the Internet in China: Citizen activism online». Contemporary Asia in the world. New York: Columbia University Press, S. 15.
27 Chao, L. (2012): Sina, Tencent Shut Down Commenting on Microblogs. http://online.wsj.com/news/articles/SB10001424052702303816504577314400064661814. (Zugriff: 5.4.2017).
28 Bamman, D.; O'Connor, B.; Smith, N. (2012): Censorship and deletion practices in Chinese social media. First Monday, 17(3). doi: 10.5210%2Ffm.v17i3.3943.
29 Wang, Y. (2016): The business of censorship: Documents show how Weibo filters sensitive news in China. https://cpj.org/blog/2016/03/the-business-of-censorship-documents-show-how-weib.php (Zugriff: 10.4.2017).
30 King, G.; Pan, J.; Roberts, M. E. (2013): How Censorship in China Allows Government

Criticism but Silences Collective Expression. American Political Science Review, 107(02), 326-343. doi: 10.1017/S0003055413000014.

31 Zhu, T.; Phipps, D.; Pridgen, A.; Crandall, J. R.; Wallach, D. S. (2013): The Velocity of Censorship: High-Fidelity Detection of Microblog Post Deletions. arXiv preprint, (arXiv:1303.0597). Abgerufen von http://arxiv.org/ abs/1303.0597 (Zugriff: 10.4.2017).

32 http://www.voachinese.com/a/xijinping-freudian-slip-20160905/3494755.html (Zugriff: 10.4.2017).

33 Xiao, Q. (2016): 领导人G20讲话»通商宽农»口误. http://chinadigitaltimes.net/chinese/2016/09/%E3%80%90%E7%9C%9F%E7%90%86%E9%83%A8%E3%80%91%E9%80%9A%E5%95%86%E5%AE%BD%E5%86%9C%E4%BB%A5%E5%8F%98%A%E7%9B%B8%E5%85%B3%E4%BA%8B%E4%BB%B6/ (Zugriff: 10.4.2017).

34 Custer, C. (2016): China to start seriously enforcing real-name mobile registration, government claims. https://www.techinasia.com/china-start-enforcing-realname-mobile-registration-government-claims (Zugriff: 10.4.2017).

35 Shu, C. (2016): China attempts to reinforce real-name registration for Internet users. https://techcrunch.com/2016/06/01/china-attempts-to-reinforce-real-name-registration-for-internet-users/ (Zugriff: 10.4.2017).

36 Moore, M. (2012): China moves to control Sina Weibo social network with real names. http://www.telegraph.co.uk/technology/news/9147767/China-moves-to-control-Sina-Weibo-social-network.html (Zugriff: 10.4.2017).

37 The Supreme People's Court of China (2013): 最高人民法院 最高人民检察院关于办理利用信息网络实施诽谤等刑事案件适用法律若干问题的解释 [Der Oberste Volksgerichtshof und die Oberste Staatsanwaltschaft zur Frage des anwendbaren Rechts im Falle von Diffamierung und anderer solcher strafrechtlichen Fälle auf Informationsnetzwerken]. http://www.chinacourt.org/law/detail/2013/09/id/146710.shtml (Zugriff: 10.4.2017).

38 Rauchfleisch, A.; Mayoraz, J.-F. (2015): Die Rolle von Sina Weibo im «Kampf um die öffentliche Meinung» in China. In: Emmer, M.; Strippel, C. (Hrsg.): Kommunikationspolitik für die digitale Gesellschaft (S. 121–148).

39 Tencent (2017): Tencent announces 2016 fourth quarter and annual results. https://www.tencent.com/en-us/articles/15000591490174029.pdf (Zugriff: 10.4.2017).

40 WeChat (2017): What is the maximum capacity for a single group chat? http://help.wechat.com/cgi-bin/micromsg-bin/oshelpcenter?opcode=2&plat=android&id=120813euEJVf141023emQrIj&lang=en&Channel=helpcenter (Zugriff: 10.4.2017).

41 Ruan, L., Knockel, J., Ng, J.N., & Crete-Nishihata, M. (2016): One App, Two Systems: How WeChat uses one censorship policy in China and another internationally. https://citizenlab.org/2016/11/wechat-china-censorship-one-app-two-systems/ (Zugriff: 10.4.2017).

42 ebd.

43 Köckritz, A. (2015): They have Miao. http://www.zeit.de/feature/freedom-of-press-china-zhang-miao-imprisonment (Zugriff: 10.4.2017).

44 Bi, J. (2014): 台學運捧紅FireChat 無網絡仍可通訊.https://hk.news.yahoo.com/%E5%8F%B0%E5%AD%B8%E9%81%8B%E6%8D%A7%E7%B4%85firechat-%E7%84%A1%E7%B6%B2%E7%B5%A1%E4%BB%8D%E5%8F%AF%E9%80%9A%E8%A8%8A-224652707.html (Zugriff: 10.4.2017).

45 Li, Y. (2014): 用科技撐民主！FireChat挺你的通訊自由.http://www.techbang.com/posts/20322-using-technology-to-support-hong-kong-firechat-got-your-newsletter-for-free (Zugriff: 10.4.2017).

46 Cyberspace Administration of China (2016): 国家网信办发布《移动互联网应用程序信息服务管理规定》[Cyberspace Administration of China veröffentlicht «Mobile Internet

Application Information Service Regulierung»]. http://www.cac.gov.cn/2016-06/28/c_111912 3114.htm (Zugriff: 10.4.2017).

47 Benner, K.; Weejan, S.-L. (2017): Apple Removes New York Times Apps From Its Store in China. https://www.nytimes.com/2017/01/04/business/media/new-york-times-apps-apple-china.html (Zugriff: 10.4.2017).

48 Cyberspace Administration of China (2017): 国家网信办启动互联网应用商店备案工作 [Cyberspace Administration of China – Start der App-Store-Registrierung]. http://www.cac.gov.cn/2017-01/13/c_1120308336.htm (Zugriff: 10.4.2017).

49 Morozov, E. (2011): The net delusion: How not to liberate the world. London: Allen Lane, S. 117.

50 Zhao, G. (2013): 曹焕新: 微博成为现今中国最大的网络舆论集散地 [Cao Huanrong: Weibo has become China's largest hub of public opinion in the Internet]. Retrieved from http://media.people.com.cn/n/2013/1204/c120837-23744781.html (Zugriff: 10.4.2017).

51 Lagerkvist, J. (2010): After the internet, before democracy: Competing norms in Chinese media and society. Bern, New York: Peter Lang.

52 Zhang, L. (2010): Invisible footprints of online commentators. http://www.globaltimes.cn/special/2010-02/503820.html (Zugriff: 10.4.2017).

53 People's Daily Media Opinion Monitoring Office (2013): 2013年新浪政务微博报告 [2013 Sina Regierungsangelegenheiten Microblogging-Bericht]. https://wenku.baidu.com/view/23a58f0010661ed9ad51f3c7.html (Zugriff: 10.4.2017).

54 Li, A. (2013): Photos of Xi Jinping eating at a popular Beijing restaurant go viral. http://www.scmp.com/news/china-insider/article/1391793/photos-xi-jinping-eating-popular-beijing-restaurant-go-viral (Zugriff: 10.4.2017).

55 Boehler, P. (2013): President Xi Jinping braves smog in surprise visit to popular Beijing tourist zone. http://www.scmp.com/news/china-insider/article/1434801/president-xi-jinping-spotted-out-and-about-popular-beijing (Zugriff: 10.4.2017).

56 Sullivan, J. (2014): China's Weibo: Is faster different? New Media & Society, 16(1), S. 24–37.

57 Rauchfleisch, A.; Kovic, M. (2016): The Internet and Generalized Functions of the Public Sphere: Transformative Potentials From a Comparative Perspective. Social Media + Society, 2(2).

58 Rauchfleisch, A.; Schäfer, M. S. (2015): Multiple public spheres of Weibo: a typology of forms and potentials of online public spheres in China. Information, Communication & Society, *18*(2), S. 139–155.

59 Schäfer, M.; Rauchfleisch, A. (2015): Neue Öffentlichkeiten in autoritären Gesellschaften? Entwicklung einer Typologie am Beispiel chinesischer Social Media. In: Rössel, J.; Roose, J.: Empirische Kultursoziologie: Festschrift für Jürgen Gerhards zum 60. Geburtstag. Wiesbaden: Springer Verlag, S. 323–352.

60 ebd.

61 Liu, J. (2011): Picturing a green virtual public space for social change: A study of internet activism and web-based environmental collective actions in China. Chinese Journal of Communication, 4(2), S. 137–166. doi: 10.1080/17544750.2011.565674.

62 Yang, G.; Calhoun, C. J. (2007): Media, Civil Society, and the Rise of a Green Public Sphere in China. China Information, 21(2), S. 211–236.

63 Yang, G. (2010): Brokering environment and health in China: Issue entrepreneurs of the public sphere. Journal of Contemporary China, 19(63), S. 101–118.

64 Holdaway, J. (2013): Environment and health research in China: The state of the field. The China Quarterly, 214, S. 255–282.

65 Jiang, Y. (2014): «Reversed agenda-setting effects» in China Case studies of Weibo trending topics and the effects on state-owned media in China. Journal of International Communication, 20(2), S. 168–183. doi: 10.1080/13216597.2014.908785.
66 Oster, S. (2013): China's rich want their say on policy reform. Bloomberg Businessweek. Retrieved from http://www.bloomberg.com/news/articles/2013-08-29/chinas-rich-want-their-say-on-policy-reform (Zugriff: 10.4.2017).
67 Yang, G. (2015): The affective publics of under the dome. https://mediaactivism.org/2015/04/12/the-affective-publics-of-under-the-dome/ (Zugriff: 10.4.2017).
68 Yang, G. (2011): The power of the internet in China: Citizen activism online. Contemporary Asia in the world. New York: Columbia University Press.
69 Beukel, E. (2011): Popular Nationalism in China and the Sino-Japanese Relationship (DIIS Report No. 11). Copenhagen.
70 Cairns, C.; Carlson, A. (2016): Real-world Islands in a Social Media Sea: Nationalism and Censorship on Weibo during the 2012 Diaoyu/Senkaku Crisis. The China Quarterly, 225, S. 23–49. doi: 10.1017/S0305741015001708.
71 Zhu, T.; Phipps, D.; Pridgen, A.; Crandall, J. R.; Wallach, D. S. (2013): The Velocity of Censorship: High-Fidelity Detection of Microblog Post Deletions. arXiv preprint, (arXiv:1303.0597). Abgerufen von http://arxiv.org/ abs/1303.0597 (Zugriff: 10.4.2017).
72 Rauchfleisch, A.; Schäfer, M. S. (2015): Multiple public spheres of Weibo: a typology of forms and potentials of online public spheres in China. Information, Communication & Society, 18(2), S. 139–155.
73 Bloomberg News. (2013): China Reins in Popular Voices With New Microblog Controls. https://www.bloomberg.com/news/articles/2013-09-15/china-reins-in-popular-online-voices-with-new-microblog-controls (Zugriff: 10.4.2017).
74 Chen, L.; Zhang, C.; Wilson, C. (2013): Tweeting under pressure: Analyzing trending topics and evolving word choice on SinaWeibo. In: Muthukrishnan, M.; El Abbadi, A.; Krishnamurthy B. (Eds.): COSN '13 proceedings of the first ACM conference on online social networks, S. 89–100. New York, NY: ACM.
75 Abbott, J. (2012): Democracy@internet.org Revisited: analysing the socio-political impact of the internet and new social media in East Asia. Third World Quarterly, 33(2), S. 333–357.
76 Chen, L.; Zhang, C.; Wilson, C. (2013): Tweeting under pressure: Analyzing trending topics and evolving word choice on SinaWeibo. In: Muthukrishnan, M.; El Abbadi, A.; Krishnamurthy B. (Eds.): COSN '13 proceedings of the first ACM conference on online social networks, S. 89–100. New York, NY: ACM.
77 Tiezzi, S. (2014): Maoming protests continue in Southern China. Retrieved from http://thediplomat.com/ 2014/04/maoming-protests-continue-in-southern-china/ (Zugriff: 10.4.2017).
78 King, G.; Pan, J.; Roberts, M. E. (2013): How censorship in China allows government criticism but silences collective expression. American Political Science Review, 107(02), S. 326–343.
79 Noesselt, N. (2014): Microblogs and the adaptation of the Chinese party-state's governance strategy. Governance, 27(3), S. 449–468.
80 Nip, Joyce Y. M.; Fu, K.-W. (2016): Challenging Official Propaganda? Public Opinion Leaders on Sina Weibo. The China Quarterly, 225, S. 122–144. doi: 10.1017/S0305741015001654.
81 China Internet Network Information Center (2017): 第39次《中国互联网络发展状况统计报告. http://www.cnnic.net.cn/hlwfzyj/hlwxzbg/hlwtjbg/201701/t20170122_66437.htm (Zugriff: 10.4.2017).

82 Sina Corp. (2016): SINA Reports Second Quarter 2016 Financial Results. http://corp.sina.com.cn/eng/news/2016-08-09/181.html (Zugriff: 10.4.2017).
83 Davison, N. (2012): WeChat: the Chinese social media app that has dissidents worried. https://www.theguardian.com/world/2012/dec/07/wechat-chinese-social-media-app (Zugriff: 10.4.2017).
84 Kennedy, J. (2012): Hu Jia explains why mobile apps make activism spook. http://www.scmp.com/comment/blogs/article/1083025/hu-jia-explains-why-mobile-apps-make-activism-spooky (Zugriff: 10.4.2017).
85 Foucault, M. (2016): Überwachen und Strafen: Die Geburt des Gefängnisses (16. Auflage). Suhrkamp-Taschenbuch: Vol. 2271. Frankfurt am Main: Suhrkamp.
86 Yuan, L. (2017): Privacy: Chinese Feel They're «Running Naked» Online. https://www.wsj.com/articles/no-privacy-chinese-feel-theyre-running-naked-online-1489147464?mobile=y (Zugriff: 10.4.2017).
87 Rauchfleisch, A.; Kovic, M. (2016): The Internet and Generalized Functions of the Public Sphere: Transformative Potentials From a Comparative Perspective. Social Media + Society, 2(2).
88 Vatikiotis, P.; Yörük, Z. F. (2016): Gezi Movement and the Networked Public Sphere: A Comparative Analysis in Global Context. Social Media + Society, 2(3). doi: 10.1177/2056305116662184.
89 King, G.; Pan, J.; Roberts, M. (2016): How the Chinese Government Fabricates Social Media Posts for Strategic Distraction, not Engaged Argument. Retrieved from http://gking.harvard.edu/files/gking/files/50c.pdf?m=1464086643 (Zugriff: 10.4.2017)
90 Roberts, M. E. (2015): Experiencing Censorship Emboldens Internet Users and Decreases Government Support in China. Retrieved from http://www.margaretroberts.net/wp-content/uploads/2015/05/fear.pdf (Zugriff: 10.4.2017)

Ist Civic Tech die Antwort auf digitalen Populismus?

1 Eine kurze Version dieses Kapitels ist im Schweizer Monat erschienen: Fichter, A. (2017): Update für die Demokratie: https://www.schweizermonat.ch/subscription_visitor/update-fuer-die-demokratie (Zugriff: 30.5.2017).
2 Mancini, P. (2014): How to upgrade democracy for the internet era. https://www.ted.com/talks/pia_mancini_how_to_upgrade_democracy_for_the_internet_era (Zugriff: 30.5.2017).
3 Pogrebinschi, T. (2017): Does digital democracy improve democracy? https://www.opendemocracy.net/democraciaabierta/thamy-pogrebinschi/does-digital-democracy-improve-democracy (Zugriff: 30.5.2017).
4 Copeland, E. (2017): Digital democracy: lessons from Iceland, Brazil and Spain. https://www.theguardian.com/public-leaders-network/2017/feb/23/democracy-digital-lessons-brazil-iceland-spain (Zugriff: 30.5.2017).
5 Auch das in diesem Buch präsentierte Konzept der MOOD-Netzwerke im Kapitel von Stefan Klauser und Prof. Dr. Dirk Helbing sowie das von Daniel Graf porträtierte Instrument WeCollect sind Civic-Tech-Initiativen und -Ansätze.
6 Knight Civic Tech 2014: Report. https://www.slideshare.net/knightfoundation/knightcivictech/6-6Civic_Tech_A_Convergence_of (Zugriff: 30.5.2017).
7 Donohue, S. (2015): Civic Tech is ready for investment. https://techcrunch.com/2015/04/29/civic-tech-is-ready-for-investment/ (Zugriff: 30.5.2017).
8 Quaintance, Z. (2017): Open Gov Groups Voice Concern Over Removal of Trump Transition Data. http://www.govtech.com/civic/Whats-New-in-Civic-Tech-Open-Gov-Groups-Voice-Concern-Over-Removal-of-Trump-Transition-Data.html (Zugriff: 30.5.2017).

9 Reorganizing the Executive Branch: We need your input. https://www.whitehouse.gov/reorganizing-the-executive-branch (Zugriff: 15.6.2017).
10 Ein detailliertes Porträt des Projekts ist auf dem Blog der Autorin zu finden: http://politikviernull.com/2017/05/09/coming-soon-mivote/ (Zugriff: 30.5.2017).
11 Sully, M. (2017): Direct Democracy/Personalities. http://go-governance.com/123-austrian-yearbook-for-politics.html (Zugriff: 30.5.2017).
12 Leuzinger, L. (2017): Direkte Demokratie liegt im Trend. https://www.luzernerzeitung.ch/importe/fupep/neue_lz/lz_tagesthema/Direkte-Demokratie-liegt-im-Trend;art128780,955164 (Zugriff: 30.5.2017).
13 Informationsportal zur politischen Bildung (2017): Demokratie und politische Beteiligung: http://www.politische-bildung.de/buergerbeteiligung_demokratie.html#c8339 (Zugriff: 30.5.2017).
14 Noveck, B. (2017): Five hacks for digital democracy. https://www.nature.com/news/five-hacks-for-digital-democracy-1.21849 (Zugriff: 30.5.2017).
15 Simon, J.; Bass, T.; Boelman, V.; Mulgan, G. (2017): Digital demoracy. The tool transforming political engagement. Report. http://www.nesta.org.uk/publications/digital-democracy-tools-transforming-political-engagement (Zugriff: 30.5.2017).
16 Detailliertes Porträt des Projekts auf dem Blog der Autorin zu finden: http://politikviernull.com/2017/05/09/coming-soon-polis/ (Zugriff: 30.5.2017).
17 Putorti, J. (2016): Eight Lessons Learned from Political Startups. https://medium.com/startup-grind/lessons-learned-from-political-startups-1411d3a0b07c (Zugriff: 30.5.2017).
18 Perez, S. (2017): Facebook officially launches TownHall for contacting government reps, adds local reminders. https://techcrunch.com/2017/03/27/facebook-officially-launches-town-hall-for-contacting-government-reps-adds-local-election-reminders/ (Zugriff: 30.5.2017).
19 Ob nun auch ein «Civic Feed» zusätzlich zum Newsfeed – ein Nachrichtenstrom, der vielseitige Quellen und politisches Engagement hervorheben würde – jemals eingeführt wird, wie dies von Medien und Netzaktivisten verlangt wird, ist zu bezweifeln. Denn es würde das Geschäftsmodell von Facebook fundamental verändern.
20 Perez, S. (2017): Trump is causing a political app boom, data shows. https://techcrunch.com/2017/02/17/trump-is-causing-a-political-app-boom-data-shows/ (Zugriff: 15.5.2017).
21 Die Angaben stammen vom Brigade-CEO Matt Mahan. Ein Porträt über «Brigade» gibt es auf dem Blog der Autorin: http://politikviernull.com/2017/01/31/eine-app-fuer-die-trump-demokraten/ (Zugriff: 15.5.2017).
22 Das sind selten diejenigen, die freiwillig von sich aus spezifische Websites von Politikern oder konkrete Politik-Netzwerke aufsuchen. Denn diese User gelten als hoch motiviert. Beeinflussungsversuche würden fehlschlagen.
23 https://cap-collectif.com/ (Zugriff: 15.5.2017).
24 Chaput, V. (2016): French civic tech is turning away from the digital commons creation dynamic we need to transform our democracy. https://medium.com/open-source-politics/french-civic-tech-is-turning-away-from-the-digital-commons-creation-dynamic-we-need-to-transform-efd7867c3eb2 (Zugriff: 15.5.2017).
25 Fichter, A. (2017): Neue Politik: Ich gebe Dir meine Stimme. https://www.nzz.ch/feuilleton/neue-politik-ich-gebe-dir-meine-stimme-ld.1293900 (Zugriff: 15.5.2017).
26 Wimmer, B. (2017): Barcelona beteiligt Bürger statt Tech-Unternehmen. https://futurezone.at/netzpolitik/barcelona-beteiligt-buerger-statt-tech-unternehmen/251.102.858 (Zugriff: 15.5.2017).
27 Zum Beispiel Indivisible Guide: www.indivisibleguide.com (Zugriff: 15.5.2017).

Mehr Technokratie wagen?
1 Eidgenössische Wahlen 2015.
2 Fichter, A. (2017): Die Schweiz – Entwicklungsland in digitaler Demokratie. https://www.swissinfo.ch/direktedemokratie/digitale-direkte-demokratie_die-schweiz--entwicklungsland-in-digitaler-demokratie/43007562 (Zugriff: 30.5.2017).
3 Karp, P. (2017): MiVote aims to shake up democratic process with a click and a tap. https://www.theguardian.com/australia-news/2017/apr/14/mivote-aims-to-shake-up-democratic-process-with-a-click-and-a-tap (Zugriff: 30.5.2017).
4 Liquid Democracy with Santiago Siri (2017): https://www.youtube.com/watch?v=nBxauY1f36A (Zugriff: 30.5.2017).
5 SRF (2017): Jason Brennan: Weg mit der Demokratie! https://www.srf.ch/sendungen/sternstunde-philosophie/jason-brennan-weg-mit-der-demokratie (Zugriff: 30.5.2017).
6 Khanna, P. (2017): Jenseits von Demokratie: Regieren im Zeitalter des Populismus. http://www.paragkhanna.com/home/2017/5/29/jenseits-von-demokratie-regieren-im-zeitalter-des-populismus (Zugriff: 20.6.2017).
7 Eine demokratietheoretische Auseinandersetzung über Werke Brennans und Khagans würde den Rahmen sprengen.
8 Gruselig wird die Vorstellung, wenn diese technologischen Vorkehrungen auf die Spitze getrieben würden: Indem beispielsweise mit Eye-Tracking-Software das Leseverhalten des Bürgers mitverfolgt würde.
9 Nosthoff, A.; Maschewski, F. (2017): Wo ist das egalitäre Internet geblieben? https://www.nzz.ch/feuilleton/machtsphaere-silicon-valley-wo-ist-das-egalitaere-internet-geblieben-ld.1290918 (Zugriff: 30.5.2017).
10 Lobe, A. (2016): Demokratie als Auslaufmodell. https://blendle.com/i/cicero/demokratie-als-auslaufmodell/bnl-cicero-20160825–61722 (Zugriff: 30.5.2017).

Warum wir ein Demokratie-Upgrade für das digitale Informationszeitalter benötigen
1 Dieser Text ist eine verkürzte Version des Artikels, der in der Huffington Post erschien: Helbing, D.; Klauser, S. (2016): http://www.huffingtonpost.de/dirk-helbing/demokratie-digitale-demokratie-digitalisierung_b_12196072.html (Zugriff: 30.5.2017).
2 Habermas, J. (1062): Zur Theorie des Strukturwandels der Öffentlichkeit. https://de.wikipedia.org/wiki/Strukturwandel_der_%C3%96ffentlichkeit (Zugriff: 30.5.2017).
3 Fishkin, J. (2009): When the People Speak: Deliberative Democracy and Public Consultation, Oxford University Press, 2009.
4 Landa, Dimitri; Meirowitz, Adam: Game Theory, Information, and Deliberative Democracy. In: American Journal of Political Science, Vol. 53, No. 2, April 2009, S. 427–444(18).
5 airesis.eu (Zugriff: 30.5.2017).
6 mood.tbm.tudelft.nl (Zugriff: 30.5.2017).
7 http://democracyos.org/ (Zugriff: 30.5.2017).
8 http://www.politickapp.com/ (Zugriff: 30.5.2017).

Klickdemokratie? Unterschriften sammeln im Internet
1 Internetzugang der Haushalte (2015): https://www.bfs.admin.ch/bfs/de/home/statistiken/kultur-medien-informationsgesellschaft-sport/informationsgesellschaft.assetdetail.216773.html (Zugriff: 30.5.2017).
2 Comparis (2016): Drei von vier Schweizern sind smart unterwegs. https://www.comparis.ch/comparis/press/medienmitteilungen/artikel/2016/telecom/smartphone-studie-2016/smartphone-verbreitungsstudie-2016.aspx (Zugriff: 30.5.2017).

3 Flückiger, J. (2017): Bundesrat macht beim E-Voting vorwärts. https://www.nzz.ch/schweiz/e-voting-abstimmen-per-klick-soll-2019-in-den-meisten-kantonen-moeglich-sein-ld.155526 (Zugriff: 30.5.2017).
4 Stand März 2017.
5 Leu, F.: im NZZ-Schwerpunkt «Wir sind das Volk» (2016). http://folio.nzz.ch/2016/november/wir-sind-das-volk (Zugriff: 30.5.2017).
6 Mason, R. (2017): Parliament to debate Trump State Visit after 1.6m sign petition. https://www.theguardian.com/politics/2017/jan/31/parliament-debate-donald-trump-state-visit-16m-sign-petition (Zugriff: 30.5.2017).
7 https://www.kansalaisaloite.fi (Zugriff: 30.5.2017).
8 Hehli, S. (2016): Initiative für Vaterschaftsurlaub legt Blitzstart hin. https://www.nzz.ch/schweiz/aktuelle-themen/unterschriftensammlung-im-internet-initiative-fuer-vaterschaftsurlaub-legt-blitzstart-hin-ld.84958 (Zugriff: 30.5.2017).
9 Miserez, M. (2016): Unterschriften sammeln geht jetzt digital – und was das bedeutet. http://www.swissinfo.ch/direktedemokratie/demokratie-2.0_das-internet-erfindet-das-politische-forum-neu/42150824 (Zugriff: 30.5.2017).
10 Zeller, R. (2015): Eine heisse Kartoffel. https://www.nzz.ch/schweiz/reform-der-volksrechte-heisse-kartoffel-1.18517409 (Zugriff: 30.5.2017).
11 Hehli, S. (2017): E-Voting schlägt briefliches Abstimmen. https://www.nzz.ch/schweiz/direkte-demokratie-e-voting-schlaegt-briefliches-abstimmen-ld.143941 (Zugriff: 30.5.2017).
12 Huber, T. (2015): Wo die Unterschriften für die RASA-Initiative herkommen. http://www.tagesanzeiger.ch/schweiz/standard/wo-die-unterschriften-fuer-die-rasainitiative-herkommen/story/10618472 (Zugriff: 30.5.2017).
13 Lenz, C. (2015): Schon 70 000 Unterschriften gegen SVP-Initiative: http://www.blick.ch/news/politik/milliardaer-finanziert-die-sammlung-schon-70000-unterschriften-gegen-svp-initiative-id3977556.html (Zugriff: 30.5.2017).
14 Miserez, M. (2016): Unterschriften sammeln geht jetzt digital – und was das bedeutet. http://www.swissinfo.ch/direktedemokratie/demokratie-2.0_das-internet-erfindet-das-politische-forum-neu/42150824 (Zugriff: 30.5.2017).
15 Die Regelung wurde im November 2015 noch verschärft, da zuvor nur der Familienname handschriftlich auf der Unterschriftenliste aufgeführt sein musste. Grund war der Wille des Parlaments, die Fälschung von Unterschriften zu erschweren.
16 Eine Mehrheit der Kantone ist deutlich strenger und verlangt Handschrift für alle Angaben.
17 Vgl. Stellungnahme des Bundesrates vom 18.2.2009 zur Motion Fehr, 08.3908 (Fn. 37) und Bericht E-Demokratie 2011 (Fn. 42), S. 30. Ähnlich bereits BBl 2001 4817 in Braun Binder (2014: 547).
18 Vaterschaftsurlaub jetzt: https://wecollect.ch/de/campaign/vaterschaftsurlaub (Zugriff: 30.5.2017).
19 Nagel, U. (2016): Volk stimmt über Unternehmenssteuerreform III ab. http://www.tagesanzeiger.ch/schweiz/standard/volk-stimmt-ueber-unternehmenssteuerreform-iii-ab/story/24244374 (Zugriff: 30.5.2017).
20 Art. 61 Abs. 1 BPR.
21 Braun Binder, Nadja (2014): Quoren und Fristen bei der elektronischen Unterschriftensammlung (e-Collecting), Zeitschrift für Schweizerisches Recht, Band 133, Heft 5: S. 539–557. (pdf).
22 Hehli, S. (2016): Mehr eDemokratie wagen. https://www.nzz.ch/meinung/kommentare/mehr-e-demokratie-wagen-1.18641185 (Zugriff: 30.5.2017).

23 Political Turbulence: How Social Media Shape Collective Action (2016). http://press.princeton.edu/titles/10582.html (Zugriff: 30.5.2017).
24 Hehli, S. (2015): E-Collecting. Klick-Demokratie am Horizont. https://www.nzz.ch/schweiz/klick-demokratie-am-horizont-1.18549415 (Zugriff: 30.5.2017).

Schlusswort
1 Die im Schlusswort von der Herausgeberin vertretenen Standpunkte können von jenen einzelner Koautorinnen und Koautoren abweichen.
2 Bump, P. (2016): How the Internet has democratized Democracy, to Bernie Sander's Benefit. https://www.washingtonpost.com/news/the-fix/wp/2016/02/18/how-the-internet-has-democratized-democracy-to-bernie-sanderss-benefit/?utm_term=.69a02ee04a5e (Zugriff: 30.5.2017).
3 Balkan, A. (2017): Encouraging individual sovereignty and a healthy commons. https://ar.al/notes/encouraging-individual-sovereignty-and-a-healthy-commons/ (Zugriff: 30.5.2017).